平凡社新書
1021

日露戦争の時代

日本文化の転換点

鈴木貞美
SUZUKI SADAMI

HEIBONSHA

日露戦争の時代●目次

編集協力　今井章博

凡例

一、引用は、論考、韻文、小説など、すべて定本にしたがい、本文中では〈 〉を付す。ただし、圏点等は外し、ふりがなは適宜、付した。漢詩・漢文等、古典については、各種校訂本を参照したが、字体は適宜、統一する。

二、引用する古文や漢文は、適宜、語釈、現代語訳、読み下し、および大意などを示す。それゆえ漢文に訓点は付さない。また原則として、書き下し文に片仮名を用いない。

三、西洋・中国・日本の古典的作品からの引用は、章段のタイトルを〔 〕で明記し、煩瑣に過ぎるため、引用元の校本は記さない。

四、出版物（新聞、雑誌、単行本）には『 』を、それ以外の作品には「 」を付す。欧文の刊本は『翻訳題名』（イタリックで原タイトル）、雑誌発表などの作品は「翻訳題名」（原タイトル）とする。ともに翻訳題名は、通行しているものと相違する場合もある。また、「 」中にある「 」は『 』を用いる。

五、外国人名の原綴、人名・生歿年は、巻末の索引に付す。

序章　二〇世紀日本の進路を決めた戦さ

国際的注目のなかで

二〇世紀への転換期、国際情勢は列強間に戦争が勃発する予感をはらんでいた。一九世紀には、大英帝国とロシア帝国が、とくにアフガニスタン地域をめぐって対立してきたが、英米仏が東アジアの老大国・清朝中国を蚕食《さんしょく》し、ロシアが南下政策を進めたことで、東アジアに焦点が移った。その間も、イギリスは南アフリカの支配をめぐって二次にわたってオランダ系アフリカ人（ボーア人）と戦争を行っていた（ボーア戦争）。これは最終的にイギリスの勝利に終わるが、この戦争は日本にかかわりが深い。そのさなかの一九〇〇（明治三三）年、中国の北方に巻き起こった義和団事件（北清《ほくしん》事変）にイギリスから出兵を要請され、その功績が列強に評価されたからである。

山東半島に起こった西洋勢力排除の乱は、清朝を扶《たす》け、西洋を排斥するスローガン「扶《ふ》清滅洋《しんめつよう》」を掲げ、北京にまで押し寄せた。これに乗じて西太后は六月、欧米列強に宣戦を布告、イギリスが戦端を開き、欧米六国が派兵を決定した。南進政策を進めるロシアはかなりの兵力を満洲に送り込んだ。ドイツ、フランス、オーストリア＝ハンガリー、イタリア、またアメリカも、フィリピンで戦争状態にあり兵力を割けなかったが参戦した。

当初、日本はこれを傍観していた。西洋排斥の色彩が濃かったし、日清戦争（一八九四～九五年）後、台湾と周辺諸島を割譲されたが、遼東半島の領有をめぐって、ロシアとその同盟国・フランス、そして中国北方に権益を狙うドイツが強く干渉し（三国干渉）、やむなく引き下がり、孤立した感が強かったからである。だが、南アフリカとの戦争を継続中のイギリスから出兵を促された。イギリスもかつてのように、「栄誉ある孤立」の姿勢を保持できなくなっていた。

日本はいわばロシアと張りあうかたちで、列強八ヵ国中、最大の八〇〇〇人の兵を送り、動乱を治める役割を果たした。その貢献が認められ、いよいよ列強の思惑が渦巻くなかへ乗り出してゆくことになった。朝鮮半島と満洲（中国東北地方）の権益をめぐって、ロシアと角突きあいが激しくなり、大英帝国と同盟を結ぶ動きも生じた。幕末に徳川幕府が列強と結んだ不平等条約を撤廃させるチャンスもようやく巡ってきたのだった。

ロシアとの戦争に向け、新聞各紙は敵愾心《てきがいしん》を煽《あお》る報道合戦を繰りひろげ、民間にも戦争景気を期待する機運が渦巻いた。帝国大学の学者も開戦を促した。が、なにしろ、大国ロシアとの戦争である。当初は国内に慎重論も強かった。だが、義和団事件から四年後、日本はイギリスの後ろ盾を得て、一九〇四年二月、ロシアとの戦争に突入した。

ロシアでは文豪トルストイが非暴力主義から戦争反対を唱え、日本国内にもさまざまな立場から非戦の声が起こった。が、それを抑え込み、アメリカとイギリスから外債を募り、民間の新聞・雑誌、運輸会社もフル稼働する総力戦体制を整えてゆく。

日本軍は、まずは朝鮮側から鴨緑江《おうりょくこう》を渡ってロシア陣営に攻め込んだ。英米各紙は、予想外の日本の善戦ぶりを報じ、外債の応募も伸びはじめた。満洲南部と遼東半島で重火器が火を噴き、日本近海では装甲艦隊がぶつかりあった。急速に発達した近代兵器による大規模な国際戦争という意味でも注目を集めた。

とりわけ旅順港に向けて張りめぐらされたロシアの要塞をめぐる攻防戦は、双方に多くの犠牲を出しながら、ロシア軍に白旗をあげさせた。一九〇五年二月から三月にかけて奉天で大部隊が激突、日本陸軍は三分の二の兵力でロシア軍を後退させたが、それで決着したわけではない。五月末、長い航海を終えたロシアのバルチック艦隊を日本海で迎えうち、日本海軍は完膚なきまでに撃破した。戦争の形勢は決した。日本の要請を受けて、アメリカが仲介に入ったが、日本とロシアのどちらも手詰まりで、戦線は膠着したまま、ロシアはなかなか講和に応じようとしなかった。だが、ロシアに内乱的危機（第一革命）が進行し、ようやく九月五日、アメリカのポーツマスで講和条約を締結した。

日本も大きな損害を受け、かろうじてではあるが、ロシアに敗北を認めさせた。アジア東端の小さな島国が大国ロシアに挑んで勝利をおさめたことは、列強の勢力拡大に怯える諸国から驚愕をもって迎えられ、日本の国際的地位は俄《にわ》かに高まった。

日本軍のすさまじい戦闘ぶりとともに、二〇世紀の国際戦争がいかに多大な犠牲を兵士に強いるものかも、国際的に知られることになった。ちなみに明治維新期から国家の戦争に殉じた軍人、軍属等の戦歿者を祀る靖国神社（もと東京招魂社、一八七九年に改名）に祀られた犠牲者（祭神）の数は、日清戦争で一万三六一九柱、北清事変で三五六柱、日露戦争では八万八四二九柱にのぼる。それまでの「忠霊」「忠魂」は、日露戦争のときから「英霊」と呼ばれることになった。

戦闘の様子は、桜井忠温（中尉）による『肉弾――旅順実戦記』（丁未出版、一九〇六）につぶさに記されている。桜井忠温は、旅順攻略戦に松山の歩兵第二二連隊旗手を務め、全身に八発の機関銃弾と無数の刀傷を受け、右手首を吹き飛ばされ、危うく火葬されるところをかろうじて助けられたのだった。戦場より帰還し、療養生活を送りながら体験記をつづった。戦場のすさまじい惨劇だけでなく、部下や戦友の安否を気遣い、家族を想う兵士の姿もよく刻んでいた。それゆえ軍規にふれる部分もあり、陸軍内では問題視する向きもあったといわれる。が、初版には旅順攻略戦を指揮した乃木希典の献辞「壮烈」が掲げられ、桜井自身、明治天皇より破格の拝謁を許された。『肉弾』は重版が相次ぎ、数年で千版を越したとされる。*1 英、米、仏、イタリア、中国、スウェーデン、ノルウェー、ギリシャ、ロシアなど、一五ヵ国で翻訳刊行され、国際的な大ベストセラーになった。ドイツ皇帝、ヴィルヘルム二世やアメリカ大統領、セオドア・ローズベルトの推奨も受けた。欧州大戦（第一次世界大戦、一九一四～一八年）ののち、各国で相ついで出される兵士の体験談的な戦記（war literature）の先駆けとなった。

武士道ブーム

日本の兵士の勇猛果敢さは「武士道」の名を国際的に広めた。それ以前、新渡戸稲造がアメリカで療養中に英文で著した『武士道』（*Bushido : The Soul of Japan*）が一九〇〇年一月にニューヨークで刊行されていた（印刷は前年末）。日本にはキリスト教のように道徳のもとになる宗教がない。それなのに、なぜ、そして、どのように、社会秩序が維持され、文明が発展してきたのか。アメリカ人の妻、メアリー・エルキントン（日本名、万里子）をはじめ、欧米人から質問を受け、新渡戸が常づね考えてきたことを、まとめたものだった。

一八六二年、盛岡藩の上級武士の家の三男に生まれた稲造は、早くに父親を失い、東京で洋品店を営む叔父の養子となり、勉学に励んだ。[*2] 農学を志して札幌農学校に入学、キリスト教と出会い、熱中して、内村鑑三らとメソジスト系のアメリカ人宣教師から洗礼を受けた。そののち、非暴力で知られるクエーカーに親近感を抱き、メアリーと結ばれた。欧米のジェントルマン・シップが中世騎士道精神に発することを学んだうえで、それとの共通性を滲ませながら、幼少期に学んだ武家の気風に「正義」「勇敢」などの徳目を立てて、当時としては、やや古風な文体で説いてゆく。[*3] それも手伝い、広く米英の知識層に迎えられた。アメリカ大統領ローズベルトも愛読していた。ドイツ語、フランス語にも訳され、海外の知日家のあいだに知られていた。
　だが、国際的な「武士道」ブームに、いわば「待った」をかけた人物がいる。長く帝国大学に勤め、国内には西洋言語学を紹介し、日本語やアイヌ語を研究し、海外への日本文化の紹介に努めたバジル・ホール・チェンバレンである。彼が在任中に、薄いパンフレット様の『新しい宗教の発明』（*The Invention of a New Religion*, 1908）をロンドンで刊行した。"Mikado worship"（帝崇拝）が明治日本の「新しい宗教」であることを論じるなかで、"Bushido"の語についても、江戸時代の辞書に出ていないと述べている。
　実際その通りで、「武士道」の語は、江戸後期にはすっかり見られなくなっていた。[*4] 武士は、平和の時代に、藩士として諸藩の運営にあたっていたが、いざというときのために備えて、文武両道が唱えられ、八代将軍・吉宗の非公式のブレーンを務めた荻生徂徠《おぎゆうそらい》あたりから、中国の士大夫を踏まえて「士道」と言い換えられ、それが一般化していたからである。[*5] 民衆にとって、「国」といえば諸藩のことだった。日本全国を意識しているのは幕府だけといってよく、天皇崇拝も、諸藩の武士層にも民衆のあいだにも育っていなかった。[*6]
　徳川幕府は、諸藩の上に君臨する権力を保持するために、公卿の勢力を徹底的に殺《そ》ぎつつ、皇室の権威を高める方策をとった。中世にすっかり廃れていた天皇の代替わりの儀式、大嘗祭《だいじようさい》を五代将軍・綱吉が復活させたが、また廃れた。が、江戸中期、享保の改革で幕政の立て直しを図った吉宗は、神道復古を唱える荷田春満《かだのあずままろ》に大嘗祭の「古風」復活を命じ、以後、存続させた。そして、武士とは、そもそも帝に「侍《さぶら》ふ」者だったという認識が頼山陽《らいさんよう》『日本外史』（一八二七、刊行は二九年）によって俄かに全国に拡がり、これが倒幕運動や大政奉還への道を作ったのである。

一九世紀への転換期、ロシア船来航に応じたのは幕府と関係諸藩だけで、海防論を唱えたのは特殊な個人に限られていた。一八四〇〜四二年、清朝がアヘン戦争でイギリスに屈して香港を割譲した後、五三年に、ペリー艦隊が浦賀に来航し、翌年には砲艦による外交に幕府が屈して開国を約束してから、全国的に危機意識が拡がったのが実際だった（第一章で述べる）。

「国体」の観念も幕末の混乱期に諸藩の指導層に「尊王」とともに拡がった。[*7] 関東の農民の出で、京都の警護にあたる新撰組を率いて武士身分を得た近藤勇も「国体」を論じている。そして、倒幕運動は、短期間のうちに「尊王攘夷」「公武合体」「大政奉還」「王政復古」へと進んだのである。

幕末の争乱期に「武」が浮上するにつれ、とくに江戸前期の儒者、山鹿素行《やまがそこう》の兵法書が学ばれ、「兵法や武士の作法」が、かつて「武士道」と呼ばれていたことは意識にのぼりはした。が、武術の利器に大砲や拳銃も用いられ、かつてとは様変わりしていたことも手伝い、語としては復活しなかった。[*8] しかも、維新期に、武士身分は撤廃され、残った呼称も、旧「士族」だった。

それゆえ、「武士道」の語が流行りはじめたのは、日清戦争のころからだった。書物としては、徳川慶喜の命を受け、江戸城の無血開城を西郷隆盛に掛け合った幕臣・山岡鉄《やまおかてっ》舟《しゅう》が遺した談話筆記『武士道』（一八九二）が最も早いものではないだろうか。大事に臨めば、度量の大きさこそがものをいう。それを己れの実績を通して説いてゆく。山岡鉄舟は、剣禅一致の境地を求め、維新後、一刀正伝無刀流を拓いたことでも知られる。刀を構えて無刀流とは、利器としての刀を忘れる境地とでもいえばよいか。勝海舟の評を併載したこの書物は、日清戦争に向かう尚武の気性に迎えられ、なかなか評判をとったらしい。

一九〇一年ころから、井上哲次郎が陸軍幼年学校での講話や帝国教育会の機関誌『教育公報』などに「武士道」の語を用いて、道徳を説く記事が見えはじめる。そして日露戦争中、文部省で東洋哲学を担当していた有馬祐政と共編で、古代からの武人、中世の禅僧、江戸前期の儒者の兵法書などをまとめた『武士道叢書』上・中・下（博文館、一九〇五）を刊行、また秋山悟庵『禅と武士道』（光融館、一九〇七）などが指標となり、「武士道」が日本男児の伝統とうたわれてゆくというなりゆきである。[*9]

他方、「武士道」は欧米のジェントルマン・シップに通じると説く新渡戸稲造の *Bushido* も、日露戦後には日本語に翻訳され（櫻井鷗村訳、一九〇八）、それらと競合した。が、新渡戸が独自の見解をまとめた『武士道』の気風もまた、その名のもとに広く共有されていたものではなかった。新渡戸はそれを、すでに過去のものになっているが、なお精神の根柢に残っているものと説いている。[*10]その見解の個性と時代性について、あらためて考察が必要だろう。

振り返ってみれば、日露戦争も、日清戦争の影を色濃く引いていた。大韓帝国（朝鮮王朝）の政情不安（東学の乱）をめぐって、朝鮮を長く属国扱いしてきた老大国・清朝に対して、日本が朝鮮の独立を促し、出兵したのは朝鮮の実質的な属国化を企てたものだった。

清朝・中国の北洋艦隊は、それなりに近代装備を備えていたものの、対朝鮮王朝対策と軍備に勝《まさ》った日本軍は、比較的容易に満洲南端の遼東半島に攻め入り、清国とのあいだに結んだ下関講和条約（馬関条約、一八九五年四月）では、賠償金のほかに、遼東半島と台湾とその西の澎湖《ほうこ》諸島の割譲を受けることが決まっていた。ところが、ロシアは戦争も辞さない構えで、フランス、ドイツと「三国干渉」を牽引し、伊藤博文内閣は、病床にあった陸奥宗光の提案で、これをやむなく受け入れた。獲得した台湾では叛乱が続き、情勢不安定、遼東にも軍を送って争うまでの余力はなかったからである。

遼東半島の奥、中国東北に拡がる広大な東三省（遼寧・吉林・黒龍江）は、清朝の故地として長いあいだ封禁の地とされていたが、一七七〇年代頃から困窮した漢族が平野部に流入しはじめ、高粱《コーリャン》畑が一面に拡がっていた。蒙古高原に連なる地帯は蒙古族の遊牧地、東と北の山地にかけては荒蕪の地だった。日本の民間に植民地経営に乗り出す機運は育っておらず、国民も「臥薪嘗胆《がしんしょうたん》」を誓って引き下がった。

ところが、ドイツが青島を中心とした膠州湾を租借すると、それに刺戟されたロシアは遼東半島を租借（関東州）、シベリア鉄道の要地・ハルビン（哈爾浜）にも租借地を拡げ、支線（東清鉄道南満洲支線）を大連、旅順に延伸して、貿易港と軍港の建設に乗り出していた。日本にとって遼東半島は、いわば遺恨の地だったのである。

日露戦争後の国際的躍進

日露戦争に勝利した日本は、ポーツマス条約締結前、八月の段階で大英帝国との同盟関係をさらに強化していた。ポーツマス条約で関東州の租借権を獲得し、清国との間で条件を詰め、ロシアの経営する東清鉄道南満洲支線の長春から南、全線の三分の一にあたる部分の経営権を取得、国策会社・満鉄（南満洲鉄道）株式会社を設立し、重化学工業に必要な石炭や鉄鉱資源の眠る満洲の経営に乗り出していった。また満洲特産の大豆はタンパク質と脂質の割合が高く、根粒バクテリアが棲息せず、大豆の育たないヨーロッパでブランド化する幸運に恵まれ、大連は上海と並ぶ日本の商社の拠点になっていった。日露戦争の勝利は、国際貿易の面でも、二〇世紀日本の躍進を約束したのだった。

イギリス・アメリカも、日本による朝鮮半島の支配を認めたのも同じで、日本は一九一〇年には大韓帝国を「併合」する。欧州大戦（一九一四〜一八年）には消極的ながらも協商国側に加わり、ドイツの租借地、膠州湾を獲得するなど膨張政策を展開した。だが、戦後は国際協調路線に転換し、欧州大戦に乗じて獲得した地域を返還、一九二〇年に結成された国際連盟ではイギリス・フランス・イタリアとともに任期の定めのない常任理事国になった。

日露戦争後の日本は、アメリカとも表面的には良好だった。が、もともと脱植民地主義を国是としてきたアメリカ合衆国のなかには、日清・日露と相次いで国際戦争を仕掛けた日本を好戦国と見る向きも育っていた。ポーツマス条約の裏で、アメリカの鉄道会社と南満洲鉄道の共同経営の仮契約まで進んでいたのを日本が一方的に破棄したこともあった。

ことに欧州大戦時、ソ連軍に囲まれたチェコ軍の救出を名目に協商国側が革命間もないソ連に揺さぶりをかけ、シベリアに出兵する動きに乗じて、日本が一九一九年に大量の兵士を送りこんだのは、領土的野心を剝き出しにしたのと同じだった。極東のシベリア鉄道沿線の制圧に出た日本にソ連が対抗し、「極東共和国」という名の傀儡政権を画策したため、各地に叛乱が勃発、日本はこれに手を焼き、各国が引き上げたのちまで駐留を続けた。

これらは、アメリカが太平洋地域への日本の進出を封じこめるための国際会議を一九二一～二二年にワシントンで開く大きな契機になった（ワシントン体制）。また一九三一年九月の柳条湖事件に端を発する満洲事変に際しては、パリ不戦条約（一九二八年）違反という非難を突きつけた（一九三二年一月、スティムソン・ドクトリン）。アメリカは国際連盟に加わっていなかったが、これは一九三三年二月、日本が連盟を脱退する大きな要因としてはたらいた。

吹き出る不満と国内再編

日露戦争後の国内情勢は、きわめて複雑だった。大国ロシアとの戦争は、近代に前例のない総力戦の様相を呈し、国際的にも稀なほど国民国家の意識が隅々にまで浸透した。だが、異常な緊張を強いられた反動に見舞われた。戦死者はおよそ、八万四〇〇〇人。日清戦争の約一〇倍にあたる。戦さのさなかから負傷兵が相次いで帰還してきた。戦傷者は一四万三〇〇〇人にのぼり（いずれもアジア歴史資料センターの統計による）、戦後には東京の病院に「廃兵院」がつくられた（やがて豊多摩郡に移転。一九三四年に「傷兵院」に改称）。だが、傷は癒えても、一般的な仕事につけない人の処遇は社会的に問題となり、男性労働力の不足も口にされた。

日露戦争の勝利は国際的に日本の威信を高めた反面、外国債を募って賄った戦費はかさみ、二〇億円、今日では約二兆六〇〇〇億円に相当するといわれる。途中二度も非常特別税法がかけられ、下層の人々は貧困に喘いでいた。

ポーツマス講和条約では、ロシアからの賠償金なし、樺太の南半分の割譲を受けるだけ、というニュースが伝わると、九月五日に日比谷公園で講和反対の集会がもたれ、解散後、その一部が暴徒と化し、周辺の交番や教会などを焼き討ちした。犠牲の大きさに比して実質的な代償が少ないことへの不満から群衆ナショナリズムが暴発したのである。

翌年の一九〇六年三月には東京市電（三電鉄会社）の値上げに対する反対運動が起こり、デモンストレーションが荒れた。足尾銅山の鉱毒に反対する近隣各県会を含めた抗議運動、その東京への「押し出し」と呼ばれる示威行動もしばしば荒れた。別子《べっし》銅山、三菱長崎造船所などでも争議が相次いだ。国民の不満は鬱積し、国内矛盾が噴き出て、暴動的な叛乱がつづいた。一九一〇年、官憲は、爆弾テロを準備した廉《かど》で社会主義者を一網打尽にし（大逆事件）、以後、社会主義の思想と行動を徹底的に封じ込めた。それでも、不安な情勢はおさまらず、民衆争乱は一九一八年、全国規模の米騒動まで続いた。

一九〇六年一月、桂太郎内閣のあとを承けた第一次西園寺公望内閣は、外国債の返済のため、重税を据え置いたまま、重化学工業化を推進し、国鉄経営や河川の堤防づくりなどインフラストラクチュアの整備を強力に推し進めてゆく。従来から軍・財界ともに国内鉄道網の整備を要求しており、不況で経営難に陥った私設鉄道を買い上げ、外資の介入を防ぐ一方、運賃低減化による産業貢献、財政収入の確保などの理由を掲げて、〇六年、政府は鉄道国有法案を帝国議会に提出、かなりの修正を受けたが、三月に成立させた。翌年にかけて公債を起こして私設鉄道の買収にかかり、民間資本を潤してゆく。私設会社は電鉄だけになった。

幕藩体制を解体し、税の根幹を石高制（物納）から貨幣に切り替えた明治期には、市場取引が開放され、商品販売網が全国の隅々にまで張りめぐらされ、各地の穀物および特産品の生産高は伸びつづけた。農業生産高は一八八一年の六億六一〇〇万円から日清戦争後、一八九八年には一〇億九六〇〇万円へと急増した。明治中期には松方デフレで、土地を手放す小作農が増え、大都市への人口集中も加速した。同じ時期の工業生産額を比較すると、三億六一〇〇万円から一〇億八九〇〇万円へと三倍に伸び、農業生産額と横並びに近づいた。伝統的手工業にも改良が加えられ、総じて機械工業への転換、産業（工業）革命（industrial revolution）期を迎えたといってよい。[*11] 今日では定説である。

各地の都市が膨張し、建築材など木材消費が伸び、加えて、日清・日露の戦争期には、軍需木材が皆伐方式で切り出された。

次に、明治期に被害の大きかった洪水をあげてみる。いずれも台風の通過によるものである。一八八〇年は岡山県高梁川、八五年は淀川、筑後川、八九年は十津川、筑後川、九二・九三年は岡山市、九六年は琵琶湖、利根川、一九〇七年は山梨、一〇年は関東一帯、一一年は南関東。この間の洪水被害の大きさは、都市の膨張に比例する。

この途中、一八九六年に、河川法が施行され、内務省管轄で治水事業が推進されることになった。河川の蛇行をなるべく直線化し、高堤防を連続して築いて雨水を速く河口に流す方式の大規模事業が各地で行われてゆく。これには国鉄の敷設・運営経費とほぼ同額の予算が毎年、計上された。各地の土木事業者を潤し、困窮して出稼ぎに頼るしかなくなった小作農の賃金にもなった。

日露戦争後は世相も一変した。政府は戦時税を継続、公債を起こし、外資導入による積極経営方針を打ち出し、前年度予算を倍する六億円を超える予算を組んで、企業熱を刺戟した。が、一九〇七年一月には株式が暴落、いわゆる反動恐慌に見舞われた。そのため、財政と税制を整理し、国鉄予算を独立経営に向けて切り離すなどの策で金融を落ちつかせた。民間企業では、中国市場に向けた輸出に弾みがついていた綿織物業は、不況で資本集中に向かい、工場数は漸減、すなわち大工場化が進んだ。とりわけ大阪西部の紡績工業地帯は煤煙がひどく、府議会が対策を知事に訴え出た。

生活の困窮に喘ぐ農民はいよいよ土地を手放し、小作農が増大した。現金収入は、男女とも肉体労働の出稼ぎに頼るしかなく、土地を手放して都市の工場地帯へ流れ出る者も多かった。女性には家内職の軽作業もこと欠かなかった。が、そこでも待っていたのは低賃金と過酷な労働条件だった。貧困と生きる権利をめぐる闘争が渦巻きはじめた。都市の中心部に、いわゆるスラム街が拡大、治安・衛生問題も多発した。資本制経済の発展に伴う階級矛盾は「社会問題」と呼ばれた。思想界では生存権（今日の基本的人権）が大きな問題になっていった。

農村は、再編を迫られた。岡田良平、一木喜徳郎など文部・内務官僚が主導し、二宮尊徳の思想を核とし、資本主義経済と調和をはかる自作農を中心にした互助的な組織、報徳会を一九〇五年に発足させるなど農村改良を推進した（一九一二年には中央報徳会と改称）。地方、僻地などで貧困に喘ぐ農村には肥料や農具の購入、農畜産物の加工などを協同で行う産業組合もつくられていった。地着きの地主層（旧庄屋層）は、江戸時代に諸藩の藩政改革に伴う専売で根づいた地方特産物や木材などの仕入れ・加工など地場産業の産地問屋や質屋などを含む地元金融などを営む事業家へ、また地方政治家にステイタスを変えていった。

日露戦争後、第一次西園寺公望内閣（一九〇六〜〇八年）のときから、国家財政の負担を軽減するために、村々の神社の合祀（統廃合）が進められた。とくに第二次桂太郎内閣（一九〇八〜一一年）のときに強力に推し進められ、全国で約一九万社あった神社の七万社が一九一四（大正三）年までに取り壊された。執行は各県にまかせられたので、地域差が著しかった。三重県では七分の一、和歌山県では六分の一以下に神社が削減されたが、京都府は一割程度にとどまったという。

江戸時代に各家は寺の檀家となり、宮座《みやざ》など村の集まりは神社で行う習慣が根づいていたところが多かった。維新期に政府の「神仏分離」の掛け声とともに、民間の「廃仏毀釈」の騒ぎを伴いながら（神仏習合が著しく、大方は挫折した）、各神社が国家（神社局）のもとに統合され、新たに格付けされた。一八八〇年代半ばまでに伊勢神宮および一部の官国幣社（約一五〇社）を除いて、ほとんどの神社が自営化を求められたのちのことである。

これは農村の上中層に反撥や反対運動を生み、また宮司のなかには「宗教を超える神道」の追求など新たな観念を求める動きも出た。だが、地域の神社組織からも零れ落ちるような下層民が新宗教の大本（教）や教派神道の天理教に信仰を求める動きが急速に拡大するのも、この時期である。

仏教界にも浄土真宗に改革の動きが起こる（後述）。田中智学の日蓮主義運動は一八八〇年代に発して、一九一四年に国柱会の結成を見るに至る。あまり言われてはいないが、智学の考え方は根本のところで、檀家制度に代えて、個人の信仰に切り換えているだろう。そうでないと、宗門の改革運動以外に、新たな仏教運動などつくれない。一九世紀への転換期に、ドイツのフリードリヒ・シュライアマハーが個人の感情を基礎にキリスト教信仰の考え方を立て直し、自由主義神学に道を拓いたことに学んでいるところがあろう。むろん、大っぴらにはしていない。檀家制度の破壊を掲げたりすれば、強い反撥を食らうからである。

若き知識層は、明治前中期にはキリスト教にかなりの関心を示したが、中後期には禅宗や陽明学に惹かれてゆく傾向も見える。日本の宗教界は新時代を迎えていた。そういって過言ではない。

新中間層の拡大と青年の煩悶

公務員、教員、会社の事務職などホワイトカラーの増加に伴い、月給生活を基本とする、いわゆる新中間層が形づくられてゆく。現金取引が盛んになると、江戸時代に培われてきたのれんの信用にかける伝統商法や顧客宅をまわる営業（外商）より、百貨店などが催し物で集客する商法が幅を利かせる競争社会が到来した。平和が回復したはずの日常生活が、かつてないきしみを起こしはじめた。

新中間層の子弟には、進学希望者が多く、男子の中学校生徒数（随時入学、修学期間五年）は、日清戦争期、日露戦争期、一九二〇年を前後する時期を比較すると、それぞれ三万人、一〇万、二〇万人を超える。女子の高等女学校生徒は、同じく、三〇〇〇人弱、三万人超、（本科と実科を合わせて）二〇万人を超える（文部省教育累年統計による）。これは読み書き能力（リテラシー）の質の向上にはたらき、総合雑誌と家庭向けの実用記事を載せた婦人雑誌の発行部数が拡大、嗜好の多様化に応えて種類も増えてゆく。女性解放思想やデモクラシーの拡大にもかなりの役割をはたした。[*12] なお、小学校では人数が少なければ男女組もつくられたが、中学校と女学校の生徒間の交際は厳しく禁じられていた。

産業構造のドラスティックな転換と社会の再編に伴う混乱や葛藤は、とりわけ知的青年たちに鋭い問いを突きつけることになった。明治維新により、生まれついた家の職業に縛られた生活から解放され、「立身出世」が目標だった青年たちが、自分の利害だけにかまけてよいものか、など、「自我」の在り方をめぐる大きな疑問を抱えはじめていた。

一九〇三年五月二二日、第一高等学校二年生の藤村操（中学時に飛び級し、数え一七歳）が日光華厳の滝から飛び降り自殺した。傍らのミズナラの木肌を剝いで、「巌頭之感」と題し、次のような文言が彫り付けてあった。一部を引く。

萬有の眞相は唯だ一言にして悉《つく》す、曰く、「不可解」。／我この恨を懐いて煩悶、終に死を決するに至る。／既に巌頭に立つに及んで、胸中何等の／不安あるなし。始めて知る、大なる悲観は／大なる樂觀に一致するを。

まるでゲーテ『ファウスト』（*Faust*, 1832）の主人公が認識と行動の不一致に悩み、世界の原理を究められないことに絶望して、毒杯を仰ごうとしたことにならったかのようだ。高等学校の生徒なら英訳版で読めた。ファウストは復活祭の鐘の音で幼時の記憶を呼びさまされ、自殺を思いとどまる。だが、日本に復活祭はない。

「立身出世主義に背を向け新しい人生価値を求めての煩悶自殺」といわれた。しばらくして失恋自殺であろうと明かされたが、あとを追うかのように自ら命を断とうとした青年の数は四年で一〇〇人を超えたと、若き和辻哲郎は第一高等学校文芸部の『公友会雑誌』に書いている（「霊的本能主義」一九〇七年一一～一二月）。実際は、地元の警察に保護された青年たちが多かったが、こうなると社会の大問題である。先にふれた「社会問題」に対して「人生問題」といわれ、人生いかに生きるべきかをめぐって議論が闘わされた。

　宗教界をはじめ、世の指導者たちは、自我とは何か、人生とは、宇宙とは、など、根本問題を競って説いた。徳富蘇峰が尋常小学校の「修身」の科目に対して、キリスト教の自己啓発（self-cultivation）に、古くから「修身」と同義に用いられてきた漢語「修養」をあてた用法が広まり、[*13] 内外の偉人伝などとともに「修養書」「修養雑誌」が出まわった。キリスト者の松村介石『修養録』（一八九九）、民友社の論客・山路愛山『気質の修養』（一九〇八）、新渡戸稲造『修養』（一九一一）、真宗改革派の清沢満之《きよざわまんし》『修養時感』（一九〇三）、禅宗の加藤咄堂《とつどう》『修養論』（一九〇九）などが知られる。当時、最もよく読まれ、また大ロングセラーになった幸田露伴『努力論』（一九一二年七月）もその一つである。その中心勢力は禅宗と陽明学だった。禅宗は見性《けんしょう》をモットーにし、自分の心の底に沈潜しようとする。陽明学は、いい意味でも悪い意味でも独立覇気を養う。露伴『努力論』の巻末にも「立志に関する王陽明の教訓」が掲げられていた（一九四〇年、岩波文庫収録の際に削除）。

　総じていえば、日露戦争による多大な戦争死傷者とそののちの機械文明の進展、急速な競争社会の到来は、人々の魂と生存を脅かし、生命の危機からの脱出の希求を呼び起こした。宗教新時代が幕を開け、青年たちは心身の修養に励み、勤労者が生活の自由を求める衝動が、いわゆる大正デモクラシーの波を下支えしてゆく。吉野作造が立憲君主制の権力問題を問うことなく、というのも政体変革を訴えることは新聞紙法（一九〇九年公布）で禁じられていたからだが、民主主義的要求の実現に向けた運動を「民本主義」と定式化した。言論の自由を求め、また社会主義寄りの言論も活発になり、やがて、一九一八（大正七）年九月、立憲政友会の原敬《たかし》が組閣し、長いあいだ懸案だった政党政治が実現した。

また一九二〇年を前後して、工場労働者のストライキが続発し、犠牲を出しながらも、八時間労働制などが大企業の一部では認められるようになった。それには日本が、傘下にILO（国際労働機関）を抱える国際連盟の常任理事国の一つになったことにより、国内労働運動に一定の活路が与えられたことも寄与していた。そして一九二五年三月には、治安維持法の制定と抱き合わせるかたちで、普通選挙法（男子）が成立するに至る。

二〇世紀への転換期を読みなおす

本書は、日露戦争を前後する時期から、明治の終焉（一九一二年七月三〇日）のころまでを焦点に、政治・経済・生活および精神文化総体の変容を扱う。明治の終焉は、たしかに時代を区切る出来事だった。一九一〇年、韓国併合を果たした大日本帝国は、明治維新以来、北海道を含めると領土を約二倍にした。明治天皇は、その歿後、神武に次ぐ大帝と称えられた（『太陽』増刊「御大葬紀念号」一九一二年一〇月号など）。

そののち、大正は「外には帝国主義、内にはデモクラシー」といわれる。先にふれたように、日本は欧州大戦にイギリスなどの協商国側に立って参戦したが、それほど積極的にかかわらずに、とりわけシベリア出兵など膨張政策を展開したことは国際的にも警戒を招いた。だが、一九二〇年にはそれらを撤収し、国際協調路線に転じ、国際連盟の常任理事国となった。それはいわば大正デモクラシーの到達点だった。外と内とは連動していたのである。そして、そのような路線転換もあって、しばしば「大正」はとらえにくい時代といわれてきた。それには内外の政策転換の関連がよくとらえられていないだけでなく、他にも、いくつかの理由がある。

とらえられてこなかったことの一つは、日露戦争を前後する時期に、一般庶民の生活、物質文化・精神文化ともに大きな様変わりが起こっていたこと、もう一つは、欧州大戦後、とくに一九二三年九月の関東大震災を前後して、マスメディアが発達し、大都市中心に大衆文化が形成されていったことだった。言い換えると、「明治」「大正」「昭和」という元号で時代を区切ろうとすることに無理がある。

昭和戦前期の社会については、第二次世界大戦後、歴史学の主流になった勢力（マルクス主義講座派）が、資本主義が発達していることを認めながらも、革命前のロシアと類比し、近代天皇制を絶対君主制と見て、それと地主階級とが支配する「(半)封建制」としていた。が、実際のところ、一九二〇年代には新聞の全国紙化や総合雑誌・婦人雑誌の展開があり、各種「円本」のシリーズ、また映画が盛んになり、ラジオ放送が開始されるなど大衆メディアが発展し、モダン都市の風俗が展開していた。たとえばアメリカではカタログ販売が盛んになるなど、先進各国それぞれに特徴をもちながらも、大量生産／大量宣伝／大量消費の歯車がまわりはじめ、身分や階級を超えて消費財や情報が共有され、そのときどきの政治・経済・文化の動きに反応する不安定で不定形な大衆が形成され、政府も、その動向に絶えず規定されざるをえない、いわゆる大衆社会が形成されていた。それについて、わたしも及ばずながら、一九八〇年代から認識の転換を促してきた（海野弘・川本三郎と共編『モダン都市文学』全一〇巻、平凡社、一九八九〜九一。『日本の文化ナショナリズム』平凡社新書、二〇〇五など）。さらには、一九三一年九月に端を発する満洲事変からの日本の迷走ぶりも、かなり明らかにしえたと思う（『「文藝春秋」の戦争——戦前期リベラリズムの帰趨』筑摩選書、二〇一六。『満洲国——交錯するナショナリズム』平凡社新書、二〇二一など）。

だが、日清・日露戦争を前後する時期については、いまだ明確にされていないところが多々残されている。ヨーロッパで一九世紀に起こった国民国家——同じ法律のもとでの国民の平等——に向かう流れをアジアでは日本が唯一、受けとめ、それを実現し、「殖産興業、富国強兵」を合言葉に、国家が発行する貨幣に支えられた資本主義経済を発展させ、産業革命が進行した時期であることは、今日、誰しも認めよう。しかし、それを第二次世界大戦後の日本でそうしてきたように、「近代化すなわち西洋化」のようにまとめることには無理がある。国民国家を形成し、一八八九年に大日本帝国憲法が公布されたのは西洋にならってのことだが、その憲法が古代から万世一系の皇室を仰いでいることは、西洋にはない日本の「伝統」を誇る態度を伴っていた。「武士道」ブームも、また修養の季節に禅宗や陽明学が盛んになったことも西洋化とはいえない。そこで今日では、近代化すなわち技術革新（欧化）と伝統思想（国粋）のせめぎあいの図式（scheme）で読みとる見方が盛んになっているかもしれない。*14

ところが、その「殖産興業」は、江戸中後期に諸藩が藩政改革に乗り出したころからの機運であり、天地自然から産物を開発することを意味する「開物」思想に支えられ、*15 新田のみならず、鉱山や材木、果樹、染料など地場産業の開発が盛んになり、醸造や織物、藺《い》草《ぐさ》による畳表から刃物に至る家内工業・手工業を盛んにし、全国市場が展開するまでになっていた。今日では、それによって洪水の多発や水質汚染などの被害が全国各地に頻発し、農民の一揆や訴訟も多発していたことが掘り起こされている。だが、それらの被害は大規模に及ばず、一揆などもさほど大きなものにならなかった。当該諸藩によって代替地の提供による補償や鉱山事業は休止されるなど、比較的穏当な対策が講じられたためという（安藤精一『近世公害史の研究』吉川弘文館、一九九二）。それは、しかし、自然との調和を重んじる伝統思想によるものではなく、また、基本的に農民の農閑期の仕事であり、諸藩は、石高制のもとで稲作の減収は避けなければならなかったからである。*16

この江戸中後期の「開物」思想の展開の上に、明治前期に、国家主導で外国人技術者を雇い入れ、西洋から機械を導入して技術革新が進んだ。それゆえまず、旧武士身分の子弟が熱心になったのは物理系の技術だった。これは朱子学の「究理」の語を用いて「究理熱」と呼ばれた。[*17] 経済においては、藩ごとにあらかじめ決められた米の石高による税制を、土地の私有制と各戸毎の金納制に転換し、「武家の商法」や米相場に手を出して破産する者が出るなど混乱を伴いながらも、全体としては比較的スムーズに資本制に移行しえたのだった。

「伝統」の方も先に述べたように、天皇崇拝とそれと密着した「国体」論は、幕末維新期に俄かに盛んになったものだった。「武士道」が日本の伝統のようにいわれるようになったのは、日清・日露戦争が契機となっていた。時期を違《たが》えてだが、どちらも精神文化における「伝統の発明」がなされたのである。[*18] つまり、日本の近代化の過程を西洋化すなわち技術革新と、それが伝統思想とせめぎあったという図式によってとらえることもできないのだ。

自然観の変容

帝国憲法を整える以前、伊藤博文がやはりドイツに学んで一八八六年に帝国大学令によって発足させた帝国大学は、文部省により一元的に統括された総合大学（university）だが、欧米にほぼ一世紀先がけて工科大学（のち、工学部）を抱えていた。当時、工学（technology, engineering）は、イギリスでは理学部（faculty of natural science）の一学科、ドイツでは専門大学が展開していただけで（のち、アメリカでも展開）、欧米の総合大学が工学部を抱えるのは、一九七〇年代にコンピュータ・サイエンスが台頭してからである。*[19]

それは、いわば工業立国方針を進めた伊藤博文の膝下でこそ実現したものといえよう。日本の工学は、軍と密接に展開し、日露戦争における火薬の開発や砲台の設置などにフルに活用された。また帝国大学設立の三年後に農科大学を抱えたことも、その実学的な様相を強くした。*[20] 西欧の科学（sciences）の展開に比べてみるなら、原理論にあたる基礎科学より応用科学に極端に比重が偏っていた。それは今日、定説である。*[21]

自然科学の偏りはもう一つあった。欧米では一八世紀から博物学（natural history）が鉱物など天然資源の探索と自然愛好の両面を拡げ、チャールズ・ダーウィンの生物進化論も生態観察を積み重ねて唱えられたものだった。

一方、日本では一八九一年に文部省が「小学校教則大綱」を制定した際、小学校の理科の教科目標に「天然物を愛する心を養う」を掲げた。一九世紀後期からイギリスでは普通教育が拡がり、児童には学年相当の教育をという考えが浸透し、子どもたちを自然界に親しませる工夫が進んでいた。*[22] それを参照したことが一番大きいと思うが、まず小学校や中学校の教師のあいだに植物採集や昆虫採集への関心が拡がった。牧野富太郎が国際的に活躍したことも影響が大きく、牧野のところに、種の同定を依頼して全国から植物標本が寄せられていた。東京帝大と京都帝大（一八九七年設立）に生物学の講座が開かれたのと前後する時期のことである。つまり、自然科学への関心がそれまでの物理一辺倒から生物にも重点が置かれたのである。

その動きは、日露戦争後、日本人の国民性として、和歌に花鳥風月が盛んにうたわれてきたことなどをあげて、「自然を愛し、自然に親しむ」が徳目として論じられたことにも響いていよう。東京帝国大学国文学科教授、芳賀矢一の著した『国民性十論』（冨山房、一九〇七）のなかでのことである。

ところが、先の文部省の理科の教科目標の設定「天然物を愛する心を養う」に対して、第二次世界大戦後の教育界には、科学教育に道徳を持ち込んだという非難があった。いわば自然に親しむことを退け、客観的な観察や実験に徹するような一方的な科学主義が横行したのである。

もっと驚くべきは、戦後の国語学および翻訳論で、“nature”の訳語を名詞「自然」と決めつけ、古代からの「自然」の語は、自《おの》ずから然《しか》りを意味していたので、ヤマトコトバには、自然を総体として対象としてとらえる概念（コンセプト）がなかったと論じられてきたことではないだろうか。また第一級の科学史家たちが中国の天人合一論の影響により、ないしは日本人が伝統的に自然に情緒的に親しんできたために、科学的思考が発達しなかったと論じてもきた。[*23] これらは、敗戦後、西洋の科学＝技術へのキャッチ・アップが課題とされたため、戦前期の動向を押しなべて前近代的と見なす傾きによるものといってよい。だが、一九七〇年代に公害問題が浮上すると、その克服のため、いわば逆転して、自然を愛する日本文化論が盛んになった。

“nature”の訳語は、幕末の『英和対訳袖珍辞書』（一八六二）に〈天地自然〉（天地のあるがまま）、維新直後の柴田昌吉・子安峻編『英和字彙』（一八七三）には〈天地、万物、宇宙、品種、本体、自然、天理、性質、造物者〉と多義的に登場する。そして『言海』（一八八九）には〈しぜん：オノズカラ然ルコト。天然（名詞）〉とある。「天然」は、平安時代初期、最初の勅撰漢詩集『凌雲集』（八一四〔弘仁五〕）中、大伴親王（のち淳和天皇）の詩に〈水流長製天然帯〉と出てくる。水の流れは天然の帯を長くつくるという意味である。

もっと確実にしたければ、イギリス人宣教師と若き中国人たちが協力して編んだロブシャイド編『英華字典』（香港、一八六六─八）[24]、もしくは、その井上哲次郎による翻訳訂増版（藤本氏蔵版、一八八三、ピンインを除き、ほぼ踏襲）を覗いてみればよい。いま、用例の紹介も、それについての議論も飛ばして名詞形の訳語のみ示しておく。

“Nature”（名詞）・「性」・「the universe」、天地」

「性」は本性の「性」、ヤマトコトバでは「タチ」や「ウマレツキ」、宇宙ないし人間の活動の場を指す世界全体をいう「天地」は「アメツチ」が該当する。[25]『万葉集』には四五一六首中に「天地」の表記で五三首、万葉仮名表記で一〇首、合計六三首ほどある。

つまり前近代の日本人に、自然を総体として対象としてとらえる概念がなかったわけではない。それが見失われたのは、漢語とヤマトコトバとの対応関係がよく把握しえていなかったからである。そして日本人は自然に情緒的に親しむばかりではなく、古代から各種の土木工事を繰り返し、江戸中後期に各地に公害を頻発させるまでになっていた。それが明治期に見落とされてきたのは、「自然を愛し、自然に親しむ」日本人の国民性論が唱えられたことが障害になったからかもしれない。

では、日清戦争前に文部省が理科教育の方針を変えて、「天然物を愛する心を養う」を掲げ、一五、六年後、日露戦争後に日本人の国民性として「自然を愛し、自然に親しむ」がいわれるようになったのはなぜか。芳賀矢一『国民性十論』のいうそれは、いわば「国民性」の十分の一にすぎなかった。そののち、それをはるかに拡張する風潮が盛んになったのである。日本における人文学の展開の様子を探ってみなくてはなるまい。なぜなら、国民性を明らかにすることこそ、ヨーロッパでは、それぞれの国の人文学（literatue の中義）すなわち「文学史」の課題とされていたからである。

日本の人文学、その誕生

日清・日露戦争期は、文科系の観念の制度も近代的に整えられてゆく過渡期にあたる。

たとえば、日清戦争期、博文館の創刊間もない『少年世界』（一八九五年一〇月後半号）で

「文壇の三名士」としてあげられているのは、徳富蘇峰、三宅雪嶺、志賀重昂だった。そのころまで一般に「文章」といえば、漢文書き下し体を指しており、彼らが当代の「文壇」を代表すると目されていた。徳富蘇峰が『国民之友』で、表看板にうたった「政治・経済・文学之評論」の「文学」は、広義のそれ（大学の文学部の「文学」）であり、その柱に「史伝」（歴史と伝記）を立てていた（論壇と文壇が分立するのは一九一〇年頃）。

ことばの意味は歴史的に変わる。これは誰でも知っている。が、具体的にとなると辞典に頼ることになる。明治期のことばの意味、概念（コンセプト）の転換は、漢語と英語の訳語の成立と関連し、ちょっとややこしい。現行の辞典の説明は不十分で、調べなおさないとならないことが多い。日本語の訳語だけでは追いつかないことに、長く気づいてこなかったからだ。

広義の「文学」についていうと、一九世紀半ばの香港で、英語“literature”の訳語として中国語「文学」があてられたとき、それは“literature”のうちの中義、洗練された、ないしは高級な“polite literature”、キリスト教神学すなわち神の言葉についてではなく、人間の言葉の領域を指す人文学（the humanities）に対してだった。英語“literature”は、最初はギリシャ語やラテン語の文献を指す語だったが、その時代には、広義は自国語（national language）の文献一般を指す語になっていた。アイザック・ニュートンが物理学について英語で記した書簡も“English literature”だった。今日では、PCの使い方の説明書や薬の処方箋などにも用いられる。が、中国でも日本でも、この意味で「文学」は用いない。

したがって、広義の「文学」は、大学の文学部の「文学」、すなわち哲学・史学・文学（狭義）を包括する範囲（今日では人文・社会科学）をいう。そのうちの狭義の「文学」は、詩・小説・戯曲など文字で書かれた言語芸術である。少し説明が必要だろう。

中国で「文学」は、古く『論語』〔先進〕では、弁論（話し言葉）の巧みなことに対して、書かれた文章に広く通じていること、文章博学をいう語である。ときに「武学」に対して、また「文」（文章術）と「学」（学問一般）とをあわせた意味でも用いられた。この意味の範囲と英語の"polite literature"や"the humanities"とが釣り合ったので、互いに訳語になったのである。

一九世紀半ばに香港で編まれた、ロブシャイド編『英華字典』では英語"literature"の用例のひとつに「六藝」があがっている。「六藝」は、古い漢語で士大夫（高級官吏）が身につけるべき六つの藝――礼（道徳）、楽（音楽）、射（弓矢）、御（馬車）、書（文字）、数（算数）をいう。つまり、高級な身分の人が身につけ、嗜む教養のような含意で、"polite literature"や"the humanities"が用いられていたことがわかる。なお、「藝」の語は、高級な技藝を意味し、それに医療や占いを指す方術の「術」をあわせた総体が「芸術」、すなわち技藝一般を意味した。宋代には盆栽も囲碁も士大夫（官僚・読書階層）の嗜む「藝術」のうちだった。

繰り返すが、英語“literature”の狭義は、いわゆる言語芸術、詩・小説・戯曲（drama、演劇台本）をまとめていうが、その概念自体が、中国にも日本にも生まれなかった。ヨーロッパでも一九世紀半ばのフランスでは、その狭い意味に限定することに強い反対意見があり、一般に拡がっていなかった。それゆえ、一九世紀半ばの英華および華英辞典にも、英和や和英辞典にも、その意味の「文学」は登場しない。

日本で「文学」は、古くから中国語を用いる漢詩文を意味していた。鎌倉時代の橘成季《なりすえ》編『古今著聞集』（一二五四〔建長六〕）の部立（分類）に登場する「文学」は、日本人が書いた漢詩文のこと。そして、江戸中後期に盛んにつくられた藩校の儒学の先生が「文学」と呼ばれた。つまり江戸時代までに「日本文学」という概念はできておらず、和歌も物語も「文学」と呼ばれたことは一度もない。まだ例外は見つかっていない。それほどその規範は強かった。[*26] このことは、江戸文化によく通じた菊池寛や芥川龍之介あたりまでは承知していたはずである。そののちの世代でも、一八八七年生まれの折口信夫、一八九九年生まれの石川淳らはよく意識していた。

もし、日本で書かれたもので、宿屋の台帳や庄屋や商人の手控えなど当座の役に立てるものではなく、他者に読ませる価値をもつ著作のすべてを網羅する概念を探すなら、江戸後期、塙《はなわ》保《ほ》己《き》一《いち》が編んだ『群書類従』（一七九三〔寛政五〕－一八一九〔文政二〕）や尾《お》崎《ざき》雅《まさ》嘉《よし》の『群書一覧』（一八〇二〔享和二〕）に、それが宿っていることは認められよう。どちらも漢文の書籍を含む。そして、どちらも「群書」と名づけられているように特定の範疇（カテゴリー、分類項目）を意味しない。ただし、民間の国学系でも、本居宣長や平田篤胤らは、彼らと相違し、儒・仏・道の中国系思想や漢詩文とは一線を画す姿勢をとっていた。

それゆえ、「日本文学」という概念が登場したのは、明治になってからのことだった。幕末から幕府や明治政府に派遣され、西欧に何度も行き、向こうの制度によく通じた福地源一郎（桜痴）が一八七五（明治八）年、『東京日日新聞』の社説で「日本文学の不振を嘆ず」を説いたときが最初だった。その「日本文学」は、西欧近代流に自国語に絞り、和歌・俳諧・物語や戯作類だけでなく、歴史や作文教育なども含んでいる。つまり、日本の「人文学」の範疇だった。イギリスでは、一九世紀後期の普通教育の普及に伴い、英語の作文は学問とは切り離されてゆく。日本でも同様で、翌々年、一八七七年に設立される東京大学の文学部では、西洋と東洋の人文学を対象にし、第一科（史学・哲学・政治学）、第二科（和漢文学科）の編制をとっていた。

だが、西洋の「芸術」、音楽・絵画・舞踏などを総称する概念（ファイン・アートの中義、広義は自由七科）が拡がると、その一分野をなす「文学」を「純文学」ないし「美文学」と呼ぶようになる。「純文学」は、大学の文学部の広義の「文学」に対して、「美文学」は、職人の手になる工芸品などを含む広い意味での「美術」の一分野という含意（コンセプト）で用いられた（狭義の「美術《ファイン・アート》」は、フランス流に、絵画・彫刻に限って、一九一〇年頃に定着する)。

一九世紀後期、民友社の論客、山路愛山が著した、江戸後期の儒者で漢詩人としても知られた頼山陽についての評論「頼襄を論ず」(一八九三)をめぐって、北村透谷が一八九三年『文学界』二号(二月)に「人生に相渉るとは何の謂ぞ」を掲載し、愛山の態度を〈純文学の領地を襲う〉ものと非難したことが知られている。そこにいう「純文学」は「芸術」(美術)としての「文学」、ジャンルとしては詩・小説・戯曲を指している。それゆえ、その論争は、ジャンルのあいだの争いだったともいえる。なお透谷は、民衆向けの曲亭馬琴の『南総里見八犬伝』(一八一四〔文化一一〕-四二〔天保一三〕)を仏教の面に着目して論じており、その「純文学」は、知識人向けの著作に限るものではなかった(勤労者一般向けの「大衆文学」概念が成立するのは一九二〇年代[*27])。

このようにして二〇世紀への転換期には、広義と狭義の二つの「文学」概念が併行して成立し、扱う対象範囲のちがう「日本文学史」が二種、並び立つことになる。そのとき、「日本文学」に、漢詩・漢文を含めるかどうかという問題も絡む。それによって「日本文学史」の景色は、全くちがうものになる。これは、かなり面倒な問題を孕んで展開し、問題は今日にまで及ぶ。本書の第八章で扱うことにしたい。

明治期「言文一致」体、その実態

また、日露戦争後は、明治期「言文一致」体と呼ばれる日本語の新たな書き言葉が定着した時期と見なされてきた。[*28] よくクイズ番組などで、二葉亭四迷の長篇小説『浮雲』（一八八七－九〇）が「言文一致」体を用いた最初の作品としてあげられる。[*29] 実際、その第三篇（一八九〇年七－八月）では、失業し、恋愛にも破れて気が狂わんばかりになった主人公・内海文三の心境が脈絡もなく、途切れ途切れの独白として連綿とつづく。まぎれもない言文一致だが、彼の意識のあるがままを再現してみせているので、むしろ、日本の小説史上、類を見ない表現の出現と評すべきものだった。

いったい「言文一致」とは何を指していうのか。事態は、人もいうように「文学」と「国語」の双方に跨がる。そして実際のところ、小説界の「言文一致」は、一八九〇年代にはすっかり萎んでしまう。フランシス・ホジソン・バーネット著『小公子』（*Little Lord Fauntleroy*, 1886）の若松賤子《しずこ》による翻訳の連載が『女学雑誌』で一八九〇年から九二年一月まで続いたのが、その最後尾と目されよう（上巻のみ一八九一年に刊行）。その地の文は「〜でした、ました」で閉じる口語敬体だった（のちには、長く少女向け小説の規範となる）。それを考えると、小説類における「言文一致」が、日本語の「言文一致」を先導したというのは、いささか性急に過ぎるのだ。

江戸時代には、学問に用いる漢文のほか、漢文書き下し、和文、漢語と和語をとりあわせた和漢混交文、口語（後述）の四つの文体様式がまちまちに併行して行われており、どれが民衆の書き言葉かは決められていなかった。明治初頭に文部省が初めて「国語」の書き言葉の正格を定めた。それは帝国憲法などに示されているような硬い漢文書き下しで（多くの漢語を訓述しない）、法律や県令など公文書では昭和戦中期まで、ずっと変わらなかった。明治維新の復古革命のタテマエからいえば、古代の王朝が詔勅を出していた漢文に戻すべきだが、そうはせずに、ヨーロッパ近代にイギリスなら英語、フランスならフランス語と、それぞれの自国語（national language）の話し言葉をベースに、国民の標準的な書き言葉が整えられていったことにならったものだった。

そのヨーロッパの動きは、長く知識人の国際共通語だったラテン語に代えて、書き言葉に自国語を用いる言語ナショナリズム運動が一八世紀半ばころから盛んになったことによる。長いあいだ、雄弁術などに駆使されてきた比喩などのレトリックに分厚く覆われたラテン語とちがって、西欧近代に成立した民衆の口語（俗語）をベースとした自国語の文章は、個々人の思想の素肌にふれさせる「透明な」言葉とされ、その拡がりは自由なコミュニケーションを保証する精神革命と称された。植物学者、ジョルジュ・ルイ・ビュフォンの言、「文は人なり」は、彼が一七五三年、フランス科学アカデミーの入会演説をフランス語で行ったときのもので、その人の個性は、やがて誰にも共有されてゆく。その知見にではなく、文体（スタイル）に現れるという意味だった（「文体論」*Discours sur le style*）。このスタイルは、語の選び方やその運び方、独自の語り口（ナラティヴ）くらいに考えてよい。それゆえ、日本の言語学者たちが論じているように、西洋の近代文体からレトリックが排除されたのは、必ずしも一九世紀における合理主義や科学主義、ないし実証主義や写実主義のせいとはいえそうにない。*30

自国語のリテラシーの浸透度は、どこの国でも各地方により異なるが、次第に標準的な書き方が定められ、イギリスでは一九世紀後期に普通教育の普及により、フランスでは二〇世紀に義務教育の実施により、広範に定着してゆくことになる。*31

わかりきったことをいうようだが、漢文書き下しも日本語の文体の一つで、ヤマトコトバを主体とする和文体、また和漢混交文体とともに、口語体に対して文語体と呼ばれ、文末は「なり、たり」である。それらはヨーロッパ近代に「国語」が盛んになったのと異なり、古代からさまざまに変化を重ね、一定の規範をもつようになった文体様式である。そして、とくに江戸後期には民衆のリテラシーが各段に向上した。*32

それとは別に、文部省は一八七二（明治五）年の学制で、エリート養成のためと位置づけた中等学校以上では、英語の習得を必須とし、同時に「国語」の教科に漢文を入れた。漢文の読み書きが古代から日本の知識層に必須とされてきたことに加えて、英語の翻訳がまず中国でなされ、幕府もそれを通じて西洋の知識の導入をはかっていたことが響いていよう。漢文の読み書きができなければ、西洋語の習得もおぼつかなかったのである。

　それゆえ徳富蘇峰も森鷗外も、小説をふくめて格調の高い文語体を規範としていた。坪内逍遥も『小説神髄』（一八八五－八六）では、「言文一致」体に反対していた（口語が品よくならないうちは、との条件つき）。尾崎紅葉は演芸の観客層を相手に、趣向によって、さまざまな文体様式を用いていた。彼が率いる硯友社で、言文一致体小説を試みていた巌谷小波《さざなみ》は、だが、鷗外の序文を得た「お伽噺」『こがね丸』（博文館、一八九一）では、調子を整えた文語体を選んでいる。その〔自序〕では子どもが口にのせて読むには、それが適していると述べている。

　他方、幕末から、民衆のリテラシーの向上をはかるために、書き言葉を平易にすべきだという知識人の意見も勢いをもっていた。明治期には民間のリテラシーにあわせて、対句《ついく》的構文法、また典拠を踏まえた言いまわしやむつかしい漢語、また「将に〜せんとす」のように呼応の副詞を用いる漢文の読み癖が次第に避けられ、和文体でも古風な和語などを減らし、平易にしていく動きが進行した。欧文脈の言いまわしも増えていった。徳富蘇峰の率いた『国民之友』（一八八七年創刊）は、創刊の辞の冒頭「嗟呼《あゝ》国民之友生れたり」と打ち出し、語り草になった。出版物は、作られるもので、それまで「生まれる」とは、漢文でも日本語でもいわなかったからだ。

　それが明治期「普通文」と呼ばれる文章に生じた大きな動きである。それは個々人の志向だけでなく、商品としての読み物の売れ行きにかかわる。にもかかわらず、なぜ、一八八〇年代の小説の「言文一致」体の試みに反対する勢力が大きかったのか。ただ政府が決めたから、という理由ではない。

実は、民間の口語で書く文章が勢いをもったのは、明治期が最初ではなかった。江戸前中期に中国の白話（口語体）小説の影響を受けて、笑話の類は「〜た」止めが頻出していた。また江戸時代を通じて、講義録などに口語体が混じり、後期には国学者、平田篤胤の談義は「ござる、ござろう」体だった。明治初めの西周《にしあまね》の講義録も、これにならっている。

あるいは幕末、勝海舟の父親・勝小吉が半生を振り返る『夢酔独言』（一八四三年自序）は、江戸下町の職人などが用いる、べらんめえ調と呼ばれる乱暴で品のないとされる口語の調子だった。江戸後期には、武士の職分が実質的に金で売買されるようになり、[*33]勝小吉の父親・平蔵が親から旗本株を買い与えられた人で、その三男に生まれた小吉は、二〇歳になるまで出奔を繰り返し、そののちも喧嘩と剣術の道場破りで不良旗本として知られていた。早くに長男・麟太郎（のちの海舟）に家督を譲って隠居した人だった。つまり、口語体で書くことは、いつでもできたし、部分的にはなされてもいた。

逍遥が二葉亭四迷に、三遊亭円朝の人情噺を手本にしろ、といったのは、それが「〜でございます」で止める口語敬体ゆえだった。山田美妙《びみょう》も二葉亭四迷も、「た」止めは庶民のことばづかいで、いかにもくだけ過ぎて品がないと悪評に晒された。斎藤緑雨は二葉亭の文体を〈煙管《きせる》を持った煙草を丸めた雁首《がんくび》へ入れた火をつけた吸った煙《けぶり》を吹いた〉（「小説八宗」一八八九）と文体模写でからかった。

非難されて美妙は敬体に切りかえたが、二葉亭は『浮雲』でも駆使しているように、江戸下町の洒落や地口などのレトリックにこそ、民間の言語芸術があるという信念を貫いて、「た」止めにこだわり、しかし、ツルゲーネフの翻訳にロシア語の完了体止めを「ている」と訳して混ぜるなど、平板にならないように工夫を重ねていった（改訳「あひゞき」『片戀』所収、春陽堂、一八九六）。

他方、尋常小学校の国語教育には、一八八〇年代後期から「です、ます」や「だ、である」文末など、口語の敬体と常体が登場していた。そして一九〇〇年、民間に「言文一致会」が発足し、一九〇一年に議会に「言文一致の実行についての請願」を提出すると、これが採択された。同年、「全国聯合教育会」で「小学校の教科書の文章は言文一致の方針による」ことが満場一致で可決され、一九〇四年の国定教科書「尋常小学読本」（「イエ・ス・シ」読本）及び「高等小学読本」から口語文体が多くなっていく。

つまりは教育界に、児童には児童向けの教育を、という動きが浸透し、普通文の平易化の流れが文末にも及び、文部省も言文一致体を慣用として認めていったのである（文部省告示一一七八号「文法上許容スベキ事項」一九〇五年一二月）。文語体を身につけていない小学生の方が言文一致の習得が容易だったことは想像に難くない。が、彼らも高等小学校にあがれば、漢文書き下しを習得しなくてはならなかった。

その間の子ども向け読み物では、一八九四年、日清戦争勃発以前、まもなく博文館の社主になる大橋新太郎が巌谷小波に入社絡みで持ち掛けた企画、「日本昔噺」叢書が見逃せない。その第一冊『桃太郎』（一八九四年七月）は、巌谷小波の口述で、描写がやや長いが、調子を整え、文末は「です」止めを用いている。当初全一二冊の計画が大当たりして、二四冊（～一八九六）に膨らみ、さらには「世界お伽噺」叢書全一〇〇冊（一八九九～一九〇八）など大型企画が続いたシリーズである。

要するに、二葉亭らの小説や翻訳における「言文一致」体の試みは、明治期普通文の平易化を文末にまで及ぼすきっかけになった。が、実際に「言文一致」が拡がったのには、尋常小学校の国語教育における口語文の要求の方が大きくはたらいた。

雑誌で見てみると、『国民之友』（一八八七～九八）は長く「なり、たり」文末を規範としていたが、島村抱月が編集長を務めた第二次『早稲田文学』（一九〇六～）は「だ、である」止めで統一されていた。『太陽』のように知識層が署名入りで書く文章を、それぞれの自由にまかせる雑誌では、日露戦争後、その多くが「だ、である」文末の言文一致体になった。小説も評論も男女や流派を問わず、例外ではなかった。それが最も実態に即した言い方になる。

その間、たとえば徳冨蘆花は『自然と人生』（一九〇〇）のような芸術的散文は「なり、たり」止め、『トルストイ』（一八九七）や「思ひ出の記」（一九〇〇）などは「だ、である」止めで書いている。後者を用いる意図を自伝的な『富士』第二巻（一九二六）〔二十章　新秋〕では〈砕けて、心易く、話をするやうに〉と明かしている。大正期の文典類には、蘆花の文語体もかなりとられ、長く中学生などの作文の手本になっていた。手紙では男女を問わず、改まったときには候体、そうでなければ「です、ます」止めが用いられた。総じていえば、二〇世紀への転換期、「言文一致」体は、ジャンルにより、メディアにより、著者のモチーフにより、マダラ状に展開していたのである。

「言文一致」体とレトリック

マダラ状に展開したのは、文語と口語の使い分けだけではない。二葉亭は翻訳では西洋の俗語革命にならって口語体を工夫したが、他方では、小説も詩と同じ言語芸術という考えに立って、自分の小説の地の文に江戸庶民の洒落や地口を活かそうとしていた。伝統レトリックも言文一致体に入り込んだ。

夏目漱石が日露戦争のさなか、一九〇五年一月『ホトトギス』に連載開始した「言文一致」体の『吾輩は猫である』にも洒落や地口、また禅語で知られる「恁麼《いんも》」（このように、の意）など典拠を踏まえた語も出てくる。いま、よく知られた漱石『草枕』（一九〇六）の冒頭を引く。

山路《やまみち》を登りながら、こう考えた。

智に働けば角が立つ。情に棹させば流される。意地を通せば窮屈だ。とかくに人の世は住みにくい。

住みにくさが高じると、安い所へ引き越したくなる。どこへ越しても住みにくいと悟った時、詩が生れて、画《え》が出来る。


これも現在形の言い切りを主にして、「〜た」「〜だ」止めを用いており、「言文一致」の常体である。だが、二行目は「智に働けば」「情に棹させば」「意地を通せば」と意味の対照的な仮定条件を三つ並べて、「角が立つ」「流される」と終止形の対句を並べ、三つ目を「だ」で止めて休止するリズムをつくり、そして四句目で三つをまとめて一つの理屈にしている。四行目からも「〜と」「〜時」と表現上、対にし、やはり一つの理屈を述べている。そして二、三行目と四、五行目が対偶（大きな対）をなし、伝統的なレトリックを自在にこなしている。「言文一致」体に、伝統的レトリックを踏まえた独自の工夫をしていたのである。

『草枕』は、そのあと、西洋の詩を並べ、先へ進むと、むさくるしい茶店の婆さんも一幅の絵として眺める「非人情」の見方が出てくる。これは山水を背景に風俗を描く伝統的な山水画の技法を踏まえたものである。

このように俗事を離れて情趣に遊ぶ精神は、当時いわゆる「自然主義」の人々からは「低徊趣味」（余裕派とも）として退けられた。田山花袋は「露骨なる描写」（『太陽』一九〇四年二月）で、旧派の構文法やレトリックの総てを「技巧」と退け、「あるがままの現実」を写すことを訴えた。[*34] 写実主義の描写法などといわれるが、それは「なり、たり」文末の文でもできる。新聞や雑誌記者の実記（ドキュメンタリー）がそうだった。

つまり、日本語においては、洒落や地口で遊び、また伝統的な構文法を用いることや、事実や景色を写すことは、文語文・口語文のどちらでも、もっと言えば漢文でも可能だった。どれも江戸時代のうちから、その能力が培われていたからである。それゆえ、明治期「言文一致」体には、西洋近代の俗語革命が、一挙にラテン語の伝統的レトリックを廃したようなことは起こらなかった。

ただし、政治論文では漢文書き下し体が長く幅を利かせ、新聞記者が匿名で書く文章も「なり、たり」文末だった。それゆえ戦争期には新聞の紙面は、漢語を多用する文語文で埋めつくされた。そして欧州大戦が終結し、帝国主義戦争の時代は終わったといわれた一九二〇年頃、新聞社の申し合わせで「だ、である」文末に統一されていった。

だが、日中戦争期から対米英戦争期の新聞・雑誌の記事は、再び「撃沈せり」など、戦況によっては紙面が真っ黒になるほど漢語が多用され、文語文末が飛び交った。実際に公用文まで口語常体になり、仮名遣いも改まるのは、第二次世界大戦後のことである。[*35]

このように日露戦争を前後する時期は「自然」や「日本文学」の概念にしろ、日本語の文体にしろ、文化全般諸制度が大きく組み換えられてゆく時期にあたる。しかし、その組み換えの実態は、第二次世界大戦後から一九八〇年代にかけて論じられてきたのとはかなり相違し、また内部に矛盾・対立を孕んで展開していた。なかにはいまだに解決がついていない、かなり重要な問題も残っている。本書では、時代相に即して、せめて課題の整理くらいは試みておきたい。

注

＊1 ただし、本文部分は刷り置きし、注文に応じて奥付を換えて刊行する方式で、精確な部数は未詳。

＊2 新渡戸稲造『武士道』の献辞は、叔父で養父ともなった太田時敏に宛てられている。時敏は、稲造の祖父にあたる盛岡藩家老（維新後、廃藩置県前、県の大参事）を務めた新渡戸博の四男で、盛岡藩士の太田家に養子に出、東京で洋品店を営んでおり、兄・十次郎の四男・稲造を東京で勉学させるため、養子に入れた。一八六二年生まれの稲造は、幼くして維新期を迎え、六八年一月二日には父親が病歿、七一年、数え九歳で兄・道郎と上京し、七三年に東京外国語学校英語科に

入学、七七年に札幌農学校に第二期生として進学した。したがって、稲造の「武士」の風習についての実際の見聞は、幼少期に家族からと、思春期に時敏に接して得たもののほかは、学校で士族の友達からの伝聞や書物で身につけていったものだろう。とくに結婚後に勉強した知識は、絶えず西洋と比較しながら考えたものだった。

＊3　チェンバレン編の日本についての百科事典 *Things Japanese*（Stone Bridge Press, second ed.1891）は、近年刊行された日本関連書でとくに大きな反響を呼んだものとして、新渡戸の著書を *The Soul of Japan* のタイトルで紹介している。第四版（一九〇二）からは *Bushido* のタイトルを載せている。武士は、英語で一般には Samurai。

＊4　江戸初期、家康の政策で実質的な取り潰しにあった藩に追い腹がかなり見られた。戦場で主と生死をともにすることが忠義の証とされていたが、それがかなわなくなったためと推測される。が、第四代将軍家綱のとき、一六六三年に殉死の禁令が出され、忠義の観念が主個人から主家へのそれへと転換が図られた。切腹も自裁を許す処刑の形式となった。〈武士道と云ふは死ぬことと見つけたり〉で知られる山本常朝口述による『葉隠』（一七一九頃）は、武士が享楽に走る傾向を嘆いて、戦国の武士の気風を説いたもので、鍋島藩では危険思想とされ、藩内禁書にされていた。江戸時代を通じて「武士道」の語をもつ書物は二七冊ほど数えられているが、それもほとんどが中期までで、平和な世に藩の事務方を務める武士の心得を説くものである。

＊5　幕末、一八五四（安政元）年に幕府は講武所を開き、翌々年、窪田助太郎（清音《すがね》）が頭取となり、武術の指導とともに、山鹿流の兵法を講じて人気を博した。一八六〇年、『武教全書』五巻を板行している。そして、たとえば吉田松陰が一八五六年に門弟に山鹿素行の兵法書『武教全書』

を講じた『武教全書講録』は「士道と云ふは」と始め、素行の言を引いて論じるときに〈敬は乃《すなわち》ち備《そなへ》なり。武士道にては是れを覚悟といふ〉と出てくる。松陰は、一八五〇（嘉永三）年九月に長崎に赴き、外国船を実地に見たのち、平戸に山鹿素行の血筋の人々を訪ねていた。

＊6　天皇の代替わりにより、元号は替えられたので、皇室の存在がまったく知られていなかったわけではあるまい。が、具体的には、中部地方で発掘された往来物のなかの一点に、歴代天皇の肖像を並べたものがあるという報告を聞いたことがあるのみ。当然、北朝系だろう。

＊7　もともと「國」は地域や地方、「體」は、からだや姿を意味する漢語で、古くから用いられていた。幕末には、日本の国家の政治体制（システム）をどうするか、という議論が盛んになり、徳川光圀が拓いた、起源を古代神話に求める伝統主義を承けつぐ水戸藩の儒学の流れが説く「帝の神威の下に組織される国家体制」論が拡がった。

＊8　山岡鉄舟が晩年、一八八七年に門人の求めに応じて講義録「武士道講話記録」を残していた。これを譲り受けた人が勝海舟に感想を寄せてもらい、一書にまとめて『故山岡鉄舟口述、故勝海舟評論、安部正人編纂　武士道』（光融館、一九〇二）を刊行。のちまで長く版を重ねた。といっても当時の重版の部数はまちまちで、総部数は未詳。『山岡鉄舟口述、勝海舟評論、勝部真長編、武士道』（角川選書、一九七一）を参照。

＊9　江戸前期、家康が武田流軍学を重んじ、かなり読まれた甲斐の国・武田氏の『甲陽軍鑑』は、大部に過ぎるためか、ここには収録されていない。

＊10　山鹿素行に兵学を学んだ弘前藩第四代藩主・津軽信政、第五代藩主・津軽信寿は、素行の外孫を政方（高位の側用人）として抱えた。弘前藩には山鹿流兵法が活きていたと推察される。その

弘前藩・津軽氏と盛岡藩・南部氏は、安土桃山時代に南部氏族内に起こった所領争いに端を発して、長く角逐がつづき、とくに一八二一（文政四）年に、弘前藩主が江戸から帰る途中を襲おうと盛岡藩士が大砲や鉄砲を準備したものの計画が漏れて失敗した事件は、大騒ぎになった。首謀者・相馬大作は逃亡を図ったが、最後は江戸で処刑された（相馬大作事件）。当時、盛岡藩は相馬大作を忠義の士と誉め称えたため、弘前藩は「武士道にもとる」行為と応酬したことは想像に難くない。それゆえ盛岡藩士のあいだでも幕末まで「武士道」の語がしばしば口にされていたことも推測される。なお、この相馬大作事件は明治前半に講談で、遺恨を晴らす仇討ちと脚色され、広く知られた。新渡戸稲造が「武士道」について考えるきっかけの一つとしてはたらいた可能性も否定できない（のちの長谷川伸『相馬大作と津軽頼母』〔時事通信社、一九四二〕は、小説じたてだが、事件の実際に迫る調査にもとづく）。

＊11　隅谷三喜男『日本の歴史22　大日本帝国の試煉』（中央公論社、一九九六）〔産業革命〕の章を参照。

＊12　『「文藝春秋」の戦争——戦前期リベラリズムの帰趨』筑摩選書、二〇一六、〔第二章〕を参照。

＊13　ジョン・ステュアート・ミルが *On liberty*（1859）のなかで、“self cultivation”（自己啓発、自己管理）のような意味で用いている語を中村正直訳『自由之理』（一八七一）は「修養」と訳している。蘇峰の初出は「日本婦人論（第二）——精神的の修養」（『国民之友』一八八七年五月号）。

＊14　たとえば、アメリカの歴史学者、ケネス・パイルの『近代日本の形成』（*The Making of Modern Japan*, Third Edition 2017）は、このスキームに立ち、読みやすいテキストとして広く読まれており、日本でも参照されている気配が感じられる。

*15　中国・明末の地方役人・宋応星による図版入りの産業技術書『天工開物』（一六三七）に由来する。一七七一（明和八）年に和刻本が刊行されていた（中国では散逸）。鈴木貞美『日本人の自然観』（作品社、二〇一八）〔第九章〕を参照。

*16　鈴木貞美『日本人の自然観』（前掲書）〔序章〕〔第九章〕を参照。

*17　飯田健一『日本近代思想体系14』〔解説〕（岩波書店、一九八九）、鈴木貞美『日本人の自然観』（前掲書）一一七頁を参照。

*18　ケンブリッジ大学歴史学科の共同研究、『伝統の発明』（*The Invention of Tradition*, Cambridge University Press, 1983）は、社会的習俗におけるそれを論じたものだが、ここで対象にしているのは、精神文化、とくに観念の制度のそれであり、各種の歴史観にかかわる。

*19　これは幕末に伊藤博文らと五人でイギリスに密航し、スコットランドのグラスゴーで造船などを学んで帰国した山尾庸三がグラスゴー大学から工部大学校に迎えたヘンリー・ダイアーの師匠、ウィリアム・ランキンが念願していた土木・建築・造船・電信などの技術工学の学部の設置が日本で実現したものだった。鈴木貞美『日本人の自然観』（前掲書）〔第三章、第一〇章〕を参照。

*20　一八九〇年九月、第一次山縣有朋内閣のとき、農商務省付属東京農林学校を帝国大学農科大学（農科・林科・獣医科）に移管した。ドイツでは一九世紀半ばから、ユストゥス・フォン・リービッヒが化学・生物学を統合した農芸化学（Agrikulturchemie）が総合大学内で急速に展開し、帝大農科大学も最初期から、その影響を強く受け、ドイツ人教師がほとんどだった。なお、第二次世界大戦後、国際的に多くの総合大学で農学部は外部に移管され、今日では、ほとんど見られない。日本の国立大学は例外に属する。

＊21　村上陽一郎が『日本近代科学の歩み――西欧と日本の接点』（三省堂、一九六八）〔第一章一節〕で明言している。

＊22　たとえば、一八八五年、伊藤博文の総理大臣就任に伴い、文部省の改組が行われた際、西村茂樹とともに編集局を退職した山県悌三郎が刊行した『理科仙郷』という児童向け図解入り翻訳シリーズ（普及舎、全一〇巻）は、当時の児童向け書籍としては二万部という破格の売れ行きを示したことが知られている。その第一巻〔第一講〕は〈理科の仙郷は、常に諸君の身近に在り〉とうたっている。もと本は、イギリスの女性作家、バックレー（アラベラ・バートン・フィッシャー）の *The Fairy-land of Science*（1879）。子どもに身近な自然の不思議について正確な知識を与えようという姿勢が明確なものである。鈴木貞美『日本人の自然観』（前掲書）〔第三章二節〕を参照。

＊23　国語史では大野晋『日本語の年輪』（有紀書房、一九六一／新潮文庫、一九六六）、翻訳史論では柳父章『翻訳の思想――自然とＮＡＴＵＲＥ』（平凡社、一九七七／ちくま学芸文庫、一九九五）、日本思想史では源了園「日本人の自然観」（『新・岩波講座　哲学5』岩波書店、一九八五）、日本科学史では、三枝博音『日本の思想文化』（第一書房、一九三七／改訂版、一九四二／中公文庫、一九七八）、吉田光邦『日本の科学史』（朝倉書店、一九五五／講談社学術文庫、一九八七）など。

＊24　William Lobscheid: *An English and Chinese dictionary*, with the Punti and Mandarin pronunciations, vol.3, 4vols, Hongkong: Daily Press, 1868. 鈴木貞美『日本人の自然観』（前掲書）〔第二章一節〕〔第一章一節〕を参照。

＊25　鈴木貞美『日本人の自然観』（前掲書）〔第三章二節〕を参照。

＊26 鈴木貞美『日本の「文学」概念』（作品社、一九九八）、『入門 近現代日本文芸史』（平凡社新書、二〇一三）など参照。ただし、「国学」系の賀茂真淵は「歌学」という概念をもっていた。

＊27 一九二〇年代にできてくる「大衆文学」は「文壇文芸」に対して当初は「大衆文芸」と名づけられ、時代小説と探偵小説が手を組んではじまり、平凡社「現代大衆文学全集」全六〇巻（一九二七〜三二）などにより、瞬く間に定着したが、一九三〇年代に恋愛小説やユーモア小説なども組み込んだ、娯楽的要素の強い小説一般をいう概念に転換した。それに対して「文壇小説」には「芸術小説」「いわゆる純文学」などの語が用いられはじめ、第二次世界大戦後には、文芸雑誌が「純文学」「中間小説」「大衆小説」の三層に長く分かれていた。「中間小説」はシリアスなテーマを肩の凝らないように平易に展開するものを意味し、一九六〇〜七〇年代に出版社系週刊誌の目玉として全盛期を迎えた。鈴木貞美『日本の「文学」を考える』（角川選書、一九九四）など参照。

＊28 仮名文字、ローマ字など表記の「改良」運動とセットにして「国語改良」と呼ばれるが、国字改良運動は漢字制限以外、すべて挫折した。それゆえ何度も繰り返された。

＊29 イワン・セルゲーヴィチ・ツルゲーネフの短篇集『猟人日記』（一八五二、八〇）は、ロシアの農奴解放の引き金になったことでよく知られるが、彼は一八四八年二月革命前後のパリ滞在中、外光派の画家たちが光と風の動きを写していることを学んだ。美術でいえば、瞬時の光景や姿態を描くタイムリー・スケッチ（timely sketch）にあたるが、文章では、景色が時々刻々、変化する様子を書くことになる。『猟人日記』中の短篇「あひゞき」（Свидание, 1858）は、全体が回想で、とくに語り手が白樺林のなかに座り、光景が時々刻々、変化する様子を描く際に、ロシア語の過去形（完了体）が続く。二葉亭四迷は、その初訳（一八八八）に際し、果敢に音調、文体を写す

ことに挑み、「?」や「!」の記号類も導入したが、次つぎに継起する事象を述べるのに完了の助動詞「たり」が口語化した「〜た」を繰り返して用いた。それが不細工なだけでなく、江戸時代から庶民の口語体で用いられたため、品がないと難じられた。

＊30　佐藤信夫『レトリック認識』（講談社、一九八一）冒頭、及び、久米博「いま、レトリックとは何か」（『国文学 解釈と鑑賞』一九八六年一月号）を参照。

＊31　ドイツの場合は、マルティン・ルターの聖書を官僚の用いるドイツ語に訳したことに発するが、かなり長く地方差が残ったといわれている。なお、自国語が書けるかどうかの基準は、遺書などにサインができるかどうかに求められていた。西洋諸国でも、「国語」の標準は首都の官僚や上流階級の口語がベースとされた。それは、少数民族や中央とは隔たりの大きい方言で話す地域、また下層階級の児童にとって、習得の困難なもので、民族や地域差別、階級の固定化につながった。

＊32　鈴木俊幸『江戸の読書熱——自学する読者と書籍流通』（平凡社選書、二〇〇七）を参照。

＊33　士農工商の四民は職業による身分（職分）規定で、江戸時代は、そのあいだの移動は原則禁止、婚姻による場合は認められていた。大名など武家と豪商のあいだに信用貸しの関係が結ばれ、互いの便宜のため、婚姻による養子のやりとりが行われたり、あるいは農民の子弟が出稼ぎ先で商家に認められ、婚姻を介して婿養子に入るような場合が抜け道としてあったことが速水融の一八世紀の宗門改帳の研究から明らかにされている。その他、武士身分は、藩の権限で決められたため、町人の子弟でも藩医や藩儒になれれば、職分移動は可能だった。時代が進むにつれ、これらの抜け道が拡大し、事実上、職分の売買が行われる例も増えていった。

＊34　田山花袋は「露骨なる描写」の四年後、談話筆記「『生』に於ける試み」（『早稲田文学』一九〇八年九月）では〈単に作者の主観を加へないのみならず、客観の事象に対しても少しもその内部に立ち入らず、又人物の内部精神にも立ち入らず、たゞ見たまゝ聴いたまゝ触れたまゝの現象をさながらに描く〉こと、つまり語り手の感じとった印象をそのまま再現することに転換し、それを〈云はば平面的描写〉と称した。が、小説『生』の実際は、視点人物をめまぐるしく転換している。ギュスターヴ・フローベール『ボヴァリー夫人』（*Madame Bovary*, 1857）にならったものと見てよいが、『田舎教師』（一九〇九年一〇月刊）では、主格をそれと示さずに、岩野泡鳴のいう視点人物からの「一元描写」をとっている。「柳田國男の民俗学、その評価の問題 part2」（季刊『iichiko』No.156（2022 Autumn）を参照されたい。

＊35　鈴木貞美「明治期『言文一致』再考――二葉亭四迷「余が言文一致の由来」を読みなおす」（季刊『iichiko』2020 Autumn, No.148, 2020/10）および「三遊亭円朝の位置――明治期『言文一致』再考Ⅱ」（季刊『iichiko』2021 Autumn, No.152, 2021/10）を参照されたい。知見を補足した。

第一章　日露関係、前史

間宮林蔵の探検

ところで、日露戦争でなかなか敗北を認めなかったロシアが、先に紹介したポーツマス条約で、なぜ、樺太（サハリン）の南半分の割譲を承諾したのだろうか。一九〇五年六月、ロシアが和平交渉のテーブルにつくことを承諾したのち、日本軍が樺太全島を占領したからである。しかし、それでも南半分だけの割譲になった。その南樺太は、日本が第二次世界大戦に敗北して失うまで、木材パルプの供給地として知られていた。

樺太をめぐっては、江戸時代からロシアと係争が続いており、一時期、北緯四八度ないしは五〇度で国境を定めようとしたこともあった。その前史が条約での妥協点を導いたともいえよう。そして、その前史は、今日、ロシアと国境問題として残されている、いわゆる北方四島の帰属とも深くかかわる。かなり入り組んでいるが、その前史を、ざっと辿っておこう。

そもそも樺太がシベリア東端の島であることを確認したのは、一九世紀への転換期に、江戸幕府お庭番として、伊能忠敬に測量技術を学び、国後《くなしり》島、択捉《えとろふ》島など、千島（クリル）諸島付近から西蝦夷地（日本海岸およびオホーツク海岸）に測量に入った間宮林蔵だった。

彼は、北樺太の西端を踏査、一八〇九（文化六）年夏、「大日本国国境」の標柱を立てて一旦、帰国。アイヌを雇って、さらに踏査に赴き、黒龍江（アムール）河口の対岸に位置する北樺太西岸に至り、樺太が島であることを確認したのち、鎖国の禁を破って、少数民族・ギリヤーク（ニヴフ）らと海峡を渡って黒龍江下流を調査した。その記録『東韃地方紀行』には、付近にロシア帝国の支配が及ぶことなく、清国人が多く居住していると記されている。[*1]「東韃」は東韃靼《だったん》、韃靼は蒙古系の一部族を指す。実際、当時は、清国がロシアと結んだネルチンスク条約（一六八九年）により清国領だった。

ロシア帝国と大英帝国の影

間宮林蔵が樺太踏査に情熱を傾ける少し前の一八〇四年九月、長崎の出島にロシア帝国の外交官、ニコライ・レザノフが来航した。その目的は、一七九二年にロシア帝国の軍人、アダム・ラクスマンが日本人漂流民の大黒屋光太夫一行を送還する目的で根室に来航した際、幕府は光太夫らを引き取り、老中・松平定信が長崎の出島で通商の交渉に応じると約束したのを履行させるためだった。レザノフは、アリューシャン列島からアラスカ、さらにはスペイン領だったカリフォルニアにかけて、毛皮貿易を中心に国策会社・ロシア領アメリカ会社を経営しており、清国及び日本との国交を結ぶことも射程に入れていた。だが、松平定信はすでに老中としては失脚しており、幕府は応対に苦慮した。レザノフの船を長崎湾外に二ヵ月間も碇泊させたのち、一行を出島に滞在させたものの、結局、その四ヵ月後には通商を拒絶、レザノフ一行は本拠地・カムチャトカに引き返した。

レザノフは、その間、留守にしていたアラスカと行き来していたが、部下のニコライ・フヴォストフに一八〇六（文化三）年、樺太の松前藩の番所、[*2]翌年には択捉港ほか各所を襲撃させる事件が起こった（文化露寇）。これに対して幕府は松前藩、弘前藩などの武士を動員し、北方の警備にあたらせたが、両年とも樺太や択捉島でもロシア兵との小競り合いが生じ、以降、幕府が国防問題に神経を使い、鎖国体制を強化してゆくきっかけとなった。

そののち一八四六（弘化三）年には、蝦夷地探査で知られ、北海道の名づけ親となった松浦武四郎が択捉島や樺太にも踏査に赴いたことが知られている。この頃には蝦夷地の管理を引き受けていた松前藩などにより、全蝦夷地の地図の作成が盛んになってゆく。

他方、一八〇八年一〇月には、イギリス海軍のフリゲート艦フェートン号がオランダ国旗を掲げて長崎に入港、出迎えたオランダ商館員を拉致し、水と食料の供給を要求し、供給を受けるとそのまま去った。これに応じるしかなかった長崎奉行と警備を怠った鍋島藩家老らが切腹して責任をとる事件が起こった。

なお、当時オランダはナポレオン戦争の結果、フランスの衛星国となっており、バタヴィア（ジャワ）も同様だった。しかしアジアの制海権はイギリスが握っていたため（一八二四年に、ジャワはオランダに帰属）、そののちもイギリス船の出現は続いた。それゆえ、一八二五年に幕府は異国船打払令を発して鎖国体制の強化を図るが、それに従ったのは幕府とこれまでも対外関係にかかわってきた数藩にとどまった。幕藩二重権力体制の下、藩政改革にいそしんでいた諸藩に、俄かに国防意識と呼べるものが高まるのは、一八五三（嘉永六）年六月、アメリカの使節としてマシュー・ペリーの率いる軍艦四隻が浦賀沖に姿を現してからになる。加えて列強への対応は、幕府、朝廷、薩摩・長州など雄藩それぞれが、まったくバラバラのままで幕末の争乱に至ったことは、よく知られていよう。

そのペリーの艦隊に遅れること、一ヵ月半、同年八月には、ロシア使節、エフィム・プチャーチン海軍中将がやはり軍艦四隻を率いて、国境交渉と通商を求め、長崎に来航した。それはペリーの動きを察知したもので、ペリーがとった軍艦で脅して交渉する砲艦外交に比して、はるかに和平的な態度だった。

ところが、この年秋、タタール（間宮）海峡付近の調査で知られるロシアのゲンナジー・ネヴェリスコイ海軍大佐が、松前藩の陣屋があった樺太の久春古丹《クシュンコタン》（のちの大泊、現・コルサコフ）の倉庫を接収し、砦（ムラヴィヨフ哨所）を築き、一方的に樺太全島の領有を宣言した。が、これはネヴェリスコイの単独行動だったらしく、やがて撤収した。

国際的には、ロシア帝国と対立が激化したオスマン帝国と仏・英が同盟し、さらにサルデーニャ王国が絡んだクリミア戦争（一八五三〜五六年）の帰趨に関心が集まっていたときである。その余波が極東に及び、イギリス海軍がロシア艦隊を攻撃するとの情報も行き交っていた。プチャーチンも一旦、上海で情勢を見たのち、翌年一月、再び長崎に来航している。そして実際、一八五四年八月末、フランス海軍とイギリス海軍の連合艦隊がカムチャトカ半島のロシアの港湾・要塞、ペトロパブロフスク・カムチャツキーの攻略を目論み、上陸。しばらくロシア海軍の艦隊と駆け引きが続いたが、やがて撤収した。

それ以前、一八五四（安政元）年三月、江戸幕府が神奈川で、ペリーに押し切られ、下田、箱館（函館）両港へのアメリカ船の寄港、物資の買い入れや下田に領事をおくことなどを認めた（日米和親条約、神奈川条約とも）。これはのち、一八五八（安政五）年調印の日米修好通商条約に組み込まれる。ただし、アメリカは一八六一から六五年にかけて南北戦争の戦火に覆われたため、姿を現さなくなる。

プチャーチンの方は、イギリス海軍の出方を警戒しながら、フィリピンで船備を整え、箱館を訪れたりしたのち、一八五四年一二月、下田で交渉を再開した。その直後に安政東海地震に遭い、船が大破するなど災難に見舞われながらも、翌五五年二月に下田で、下田・箱館・長崎を開港、択捉・得撫（ウルップ）島間を国境とし、樺太を両国雑居地と定める日露和親条約を締結し、ハバロフスク地区のニコラエフスク（尼港）経由で陸路、ペテルスブルクに帰還した。

このときから、日本とロシアの間で、北緯地区五〇度ないし四八度で樺太を分割統治する案も検討された。アイヌと和人の居住が南樺太と樺太西岸では五〇度を越えて拡がっているのに対し、北樺太には、各種の先住民が大半を占めており、その頃からロシア人の入植が盛んになるという。結局、妥結には至らず、一八六七年、樺太は雑居地域のままとされた（日露間樺太島仮規則）。なお同年、ロシアはアラスカを開発困難と見て、南北戦争（Civil War）終結後のアメリカに売却している。

極東が焦点に

クリミア戦争での劣勢から英・仏に軍備で劣ることを痛感させられたロシア帝国は、国力の増強を図りながら、極東で南下政策を展開してゆく。一八五八年、太平天国の乱とアロー戦争（第二次アヘン戦争）で苦しむ大清帝国に、ロシアはアムール河の北岸を割譲させ、航行権も取得、ウスリー江以東の外満洲を清国と共同管理するアイグン条約を締結し、さらに一八六〇年には外満洲全域（沿海州）を割譲させ（北京条約）、東アジアに念願の不凍港を獲得、ウラジヴォストーク（「東方を征服せよ」の意）と名づけた。やがて、ここを東の拠点に、一八九一年からシベリア鉄道の敷設に乗り出してゆくことになる。

その間、一八六一（文久元）年三月には、ニコライ・ビリリョフ海軍中尉がフリゲート艦ポサドニック号で対馬に来航し、浅茅《あそう》湾の芋崎を占拠する事件が起こった。これは、ロシア海軍が不凍港を租借し、基地を築こうという目論みで、一八五五年二月の日露和親条約に違反し、ロシア政府の意向とは食い違っていた。イギリスの極東艦隊司令長官、ジェイムズ・ホープの率いる小艦隊が対馬に来航し、ロシア海軍の動きを牽制したこともあり、追い返すことができた。イギリスも日米修好通商条約と同様の条約を同じ一八五八年八月に結んでいた。つまり、このときは一八五八年に江戸幕府が米・蘭・露・英・仏と結んだ安政の五ヵ国条約（不平等条約）が防波堤の役割を果たしたことになる。

が、この頃から、いよいよ極東をめぐる列強間の駆け引きが盛んになってゆく。「極東」（the Far East）は、もちろんヨーロッパから見ての言い方である。日本からいえば、東アジアの東端くらいだろう。そして明治政府が、これら不平等条約を解決するのは、日露戦争後になった。

国内体制整備

明治維新政府は、一八六七年一一月（慶応三年一〇月）に、徳川幕府が皇統より預かったかたちになっていた政権を明治天皇（その年二月に即位）に返上させ（大政奉還）、「王政復古」を成し遂げ、翌一二月に発足した。一八六八年に古代の律令制の最高国家機関にならって太政官を置き、翌年には諸藩が管理していた土地と人民を朝廷に返還させ（版籍奉還）、従来の公卿・武家中の諸侯（大名）を「華族」とし、[*3]新体制の担い手として位置づけ、江戸時代に大名に管理を任せていた武士の身分を廃し、一八七一（明治四）年には廃藩置県を行った。そして、翌七二年一一月の徴兵告諭において、「四民平等」と国民皆兵（成年男子）をうたって、古代の「郡県」（中央集権）に戻すことを宣言した。こうして行政制度を上から「復古」し、士農工商の四民を、タテマエ上、同一の法律の下に平等な国民へと再編することが明治維新（Meiji Restoration）の基調をなした。一八七三年六月には、江戸時代に行われていた土地の見積もり生産高によって米を藩ごとに徴収する税制（石高制）を廃し、土地を私有する各戸主の金納に切り換え、国家権力が通貨の信用を保証する資本主義経済に移行、国民国家体制づくりに邁進してゆくことになった（国民皆兵制や地租課税に対しては農民のあいだに反撥も大きかったこと、それらが自由民権運動の下地をつくったことを述べる余裕はない）。

平和外交路線

欧米列強から開国を迫られ、植民地化される危機意識から倒幕運動に向かった勢力には、近代国家の建設において、清国や朝鮮王朝と合従連衡の道を探りながら、列強に対抗し、国威の発揚を目指す野望が育っていた。あるいは福沢諭吉のように、幕末に米欧の文明にふれ、歌の調子に乗せて通俗的に世界の地誌を案内する『世界国尽《くにづくし》』（一八六九）で、アヘン戦争に敗北したのは清王朝の腐敗堕落ゆえと説き、やがて『時事小言』（一八八一）で〈眼を海外に転じて国権を振起する方略〉として〈強兵富国〉を説き、「脱亜論」（一八八五）で、欧米列強の仲間入りを高唱する人も出た。

そうしたなかで、とりわけ長く人気が高かったのは、フランス革命後の国内の混乱を収め、平等思想にもとづく国民皆兵制を敷いて、封建君主の率いる周辺諸国の軍隊を蹴散らし、ヨーロッパの大半に権勢を揮ったナポレオン一世だった。その力を撥ね退けるため、大陸諸国に民族国家（ネイション・ステイト）建設の動きが起こり、日本は、それをアジア東端でいち早く受け止めたのだった。

そのナポレオンの進撃を食い止めた数少ない国の一つがロシアだった。とくに幕末、ナポレオンに次いで人気が高く、たとえば佐久間象山ら戦略的思考の持ち主によって目標にされたのは、ナポレオンを退けたアレクサンドル一世ではなく、一八世紀への転換期、西欧化を進めてロシアを東方の辺境国家から脱皮させ、北欧にも覇を揮ってロシア帝国皇帝の地位に昇ったピョートル大帝だった。ピョートルは海軍を育成し、オスマン帝国の支配下にあった黒海への出口となる地域を占領したのち、ヨーロッパ諸国に科学文明を学ぶため、二五〇名ほどの視察団を派遣、自らその一員に身をやつして一六九七年三月から一年半弱、各地を歴訪した。

明治新政府の樹立後、一八七一年一二月下旬から七三年九月までの一年九ヵ月にわたって、政府要人がこぞって、まだ政情が安定しない日本を留守にしてアメリカからヨーロッパ諸国を歴訪し、見学・視察した岩倉使節団（四六名、随員一八名、留学生四三名）は、このピョートルの先例にならったのではないかと、ロシア史の専門家、和田春樹氏が日露戦争に取り組んだ大著のなかで推測している。その目的のうちに不平等条約改正を掲げていたとはいえ、あまりに大胆な施策ではないか、とかねて疑問を抱いていたわたしには、これは妥当な推察と思われる。

その帰国の後、刊行された随行・久米邦武の編になる『米欧回覧実記』一〇巻（一八七九）には、文明国家が備えるべき文化施設はもとより、とりわけ機械技術の先端への強い関心がうかがえる。幕末、長州藩より密命を受け、イギリスへ密航、スコットランド・グラスゴーなどで造船や電信など先端技術にふれてきた伊藤博文らはすでに工部省を率いていた。伊藤は、この旅程で、工部大学校（のち、帝国大学工科大学）のお雇い外国人技術者の人事まで手配している。彼のなかでは、科学技術立国の大方針が立っていたと見てよいだろう。そして、それは、岩倉具視も承知していたにちがいない。

ピョートルの先例は、軍事力の限界を知って外交へ転じた見本である。日本の場合、攘夷思想から長州が英・仏・蘭・米と下関戦争を戦い（一八六三〜六四年）、薩摩がイギリスと砲火を交え（一八六三年）、そののち国内的には鳥羽・伏見の戦さや五稜郭の戦さなど戦闘はあったが、外に打って出て、行き詰まったわけではない。

岩倉使節団の派遣は、これからの日本は外交で、という姿勢を内外に示すものだった。それを見過ごすべきではないだろう。維新勝ち組の藩内にも、武士の職分を失ったまま、先行きのままならない不満が溜まっていたし、朝鮮との関係にも暗雲が立ち込めていた時期のことである。

なお、岩倉使節団の派遣中、一八七二年一一月九日、太陰暦を廃し、太陽暦を採用すること、旧暦の明治五年一二月三日を新暦の明治六年一月一日とすることが定められた（太政官布告第三三七号）。暦を欧米のそれにあわせたのである。そして、その布告の六日後の一一月一五日、神武天皇即位の年をもって日本の「紀元」とすることも布告された（太政官布告第三四四号）。この紀元という考えもキリスト教の暦にならって、それと対抗的に、このとき初めて用いられたものだった。皇紀元年は西暦紀元前六六〇年にあたる。紀元節の日は二転ほどしたが、ともかくも、それによって西洋の歴史より長い伝統を誇る日本の「国家の歴史」、すなわち皇国史観が新たに発明されたのだった（序章では「天皇崇拝」と「国体」観念についてふれた）。

朝鮮開国と西南戦争

日本が幕末、開国か攘夷かで揺れていたとき、朝鮮王朝では第二六代国王、高宗《コジョン》が即位（一八六三年一二月）し、その実父、興宣大院君《フンソンデウオングン》が摂政の地位に就いた。鎖国体制を堅持し、攘夷を唱えて、カトリック教徒を激しく弾圧するなどの挙に出て、開国に向かった日本を蔑視し、国交を開かない態度をとった。維新政府内では、これを討つべしとの論議が起き、とりわけ岩倉使節団の留守中、事を構える方策が検討された。だが、岩倉具視・大久保利通・木戸孝允らが帰国すると、これに反対し、板垣退助や西郷隆盛らを征韓論者として下野させた（明治六年政変）。

そのとき、樺太をロシアと分割統治すべきと主張していた副島種臣《そえじまたねおみ》外務卿も征韓論に与していたため下野した。それによって、北海道開拓に力を注ぐべく、樺太放棄を唱えていた黒田清隆の意見が通るようになった。こうして一八七五年五月、明治政府（特命全権・榎本武揚）はロシアとのあいだに樺太千島交換条約を締結した。ロシアと紛争の絶えない樺太を千島全島の漁業権などと引き換えにしたかたちである。樺太全島を領有したロシアは、当然、朝鮮半島と清国への勢力拡大を狙う構えをとる。

他方、この年九月、朝鮮とのあいだで、軍事的衝突が起きた。日本は軍事的威圧を含めて国交を開かせようとした（砲艦外交）。それに対して朝鮮の西海岸、江華島の砲台から日本の艦船に向けて砲撃がなされ、これに反撃を加えて日本軍が上陸する事態が生じた（江華島事件）。それはちょうど朝鮮王室で一八七三年に高宗の妃、明成皇后（閔妃）一派が義父・大院君を追放するクーデターに成功した時期にあたり、全権弁理大臣・黒田清隆は、朝鮮内独立派の応援をえて、朝鮮に国交と貿易を開かせる交渉に成功し、一八七六年に日朝修好条規を結んだ。

これを皮切りに列強も朝鮮と国交を開くと、朝鮮内では開化派と攘夷派、とりわけ親日開化派と、清国を宗主国として頼る閔妃一派との対立が激しくなっていった。高宗は、日本および清国からの要求をロシアに頼ることにより回避しようとしたため、動きは錯綜するが、結局、朝鮮をめぐる日本と清朝の対立が日清戦争へと発展してゆくことになる。

他方、西郷隆盛は一八七七年、九州南部で私学（失職した武士たちが私塾を開いたような形が多い）のネットワークで繋がった旧藩士の叛乱を率いて、西南戦争を起こした。政府軍に追い詰められ、最期は鹿児島の城山を死地に選んだ。維新に伴い、不平氏族が絡む叛乱が各地に起きていたが、その内乱的事態は、これで終止符を打たれた。

明治一四年政変

板垣退助は、征韓論から転じて一八七八年、愛国社を再興し、国会開設と地租改正を掲げる国民的な自由民権運動の先頭に立った。その盛り上がりに対し、政府は言論弾圧の法令を重ねて抑えこんだ。一八八一年に岩倉具視と伊藤博文は、一八九〇年を期して国会（議会）を開設し、欽定憲法を定めることを約束する詔勅を出した。そのとき、同時に、イギリス流の議院内閣制の制定を急ぐ大隈重信を下野させた（明治一四年政変）。国家資本をつぎ込んできた北海道開拓事業を民間に移管することになり、それに伴う官有物の払い下げの条件をめぐって政府と財界が癒着しているとジャーナリズムに攻撃されていた。その払い下げを中止し、いよいよ政府への不信感を高めた責任を大蔵卿、大隈に負わせたのである。

一八八五年、伊藤博文は初代内閣総理大臣に就くや、帝国憲法制定の準備を進める傍ら、欧米での経験豊富な森有礼を文部大臣に起用し、中央および地方、そして科学技術官僚（テクノクラート）の育成を主眼において帝国大学と七つの高等学校などの設立に着手した。ヨーロッパの大学の根幹にあった神学部にあたる学部は、すでに一八七七年、東京大学設立時から削られていたが、工部省の工部大学校を総合大学内に移管し、エンジニアの養成を主目的とする工科大学とした（さらに農学部が加わり、実学主義に偏った、国際的にも稀な制度が進展したことは、序章で述べた）。

一八八〇年代後半には、富国強兵政策と外務卿・井上馨の鹿鳴館外交に対する民権運動は一層、激しさを増した。それはまた徳富蘇峰による『国民之友』の創刊（民友社、一八八七年）に代表される平民主義の思想運動の様相も帯びていった。

ロシアでは、農奴を解放し、女子教育にも先鞭を付けたアレクサンドル二世が、一八八一年三月、首都の王宮に帰る途中で馬車を襲われ、爆殺された。専制政治に対するロシア知識層の絶望的な憎悪は、虚無党（ニヒリスト）の名で知られていたが、テロを決行した一味に貴族出身の女性活動家が加わっていたことは国際的にも衝撃を拡げ、日本でも詳しく報じられた。一九世紀末から二〇世紀前期にかけて、思想の中身にかかわらず、陰謀やテロなど直接行動の有効性が人々の頭に宿りやすい時期が続いた。日本でも幸徳秋水が直接行動を訴え、日露戦争後の一九一〇年に大逆事件を呼び起こしたことは、よく知られる。

自由民権運動の高揚に対して、政府は保安条例を制定し、また立憲改進党を設立した大隈重信を呼び戻して外相として入閣させるなど沈静化をはかり、一八八九年に大日本帝国憲法を制定した。不穏な情勢がつづいた近代国家の制度整備も、これで一段落がついた。国民は提灯行列でこれを迎えた。なお、維新期に、アメリカの独立宣言（Declaration of Independence, 1776）などに依拠して、「天」によって国家の独立と国民の自由と平等が保証される文明のしくみを説いた福沢諭吉は、帝国憲法制定に先立ち、「尊王論」（一八八八）で、その普遍的な「天」に代わるものとして、〈帝室の尊厳神聖〉を挙げ、国民が〈数百千年来、君臣情誼の空気中に生々したる〉ゆえに人心の収攬、すなわち〈経世上の大利益〉があるといい、国民の不満の矛先がそれへ向けられて政治に利用される危険性を力説した。

「憲法」は上古の聖徳太子の一七条憲法を呼び戻した命名であり、また「王政復古」をなした政府には「欽定」よりほかに定めようがなかった。第三条に天皇の「神聖不可侵」がうたわれているのは、王権神授説を条文に残すプロイセンなどドイツ語圏の国法を参照したものだが、国法で君主の地位を規定する立憲君主制の一つである。[*4] 国務大臣の輔弼《ほひつ》をうたうのは（第五五条）、皇帝が議会に対して責任を負わないオーストリア国法を参照したものだろう（憲法中に内閣規定をもたない）。一八九〇年七月には第一回総選挙を実施して、帝国議会を開き、憲法を承認した。

その少しのち、一八九〇年一〇月末には、皇室崇拝と儒学の忠孝の徳目とを併せた国民道徳の基本を「教育ニ関スル勅語」（教育勅語）に定めた。その約一〇年前の一八八〇年、民権運動が学校教育に波及することをおそれた政府＝文部省は、改正「教育令」を発して修身科を初等教育の首位教科とし、儒教主義にもとづく教育を行っていたが、その中身を「尊王愛国ノ志気」の養成と定めたのである。国会開設と憲法制定が実現し、いわば目標を失った自由民権派の論客たちは、それに鉾先を向け、教育の宗教からの自由を勝ち取る運動に乗り出していった。

これに対して文部省は、神道（国家が神社を統率する国家神道）は皇室の祖先崇拝であり、祖先崇拝は宗教ではないという見解をまとめて乗り切っていった。どういうことか。ユダヤ教もキリスト教もイスラームも、そして本来は仏教も、各地域部族や氏族の祖先崇拝とは別に、教祖と経典、聖職者と施設を備えて教えるもので、これが長く国際的に「宗教」（religion）とされていたからである。

ところが、東アジアでは、だいぶ事情が異なる。中国の道教は、祖先崇拝が中心で、皇帝も諸集団の先頭に立ってそれらの祖先を祀る。古典儒学はそれに抵触しないが、宋学（新儒学）をまとめた朱子学は積極的に各家族の祖先崇拝を勧め、儀礼を重んじた。日本では、推古朝に仏教を導入したときから、史書に残された詔勅の上では、神道と両立をはかっており、天武朝あたりから積極的に仏教僧侶に祖先供養の役割を担わせた。そして中世に興った日本独自の鎌倉仏教は民間の祖先供養を積極的に担うことで勢力拡大をはかった。それゆえ、仏教が本来、祖先の供養とは無縁だったことが忘れられたところがあろう。しかも、先に述べたように、安政の五ヵ国条約で"religion"の訳語として新たにつくられた「宗教」の語は、キリスト教も神・儒・仏・道教も、みな横並びの関係に置き、この観念が一八八〇年代には定着していたから、議論は混乱せざるをえなかった。そして、この神道を皇室の祖先崇拝とする考えは、やがて日本国民は皇統を中心とした大家族、あるいは一つの血族であるという観念に変奏されてゆく。

「日朝戦争」

今日、日清戦争は、実は「日朝戦争」によって開始されたといわれている。一八九四年六月、東学の乱(甲午農民戦争)に際して、朝鮮政府が清国に軍隊の派遣を要請した。それに対して陸奥宗光外相が八〇〇〇人の日本軍を派遣し、ソウルを占領、七月二三日早朝、日本軍の部隊が王宮に侵入・制圧し、高宗と王妃を捕らえ、日本の保護下に入ることを強要したからである。

東学の乱は、一言でいえば困窮した農民の蜂起が全国的に拡がりを見せたものだが、長く知識層を支配した朱子学、また「西学」(キリスト教)にも反撥し、民間道教的かつ呪術的な新宗教の「東学」が、その紐帯をなしていたため、その名で呼ばれる。朝鮮で親日・独立改革派として活躍し、かつて、一瞬ではあったもののクーデター(甲申事変、一八八四年一二月）を成功させたこともある金玉均《キムオッキュン》が、一八九四年三月に上海で虐殺され、遺体がバラバラにされてあちこちに送られるという残虐な事件が起きるなど、朝鮮内部で対立抗争が激化していたなかから蜂起が起こった。日本軍は、それに乗じて、一挙に王宮を軍事的に制圧したことはまちがいない。高宗に代わって執政の地位に就いた興宣大院君に、日本側は親日改革派の政府をつくらせ、清国からの独立を強要してゆく。

一八九四年七月二五日には海軍が、二九日には陸軍が清国軍の掃討戦を開始し、八月一日をもって、伊藤博文内閣（第二次）は清国に対して宣戦布告した。清国に対する日本の宣戦布告には、清国が属国と位置づける朝鮮を独立させることが大義として押し立てられていた。それまでの日本軍の策謀を見れば、欺瞞きわまりない。広島に大本営を設置した九月一五日には、平壌をめぐる攻防戦が起こり、清国軍の死傷者六〇〇〇人、日本軍の死傷者は五五〇人前後とされている。二日後、黄海海戦がはじまると、近代的装備を進めていた清国北洋艦隊一二隻中四隻を撃沈している。日本側は一隻も沈んでおらず、これで国民国家成立後、初めて戦時体制を敷いて臨んだ日清戦争の行方は、決まったも同然だった。だが、戦局は満洲にも拡大し、朝鮮では東学農民への厳しい弾圧殺戮が繰り広げられた。

話は少し遡る。一八八八年一月、内務卿として、しばらく国内自治組織の整備に取り組んでいた山縣有朋は「軍事意見書」で日本の「利益線」（勢力範囲）を朝鮮半島に置き、「主権線」（国境線）と「利益線」という独自の用語で二つの軍事防衛ラインを設定していた。一八八九年に大日本帝国憲法が公布されたのち、初めて内閣を組織した山県は、ロシアに対する警戒心が強く、朝鮮保護国化の方針を明らかにした。山縣内閣ののち、松方内閣を挟んで組閣した第二次伊藤内閣にも、列強間の合意を得るには、極東の係争地となった朝鮮を独立国として立てることが第一という戦略的判断があっただろう。

日清戦争に入る以前、伊藤博文内閣（外相・陸奥宗光）は、在日外国人の領事裁判権と治外法権とを撤廃し、「内地雑居」を認める不平等条約改正案を提出したが、それを国内秩序の破壊ととらえる国粋主義の主張が台頭し、大日本協会を結成していた（対外硬派）。衆議院では汚職疑惑をも絡めて内閣を追及し、内閣不信任に類する決議をして追い詰めた。内閣は二度、解散総選挙で応じつつ、一八九四年七月、日英通商航海条約締結により、領事裁判権の撤廃に漕ぎつけた。

その前の六月に日清戦争が勃発した。日清戦争は日本が勝利し、一八九五年四月一七日、清国側全権・李鴻章らと馬関（現・下関）で講和条約が締結された。朝鮮の独立は認められ、領土割譲（遼東半島・台湾・澎湖列島）と賠償金の支払いが決まった。だが、四月二三日に三国干渉を受け、それに対して英米は局外中立を表明、台湾の情勢不安もあり、日本はやむなく遼東半島から撤退したことはすでに述べた。実際、台湾では武装抵抗がつづき、日本は軍政を敷いて平定に七ヵ月かかり、民政に移行したのは一年後のことである。

しかし、対外硬派はそのような事情を考慮することなく、政府を攻め立てた。国内の不満のはけ口も朝鮮支配に向かうことになった。

内務大臣・井上馨は朝鮮公使に転任し、首都・漢城府（現・ソウル）に乗り込んだ。大院君と閔妃をともに退け、高宗を押し立てて立憲君主制に導こうとしたと想われる。井上馨は、伊藤博文とは幕末、イギリスに一緒に密航した五人組の同志で、岩倉使節団の留守を預かり、日朝修好条規締結時の特命副全権大使を務め、一四年政変では大隈重信を切り、鹿鳴館外交で自由民権派の非難の的になってきた人である。だが、そのとき、閔妃を退けたことは、逆に、高宗と閔妃がロシアに接近する契機になった。

閔妃暗殺

井上馨に代わって一八九五年九月に在朝鮮国特命全権公使に就任した三浦梧楼は、またもや日本側に接近してきた大院君と組んで、閔妃暗殺に同調、おそらくは主導した。外務省領事官補・堀口九萬一《くまいち》らが率いる混成部隊によって、一〇月八日、王宮内で閔妃は殺害され、遺骸は焼き払われた（乙未事変、明成皇后弑害事件[*5]）。

大院君と閔妃とのあいだには、激しい対立抗争が続いてきたから、事件には、さまざまな人脈が入り乱れて関与していた。朝鮮政府は、法廷で実行を証言した朝鮮人三人をただちに処刑した。日本側は、事件後、小村壽太郎弁理公使を派遣し、首謀者を三浦梧楼と認定して容疑者を裁判にかけたが、証拠不十分で免訴とした。

閔妃暗殺の動きには、柴四朗も絡んでいた。『佳人之奇遇』の作家、東海散士として知られた人である。金玉均とも親しかった。彼も収監されたが裁判では無罪であった。アメリカのフィラデルフィアの独立閣（独立記念館）の場面に幕を開け、弱小国の独立派の人々が反帝国主義のディスカッションを交わすその長篇小説も、日清戦争のあとは、アジアの盟主・日本という姿勢が表立ってゆく。

事件後、一一月二八日に朝鮮王朝内部から企てられた反日親露派のカウンター・クーデターが失敗する（春生門事件）。朝鮮国内は、親日勢力の巻き返しに揺れに揺れ、ロシア兵も絡んで各地で民衆暴動も起こった。翌一八九六年二月、高宗はロシア公使館に一〇日間、保護を求めて逃げ込み（露館播遷）、新内閣を組閣して大院君派の粛清に乗り出した。その間、ロシアは政府の財政顧問をイギリス人からロシア人に付け替えさせるなど、韓国に対する支配力を大幅に強めていった。

日清戦争の結果、清朝からの独立が認められたことから、朝鮮内部で立憲君主制など近代国民国家への脱皮を目指す独立協会等の動きが活発化した。それと対峙しつつ、高宗は一八九七年一〇月、朝鮮初の皇帝に即位し、国号を大韓帝国と改め、年号を光武とした。「大韓国国制」を公布して専制君主制を宣言したのは、国法に規定されることを嫌ってのことで、ロシア帝政にならうものだった。翌年末には独立協会を弾圧、解散させた。

それまでに朝鮮王室は、金などの直営鉱山の採掘権や鉄道敷設権を列強の資本に譲渡していたが、これには早くから日本もかかわっていた。日本は馬関条約で中国から得た賠償金を李朝政府への借款にあて、漢城―仁川間の鉄道（のち、京仁線）を敷設する予定だった。が、三国干渉を受け、日本の立場が弱くなると、李朝政府は、一八八五年に雲山金鉱の採掘権を認可していたアメリカ人実業家、ジェイムズ・R・モールスに鉄道敷設権も与えた。

ところが、モールスには敷設事業が上手く進められず、敷設権は渋沢栄一らが民間資本を募って手に入れた。こうして朝鮮初の鉄道、京仁線は一九〇〇年に開通、アメリカ製の小型蒸気機関車（1C型）が走った。一九〇三年に渋沢らは別途、敷設に取りかかっていた漢陽―釜山間の京釜鉄道と経営を一体化した。これがやがて日露戦争後、一九〇七年には韓国統監府の所有となる（統監府については、本書第五章の「韓国併合へ」の節を参照）。

二〇世紀への転換期の清朝と国際情勢

朝鮮王室がロシアに頼る姿勢を明確にしたころから伊藤博文は、ロシアとの協商路線に転換したといってよいだろう。一八九六年五月、ニコライ二世の戴冠式に、外相・山縣有朋を全権として派遣し、中立地帯を挟んでロシアと日本が韓国を分割管理する案を示した。提案は合意には至らなかったものの、山縣・ロバノフ協定では、韓国内で日本の商工活動が保証されるなど、一定の成果が得られた。

ところが、ニコライ二世の戴冠式には、清国から李鴻章も参列しており、それに一歩先んじて、日本に対して清国・ロシアが共同防衛の姿勢をとる密約をロバノフと結んでいた（露清密約）。具体的には、清国の日本への賠償金をロシアが貸し付け、その見返りに、シベリア鉄道の短絡線（東清鉄道）を清国領内（西端の満洲里《マンチュリー》から東端の黒龍江省綏芬河《ポクラニチナヤ》まで）に敷設する権利などを認めるものだった。

列強各国も清国の対日賠償金に対する借款を供与し、その担保に港湾の租借や鉄道敷設権を求めていた。一八九七年一一月、ドイツ帝国は宣教師が殺害されたことを口実に、山東半島の南側、膠州湾を占領し、ここを翌年三月には租借する。一九世紀後半、急速に工業力を増したドイツ帝国は、三国干渉を機に中国北方に足場を築いた。

この動きに刺戟されたロシアは、同じ月、遼東半島を租借することを決めた（以後、関東州と呼んだ）。やがて東清鉄道の要所、松花江の港町・ハルビンから大連（ダルニー）、旅順（ポート・アーサー）まで満洲を縦貫する南満洲支線が通ることになる（一九〇三年）。

伊藤博文の対露戦略

その翌年、一八九八年四月、第三次伊藤博文内閣の外務大臣、西徳二郎とロシアのロマン・ロマノヴィッチ・ローゼン駐日公使の間で、朝鮮半島の支配をめぐる協定が結びなおされた。直接的な内政干渉を互いに差し控え、韓国政府の依頼で軍事または財政顧問を送る際には、互いに事前承認を求めること、ロシアは韓国における日本の商工業の発展を認め、投資の妨害などしないというものだった。互いの経済発展を保証しあうことにより、外交関係も安定を図る案で、金本位制や外資導入、シベリア鉄道の建設など、ロシア経済の近代化を牽引してきた蔵相、セルゲイ・ウィッテによる策だった。

これを伊藤博文や井上馨らは、日本の遼東半島返還に対するロシア側の、いわば見返り措置のように受け止めたらしい。それで伊藤は対露交渉の基調を通商協定の締結、すなわち「満韓交換論」に置いたと推測される。

交換論と呼ばれるが、かつて原住民が国境意識ももつことなく暮らしていた樺太と千島の権益を日露間で交換したのとはまったく異なる。この時点で日本は満洲に何の権益ももたない。交換条件があるとすれば、戦争で互いに犠牲を出すよりは、という脅迫めいた姿勢を底にもった、いかにも帝国主義間の交渉である。だが、それには、日本とロシアの二国間の国力だけでなく、朝鮮や清国の国内情勢も絡む。いや、そのほかに、他の列強諸国との外交も、それぞれの植民地における独立運動などまでが、みな錯綜して関係してくる。二〇世紀への転換期には、東アジアにおける古代からの中国と朝鮮の冊封関係だけでなく、大航海時代からつくられてきた地球上の植民地支配の地図が大きく再編されようとしていた。

当時、ロシアと同盟関係にあったフランスは、一八九九年、中国南岸、広州湾一帯を租借した。一八五〇年代半ば、北ベトナム等をめぐる清国との戦争で一八八五年に天津条約を結んでインドシナをフランス領とし、そこから広西・広東・四川・雲南省に勢力を伸ばしていたからである。

ロシアとフランスが同盟して清朝中国に北と南から手を伸ばし、またドイツも一枚加わってきた情勢に、イギリスは自国の権益を守るために、清国の領土保全、門戸開放を唱えた。さらに一八九六年一月にフランスと協定を結び、メコン川上流に軍隊を駐屯せず、四川省と雲南省を門戸開放することを約した。メコン・デルタでは、フランスの稲作プランテーションが進展していた。

イギリスはまた、三月にはドイツ帝国と連携して清国に対日賠償金支払いのための新たな借款を与えることで英独両国の清国内における権益を認めさせていた。一八九八年一月には、長江流域の鉄道敷設権を獲得、さらに五月には、ロシアの旅順占領対策として、山東半島で大連の対岸にあたる威海衛を租借した。日清戦争で日本の海軍が制圧し、制海権を握った海軍基地を日本から引き継いだものだが、中心となるポート・エドワードを関税なしの自由貿易港として経営にあてた（〜一九三〇年）。

ところが他方、イギリスは、一八九九年一〇月に、アフリカ南部のオランダ系住民（ボーア人）のトランスヴァール共和国およびオレンジ自由国を侵略、激しい抵抗にあい（第二次ボーア戦争、南アフリカ戦争）、その制圧は容易ではなかった（〜一九〇二年五月。のち南アフリカ連邦）。その途中、一九〇〇年に北清事変が起こると、ロシアの大規模な満洲派兵に警戒心を募らせ、大英帝国の威信を保持するために、かつての「光栄ある孤立」から転じ、日本に出兵を要請、やがて日本と本格的な同盟を結んでゆくことになる（一九〇二年一月）。

アメリカは、清朝中国をめぐって領土保全、門戸開放の旗印を掲げたが、自国貿易を関税で保護する姿勢を保ったままだったし、一八九八年にはスペインと戦争し、カリブ海及び太平洋上にグアムなど領土を獲得、その過程で、ハワイ王国を併合、さらにフィリピンを占領下に置いて、傀儡政権を立てた。が、長く続く独立戦争の制圧には手こずった（一九〇二年七月の終結宣言後も実際には叛乱の制圧が続いた）。

日清戦争後、清朝中国の全権として下関条約を調印した李鴻章は、一八七一年七月、日本と清国がともに列強と不平等な条約を結ばされていることに対し、相互の対等と領土不可侵を誓う日清修好条規を結んだ人である。曾国藩の弟子で、太平天国の乱を鎮圧する功績をあげたのち、洋務運動を推進、北洋艦隊の整備などと取り組みながら、列強が清の辺境をさまざまに蚕食する事態に対処を重ねてきた。たとえば、清朝は一八六〇年代に東トルキスタン（現・新疆ウイグル自治区）にムスリムの蜂起が起こったとき、イリ地方（新疆北部）を軍政下に置いたが、六〇年代後期に、ここをロシアが占拠、西からはウズベク人の軍人、ヤクブ・ベクが新疆を制圧に出ると（ヤクブ・ベクの乱）、この政権を中央アジアで覇権争いを続けるイギリスとロシアがともに承認するような事態が起こった。李鴻章は、この動きに同調して、政権を承認した。だが、やがて清朝は軍を送ってイリ地方を奪回している。

日本も一八七四年の台湾出兵、一八七九年に一方的に宣言した「琉球処分」、また一八七五年には朝鮮で江華島事件を起こし、清国の辺境および冊封関係にあった地域を侵してきた。が、李鴻章は先の日清修好条規を結んだときの「東洋の団結」の戦略的立場を守って、これらに干渉しなかった。とはいえ、清朝・西太后の信任厚い外務官僚である。朝鮮でのクーデターなどの動きに対しては、部下の袁世凱《えんせいがい》を派遣し鎮圧した。なお、先の日清修好条規は日清戦争の開戦によって解消され、下関条約によって清は台湾とともに琉球も放棄させられた。

一八九八年、ドイツの膠州湾租借を呑んだのも李鴻章だった。この年、康有為らと立憲制を目指す清朝の政体変革（戊戌《ぼじゅつ》の変法）に取り組んだ光緒帝によって罷免されていたが、一〇三日で政権を奪い返した保守派から外交畑に呼び戻されていた。そのとき清朝北方に民衆叛乱が起こった。北清事変である。これによって東アジアの情勢が大きく動くことになる。

注

＊1　間宮林蔵の口述を村上貞助が筆記・編纂、のち、フィリップ・フランツ・フォン・シーボルト *Nippon 1832-1882*（七巻）に紹介され、ヨーロッパで知られた。間宮海峡はロシア語ではタタール海峡。日本語では韃靼海峡とも呼ばれた。

＊2　和田春樹『日露戦争 起源と開戦』〔上〕（岩波書店、二〇〇九）四二頁を参照。

＊3　一八七一年、皇族華族取扱規則などを経て、国会開設時に貴族院議員の選出母体になった。

＊4　天皇の地位および役割は、皇室典範からも規定されており、フリーハンドではない。したがって専制君主でも、絶対君主でもない。今日、大日本帝国憲法を「外見上の立憲主義」（Scheinkonstitutionalismus、内実は絶対主義に近い）とする意見があるが、それは、一八七一年成立のドイツ国法（ビスマルク憲法）を絶対君主制に近く解釈し、運営した当代ドイツの法学者の意見を参照したもので、帝国大学の憲法学者では穂積八束の意見に近い。だが、起草者の井上毅、伊藤博文ともに日本独自のものとするつもりがあったことは明らかで、かつ、国務大臣の輔弼を受ける規定も付しており、とうてい同列に論じられるものではない。なお、当代ドイツの国法学にも実質的立憲主義に解釈し、運営すべきとする流れがあり、日本では一木喜徳郎に代表される。のちの美濃部達吉の解釈は、その上に議会主義的運営を加味している。

それとは別だが、第一一条中、軍の統帥権が天皇に属するという規定も、その国政からの独立を意味するものではなく、国務大臣を務める陸相・海相の輔弼を受けるものだった。それに変更が加えられたのは日露戦争後、軍令一号（一九〇七年）による。山田朗「軍部の成立」（『岩波講座 日本歴史 第16巻・近現代2』岩波書店、二〇一四）を参照。

＊5　堀口九萬一は一八九四年秋、日本初の外交官及領事官試験に合格し、外務省領事官補として朝鮮・仁川に赴任。一八九五年秋、郷里新潟県中通村（現・長岡市）の親友・漢学者、武石貞松に送った八通の書簡のうち、一〇月九日付に、王宮に侵入する任務を負っていたことなど、その夜の行動が記されていた（「朝日新聞デジタル」二〇二一年一一月一七日閲覧）。なお、堀口は、閔妃暗殺事件に際し、大院君に決起を促した廉で停職処分を受けていた。翌一八九六年に復職、ブラジルに赴任し、日露戦争前には、ブエノスアイレスでアルゼンチン政府と交渉し、ロシアの軍艦購入を阻止し、装甲巡洋艦二隻を日本側が購入している。詩人・堀口大学の父親。

第二章　文化ナショナリズム、その複合的展開

「伝統」の発明、もしくは再解釈

東洋の老大国の軍隊を一蹴した日清戦争の文明論的総括は、日本の方が近代化の進展が早かったことでほぼ一致していた。ここでは例証しないが、その内容は軍事技術、国家体制、分業化などさまざまだった。日清戦争から日露戦争期にかけてのナショナリズムの高揚期には、日本の伝統文化の特長を謳歌する書物が相次いで出された。

とくに一八八〇年代半ば、井上馨が不平等条約改正に向けてとった鹿鳴館政策を西洋風俗への追随とする自由民権派の非難が高まったこと、また産業革命の進展に対して功利主義への批判が渦巻いたことが、伝統思想の精神性の高さに着目する方向に向かったと思われる。そこには西洋近代文明への反撥もうかがえるが、西洋近代にも功利主義批判、文明批判は渦巻いていたから、それらと同調する傾向も見える。つまり「近代」対「伝統」、「西洋」対「東洋ないし日本」という図式のどちらかで割り切ることはできない。少なくとも、その二軸が交叉するところにつくられる四象限を考えてみればよいだろう。たとえば西洋化＝近代化の代表者を前期の福沢諭吉の思想とすれば、西洋化＝反近代化はプロテスタンティズムの反功利主義者、内村鑑三が代表しよう。伝統に根差した改良＝近代化の推進者は、序章で挙げた巌谷小波編「日本昔話叢書」をはじめ、渋沢栄一の『論語と算盤』（一九一六）などいくらでも挙げられよう。そして、伝統保守＝東洋ないし日本精神の推進者として、岡倉天心を挙げることは容易だろう。

だが本章では、日清戦争よりやや遡って、まず、帝国大学哲学科教授、井上哲次郎が一八九〇年に発布された「教育勅語」について解説した『勅語衍義』(一八九一)から家族国家論の展開を追い、そののち、年代順に文化ナショナリズムを説く書物のさまざまを追う。岡倉天心など芸術論関係は次章に譲ることにしたい。

井上哲次郎『勅語衍義』には、日本の「国体」をめぐる「伝統と近代」の問題が集約的に表れているはずである。序章で見ておいたが、のち、チェンバレンは『新宗教の発明』(一九〇六)で、日本の天皇崇拝を新しい宗教と規定した。それ以前、教育勅語(一八九〇)の発布に対して、自由民権派から教育の宗教からの自由、信教の自由という近代原理に対する侵害だという声があがったとき、文部省は、皇室の祖先崇拝は宗教ではないという見解で乗り切っていった。なお、「宗教」は、幕末の対外交渉で互いの信教の尊重をうたう際に、“religion”の翻訳語として「宗門」などが試行されたのち、安政の五ヵ国条約のなかで用いられた新語である。キリスト教、神・儒・仏・道教がそのとき横並びにされ、そのような宗教概念は、明治一〇年代、ほぼ一八八〇年代を通じて知識層に定着したとみてよい。このことは、世界の外に立ち、世界を創造したとするキリスト教の絶対的超越神の観念と、世界内部にあって根源的価値をもつ東洋的な神や仏の観念の根本的な相違が、今日に至るまで、しばしば曖昧にされる原因となった。

井上哲次郎『勅語衍義』

伊藤博文らによって一八八九年に帝国憲法が発布された。王権神授説を条文に残すプロイセンなどの立憲君主制の憲法と幕末以来高まった神がかった天皇崇拝を妥協させ、天皇は「神聖不可侵」（第三条）という条項をもつ。翌一八九〇年一〇月三〇日、「教育ニ関スル勅語」によって、忠君愛国の国民の教育指針が整えられた。

その翌年、刊行されたのが井上哲次郎著『勅語衍義』上・下巻である。帝国大学文科大学哲学科教授による私家版のかたちだが、中村正直閲をうたい、文相・芳川顕正が〔序〕を寄せて権威を保証し、発売所は敬業社ほか多数を揃えている。井上哲次郎は一八八四年にドイツに留学、一八九〇年に帰国して教授となって間もなくのことである。教育勅語は当初、中村正直が原案を著したが、井上毅によって破棄された経緯があり、それもあって、私注の形をとったと思われる。

井上毅の原案、元田永孚《もとだながざね》の筆になるとされる儒学の徳目を並べた教育勅語を、井上哲次郎は『孟子』〔梁恵王・上〕の〈孝悌忠信〉で受け、〈共同愛国〉をうたう。真心を尽くし、誠意をもって年長者に従い、皆が一丸となって国を愛するというほどの意味で、これを中心に〈国君ノ臣民ニ於ケル、猶ホ父母ノ子孫ニ於ケルガ如シ〉と比喩を用いて皇室を国民の総本家になぞらえる、いわゆる「家族国家」論を打ち出している。ただし、とくに〔下〕

では〈君主専治ハ一変シテ、立憲政治トナリ、臣民自ラ国政ニ与《アズカ》リ〉云々と述べつつ、国家を〈有機物〉、国民を〈細胞〉にたとえる国家有機体論を展開し、〈国家ノ生命〉〈国家ノ元気〉にも言及し、〈仮令《タト》ヒ生命アルモ国家ニ益ナキハ既ニ死スルモノト異ナラズ〉、〈真正ノ男子ニアリテハ、国家ノ為メニ死スルヨリ愉快ナルコトナカルベキナリ〉とうたってもいる。これは「軍人勅諭」（陸海軍軍人に賜はりたる勅諭、一八八二）の一節〈只々一途に己か本分の忠節を守り義は山嶽よりも重く死は鴻毛よりも軽しと覚悟せよ〉あたりを承けたものだろう。[*1]

国家有機体論は、当代ではイギリスのハーバート・スペンサーの哲学、およびドイツのヘーゲル哲学に発して国法学者中、ゲルマン民族の言語・文化的特質を強調する、いわゆるゲルマニステンの系譜にも盛んだった。日本の場合は、ヨハン・カスパル・ブルンチュリの主著『一般国法学』（*Allgemeines Staatsrecht*, 1851–52）を加藤弘之が『国法汎論』（一八七二）として翻訳、文部省から刊行し、それが官僚層に浸透していた。

ただし、井上哲次郎は、そののち、『増訂版勅語衍義』（一八九九、一九〇四）を刊行、そこでは皇室を国民の父祖と位置づけ、それゆえ日本においては「忠孝一本」、忠と孝が矛盾することがないとうたう。先の家族国家論はたとえでしかなかったが、それに芯を通したかたちである。これは、おそらく、加藤弘之が「国家生存の最大基礎に就て東西両洋の比較研究」で、西洋とも中国とも相違して、日本の〈君民は真に一家親子の関係〉にあると説き、それゆえ「殉国の節義」で〈君に対する忠と孝は一致〉（忠孝一本）と説いたことに依拠したものとわたしは推測している（ともに『加藤弘之講論集 第三』〔敬業社、一八九九年四月〕に所収）。[*2] その当否はともかく、このようにして、のちの井上哲次郎『国民道徳概論』（三省堂、一九一二年八月）の骨子は形成された。

だが、「忠孝一本」が理想にすぎないことは、当時の知識人は誰でも感じたはずである。「忠ならんと欲すれば孝ならず、孝ならんと欲すれば忠ならず。進退これ、極まれり」という『平家物語』中、平重盛の台詞は、よく知られていた。後白河法皇による平家打倒の陰謀を知った清盛が屋敷に兵を集めて出陣の用意をしているところに、文武両道に秀で、温厚・実直で人望の篤い嫡子・重盛が平服で現れ、平家の恩人である法皇を討つなら自分の首を先に刎ねよ、と迫って、思い止まらせる場面である。[*3]

頼山陽は『日本楽府』（一八二八）のなかで、よりドラマティックな漢詩に仕立てている。重盛は家来どもに向かっていう。「公（清盛）に随はむと欲する者は、吾が頭《こうべ》の墜つるを待て。烏帽子の上に青天あり。帽子猶《なお》在れば天墜ちず」（原漢文）と。兵を動かす権利は左近衛大将である自分のもの、自分の烏帽子が無事のうちは皇室の権威も無事だとのたまったとしている。帝に仕える武士の身分が、より強調されている。

関連して、家族国家論の展開について見ておこう。旗本の息子で若くして英才ぶりを発揮、東京大学（一八七七年創立）で日本人として初めての教授を務めた外山《とやま》正一は、アメリカ留学後、一八九三年より帝大で最初の社会学の講座を担当していた。日清戦争後、東京帝大文科大学教授となった外山正一の哲学会における講演をまとめた「人生の目的に関する我信界」（一八九六）は『哲学雑誌』に掲載された。

イギリスのベンジャミン・キッド『社会進化論』（*Social Evolution*, 1894）が社会有機体論と社会進化論に立ち、集団維持のための自己犠牲をいとわない個人が多いほど集団間の生き残りに勝ちうる優れた集団とする原理を掲げ、「最大多数の最大幸福」（ジェレミー・ベンサム）を説く功利主義、社会主義、個人主義を退ける論陣を張り、宗教的信念（religious beliefs）による愛他精神の涵養をもって、大英帝国の海外植民地政策の指針としたことを取り上げた。外山正一は政教分離の原則から、これを批判し、国家、社会、自己の一体化がなしうる〈没自的な精神〉を日本人の特性として論じた。スペンサーと同じく社会有機体論に立つが、個人の死生は集団永続のための新陳代謝であり、人生すなわち人間性の〈仮相〉にすぎず、集団の死生こそが〈真相〉であると説いている。当時、日清戦争勝利の文明論的総括論議で、近代化の成功にその原因を求める傾向が強かったのに対して、自己犠牲の精神を日本人の民族性の美点とする民族全体主義の極致ともいうべき主張だった。

ついでに述べておくが、そののちドイツに留学し、動物学、とくに発生学で著名なアウグスト・ヴァイスマンのもとで学んで帰った丘浅次郎が一九〇四年に、一般向けの『進化論講話』を刊行する。ダーウィンの観察にもとづく帰納法的な思考法を強調し、仮説を絶対視してはならないことなど自然科学の精神をよく説いているが、全体の基調は仏教にいう「諸行無常」に立ち、生存闘争原理は国家や人種間、信仰や倫理にも及ぶという。つまりは滅亡に向かう進化論である。ダーウィンのいう「進化」(evolution)は、退化や種の滅亡も含む漸進的変化をいうので、滅亡に向かう進化論があってもよいのだが、生物学上、一つの種である人類のあいだにさまざまな「人種」を認めるのは、原理的矛盾といわざるをえない。そして、そこには、全体主義の倫理も覗いている。

団体生活を営む動物では、一個体の行為が全団体の滅亡を起こす場合が最高度の悪で、一身を犠牲に供して全団体の危機を救ふことは善の理想的規範である。

丘浅次郎は、そののち日露戦争終結に際して『中央公論』(一九〇五年一〇月号)に寄稿した「人類の生存競争」では、国家間の戦争を動物の〈団体と団体との競争〉にたとえ、〈全く猛獣同士の競争と異なることがない〉と非難している。が、猛獣が集団と集団で闘うことなどありえない。人間は猛獣にも劣るというべきところではないか。

外山正一「人生の目的に関する我信界」は、日清戦争勝利ののち、そして丘浅次郎は日露戦争が終結したとき、とそれぞれ異なる時代相を背景にしているが、いずれも国家間で食うか食われるかの闘争が繰りひろげられていた国際情勢を映したものだった。日本における進化論受容の最大の特徴は、ここにあったといえよう。

家族国家論の展開を、もう一つ追っておく。そののち、東京帝大法学部憲法学教授、穂積八束が法学部長就任の年に刊行した『国民教育愛国心』（八尾新助、一八九七年六月）は〔第一編 忠順 一章 祖先教〕の冒頭、〈我が日本民族の固有の体制は血統団体たり。（中略）吾人の祖先は即ち恐れおおくも我が天祖なり。天祖は国民の祖にして、皇室は国民の宗家たり〉と説いている。これは家族国家論を超えて、日本民族が一つの血統に連なることをうたう血統国家論にほかならない。当代ドイツ法学にいうゲルマニステン（ローマ法からの展開を考える立場に対して、ゲルマン民族の文化伝統を重んじる立場）の影がはたらいていよう。

これは異民族を抱えた大日本帝国にはふさわしくない、と東京専門学校（のち早稲田大学）の哲学者・大西祝《はじめ》は論じていた。当時の日本は、すでに台湾を併合しており、住民に日本国籍を与えていたからである。

そもそも平安時代初期、嵯峨天皇の命で編まれた『新撰姓氏録』（八一五）に記載された近畿地方に住む一二〇〇近い氏族の出自のうちには、中国や朝鮮半島からの渡来氏族が三分の一近くを数える。むろん伝承によるものだが、ヤマト朝廷成立以降も氏族のあいだに同一民族ないし同一血統という意識はなかった。

それとは別だが、〈日本民族の固有の体制〉なるものは、はたして存続してきたのだろうか。古代からの王権の実質支配範囲は一二世紀後期、鎌倉幕府が成立し、二つに分裂した。後鳥羽上皇の承久の乱（一二二一年）ののち、北条氏の執権政治は二度にわたる元寇をしのぐなど安定していたが、後醍醐天皇による「建武の新政」（一三三三～三五年）はあっけなく潰え、一四世紀後半は朝廷が南北に分裂した。それを統一した室町幕府の権力範囲を、どう見るにせよ、応仁の乱（一四六七～七七年）の頃には、公卿たちは、中国の春秋戦国時代にも似た国家分裂を認識していた。関白を二度務めた近衛尚通《ひさみち》の日記『後法成寺尚通公記』（一五〇八（永正五）年四月条）に〈戦国の世の時の如し〉とある。すでに割拠の世なればこそ、中央政権の簒奪が繰り返されたのである。

だが、それらの種類の異なる二つのことを当時、指摘する人はいなかった。帝大史学科は、久米邦武筆禍事件の余波を受け、一八九三年には実証主義を唱えて史料編纂事業もリードしてきた主任格の重野安繹《しげのやすつぐ》は辞職し、様変わりしていたからである。

帝大教授・久米邦武の筆禍は、一八九一年、彼が帝大の『史学雑誌』に寄せた「神道は祭天の古俗」で、三種の神器を祀る皇室神道は原始的習俗の延長と論じ、[*4]それを翌一八九二年、洋学者・田口卯吉が自ら主宰する『史海』に転載して、編集後記で神道家を揶揄したので、神道家たちの怒りを買って、久米が辞任に追い込まれた事件である。[*5] 憲法制定、教育勅語発布ののちの国家指導層の空気をよく映す一件として知られるが、帝大史学の方向を変えるきっかけにされたのだった。

内村鑑三『日本及び日本人』

内村鑑三は、日清戦争中に英文で『日本及び日本人』（*Japan and the Japanese*, 1894、民友社）を刊行し、明治期の西郷隆盛、江戸後期の農政家・二宮尊徳、江戸時代米沢藩で名君とうたわれた上杉鷹山、江戸前期の儒者・中江藤樹、そして中世、日蓮宗の開祖・日蓮の五人をあげ、彼らがいかにキリスト教に通じる精神性の高さをもっていたかを訴えている（日露戦争後、細部を改訂して『代表的日本人』（*The Representative Men of Japan*, 1908、警醒社書店刊行）。のち岩波文庫版（一九四一〜）に収録されたドイツ語版の「あとがき」には、これらは自分のキリスト教への入信を準備した考えを育ててくれた人々という意味のことが書かれている。英語圏に向けた著書といっても、当代の中学生はアメリカの"The National Reader"のシリーズなどで勉強していたから、彼らも読者のうちに想定されていただろう。

内村鑑三は譜代の中藩、高崎藩の藩士の息子に生まれ、東京英語学校で知り合った新渡戸稲造らと札幌農学校に進み、ともにキリスト教に熱中してプロテスタント・メソジスト派の宣教師から洗礼を受けた。農学校を首席で卒業し、北海道の開拓事業に携わったものの、前途は開けず、アメリカに渡り、苦学しながら伝導者として生きる決意を固めて帰国。第一高等中学校の嘱託教員を勤めていた一八九一年、教育勅語奉読式において、明治天皇の署名のある「教育勅語」に最敬礼しなかったという理由で同僚教員や生徒から「不敬」と騒がれ、新聞でも非難を浴び、体調を崩して辞職に追い込まれた。この「不敬事件」を初めとして、井上哲次郎が事あるごとに内村鑑三を目の敵にしたのは、帝国憲法と教育勅語によって確立した「国体」とキリスト教とは相容れないことを喧伝するための格好の標的にしたからである。

内村鑑三は、そこで明治維新によって封建制度を打ちこわしたことにより、〈封建制度とともに其れに結び附いてゐた忠義、武勇、多量の雄雄しさや人情味が我我より喪《うしな》はれはしなかつたか〉と疑問を呈している。「封建制度」の本質は〈一つの国民に適用された家族制度〉であり、〈完全な形に達した場合には、其は理想的な政治形態とならざるを得ない〉と言いきっている。[*6]

「先祖に対する義務」「家名維持」などバカげた考えを捨てよ、といった福沢諭吉（『福翁百話』一八九七）とは対極をなす考えだが、これは「天地一体之仁」すなわち天地の恵みそのもののような愛がゆきわたった国家は、家や一人の人間と同じように、よく治まると説く宋学の祖、陸象山から王陽明に引きつがれた理念を承けていよう。その経世済民の東洋的精神を発揮した日本の偉人の人物像を自分なりに噛み砕いて説いていくところに、この書の根本的なモチーフがある。トマス・カーライルが資本制的疎外に鋭い警鐘を鳴らし、人間の精神エネルギーの発現を謳歌した『英雄及び英雄崇拝』(*On Heroes, Hero-Worship, and The Heroic in History*, 1841)や超越的な観念の威力を説くラルフ・ウォルド・エマーソン『代表的人間像』(*Representative Men*, 1850)の日本版を企てた気味があろう。

推奨する五人のうち、西郷隆盛の思想には陽明学の影が色濃いことで知られる。これは、江戸後期、昌平黌《しょうへいこう》の儒官総長を務めた佐藤一斎が、松平定信による寛政異学の禁のなかにありながら、朱子学・陽明学の兼修の態度を崩さず、多くの門弟に陽明学を広めたゆえである。内村は、その西郷を王陽明の「知行合一」の精神をよく把握し、〈実践的な性格を織り成しえた〉人という。

中国では、実質的には明代から朱子学が国教のようになり、その半ばは科挙の勉強のためのものに、半ばは民衆の儀礼に流れた。そのような状態に対して、王陽明が古代から生活の実践的な学であった儒学の精神を回復しようとして唱えたのが陽明学である。内村は王陽明その人について、アジアの哲学者のうち、〈イエス・キリストの最も近くまで達した人〉という。

天の理《ことわり》、すなわち良心は自身の身に備わっているものと主張し、天と我が直接向きあい、そのあいだに国家や君主などが介在しない陽明学の基本的性格を、それはよく言い当てている。朱子学派は、陽明学派を仏教と同じく「公」を考えない「私」の立場に立つものと見て徹底的に非難したが、内村は福音主義に徹しており、アメリカで教会の権威に疑問を覚えて帰った。ややのち、日本で独自の無教会派を立てる。もう一つ、今はあまり広く知られていないが、王陽明には、春秋戦国時代、四民は役割は違うが対等と考えられていたという趣旨の考察があり（『節菴方公墓表』）、そのことも江戸時代には知られていたと推察される。平等の観念もキリスト教と通じるだろう。

江戸前期、幕府の儒官・林羅山は陽明学を徹底的に排除したが、中江藤樹は、自分なりに陽明学を咀嚼し、門弟のあいだにかなりの影響を残した。上杉鷹山が陽明学を学んでいたかどうかは寡聞にして知らないが、学問所を農民にも開放したことは、岡山藩に陽明学者・熊沢蕃山《ばんざん》を招聘し、徳政を行った池田光政にならうところがあったかもしれない。上杉鷹山が次期藩主に家督を譲る際に申し渡した「伝国の辞」は、民衆のための君主たれ、という精神をうたっており、内村はそれに「封建」の理想を見たにちがいない。

なお内村は、日蓮には宗教的情熱の高さを見、二宮尊徳については道徳実践の面を高く買っている。尊徳は江戸後期、小田原藩に取り立てられ、藩士の家の生計の立て直しや知行地の民衆救済事業に力を発揮したことで知られていた。

内村鑑三が札幌農学校で新渡戸稲造とともにキリスト教に目覚め、"Japan"と"Jesus"の二つの〝J〟をモットーにしたといったことはよく知られているが、のちに見るように、新渡戸もまた、陽明学を土台にキリスト教を受け取った気味が強い。早くから硬骨のキリスト者として青年たちの人気を集め、のちにアジア主義に進んだ東北学院の創設者・押川方義《まさよし》、また福音主義の立場で日本プロテスタントを代表する植村正久も陽明学に親近感を示している。ややのち、陽明学は価値観の混乱期に、禅宗とともに「修養」の思想の要の一つとしての役割を果たす。[*7] 陽明学に傾倒すると独立不羈の気性を発揮しがちで、その点、警戒される。だが、王陽明は禅を学んで「慎独」の精神を唱えてもいた。なお、蔣介石が陽明学に傾倒したことが知られているが、彼は明治末に来日し、そのブームのなかで陽明学と出会ったのだった。

新渡戸稲造『武士道』

新渡戸稲造の英文の『武士道』（一九〇〇）は、序章でふれたように、明治前期日本の旧武家が身につけていたモラルを自分流に説いたもので、ジェントルマン・シップの根幹をなす気風や習慣との共通性をあたう限りとらえて述べているのが最大の特徴である。キリスト教を、いわば陽明学を受け皿として受け止めたことも、産業革命の進行に対して精神性の高さをもって批判するカーライルの著作への若いときからの崇拝も内村鑑三と共通しており、『代表的日本人』と通ずるところも多い。第一〇版（Putnam's Sons, N.Y.1905、日本では丁未出版社）で二〇％近い加筆補訂が行われ、また一九〇八年には新渡戸の友人・櫻井鷗村による翻訳も出された（丁未出版社）。のち、岩波文庫版（一九三八）の翻訳にあたった矢内原忠雄は、その〔序〕で、その雄勁にして簡潔な文体にも新渡戸へのカーライルの影響を見ている。当たっていよう。

新渡戸はカーライル『衣装哲学』(*Sartor resartus : the life & opinions of Herr Teufelsdröckh*, 1833-34)を、半ば暗誦するほど愛読したようだ。イギリスでは一九世紀後期に普通教育が普及し、若い知識人の書く英語はかなり平易になっていたが、当時にあって新渡戸の英語は、カーライル風の、いわゆる雄弁ではなくとも、一種古風な格調と論法を感じさせる。新渡戸は『武士道』の冒頭で、日本の武士道に、西欧中世に発する騎士道を意味する英語"chivalry"を当てて説明しており、伝統の遺風について説くのに、それはふさわしい文体だった。

ヨーロッパの騎士道は独立心が強く、戦闘では勇猛果敢、栄誉・礼節・誠実さを重んじ、貴婦人に仕える精神をいう。各国の近代化に伴い騎士道への関心は薄れていたが、イギリスでは一九世紀を通じて文化ナショナリズムと結びつき、騎士道を謳歌するアーサー王伝説への関心が高まる傾向にあった。新渡戸が広く欧米の教養を身につけていることも感心されたにちがいない。

その第一章〔倫理体系としての武士道〕のなかに次の一節がある。ペリー提督が浦賀を訪れて一〇年以上のち、〈日本の封建制が息を引きとろうとしていたころ、カール・マルクスは『資本論』のなかで、封建制の政治・社会システムについては、日本にだけ見られる生きたかたち（living form）を研究することで特別な利益が得られるだろう、と読者に注意を喚起した〉〔諸訳を参照した筆者訳、以下同様〕。これは、いうまでもなく、日本の封建制のみならず、それが育てた武士道にも、国際的な倫理体系の普遍性に通じるところがあるということをいうための前提的な措辞である。

たしかに『資本論』（*Das Kapital, Kritik der politischen Ökonomie*, 1867）〔第一巻第二四章、注一九二〕には、ブルジョワ的偏見によって歪められたヨーロッパの封建制の像よりも、日本の方が純粋に封建的な土地所有と小農民の経営を模範的に示しているとある。ただし、〔第一巻第三章b〕には〈もし、日本に、ヨーロッパから押し付けられた対外商業が現物地代から貨幣時代へ転換を促すなら、日本の模範的農業も終わりになる、その狭い経済的実在条件は解消するだろう〉という条がある。マルクスは、江戸時代の日本の経済は狭い一国に閉じており、対外貿易が行われていないため、貨幣経済が発達せず、地代が現物で支払われる制度が存続していると考え、それをもって「模範的封建制」と見ていたことは明らかである。

マルクスが『資本論』〔第一巻〕でヨーロッパの封建制を論じる際には、農業と牧畜の生産システムと貨幣経済の関係に視角を絞っており、政治権力との関連に及ばない。日本についても、どんな史料によったのかわからないが、同様で、マルクスは日本の江戸時代の政治＝経済システムを理解しておらず、新渡戸はそれに気づいていない。

徳川幕府の鎖国政策は、対中国・対オランダ貿易を幕府が独占することにほかならなかった。江戸中期、とりわけ老中・田沼意次の時期には対中国貿易が拡大し、日本は東アジア経済圏の一角を確実に占めていたし、貨幣経済が発達し、全国市場が展開していたことなど今日では定説だろう。それでも幕藩の権力関係の根幹をなす石高制は崩れなかった。

ここで、そもそもは幕末に日本に訪れたヨーロッパ知識人が幕藩体制とヨーロッパの"feudalism"との相似性を論じたことが長く議論の混乱を生んできたことに、われわれは注意すべきだろう。ヨーロッパ・モデルは、封建領主がローマ教皇庁や国王との契約にもとづく義務と引き換えに、その領地内に絶対的権力をふるうことを保証されるしくみをいう。時期により地域によりさまざまなケースがあり、また再編もされ、今日でも事例研究が続いているが、それと中国、また日本の政治＝経済制度は似て非なるものだった。

もともと中国で「封建」は、周代に地方権力を王権が束ねた統治形態をいい、対立概念は「郡県」で、秦代の統一権力が中央集権的に中央から地方に長官を派遣した形態を指していた。中国は北方騎馬遊牧民の侵入を受け、分裂と統一を繰り返したが、統一国家では「郡県」が採られた。

日本の場合、「戦国時代」と呼ばれる国家分裂時代を治め、中央統一政権を築いた徳川幕府は、国際的に比類のない幕藩二重権力体制をとった。主従の契約によって権力関係が成り立ち、上位権力が下位の内部をコントロールしない点は、ヨーロッパ・フューダリズムと似ているが、以下の三点で相違があった。①幕府の権力はタテマエ上、皇室から預かったかたちだったこと。②幕府が取り潰しや国替えなど、諸大名の生殺与奪の権力を握り、諸藩（武士集団）とその領地の管理運営を委任するかたちをとったこと。③幕府の諸藩に対する税は金納ではなく、土地の生産力を見積もり、あらかじめ決めた米の石高によるものだったこと。諸藩は領地から年貢米を集め、幕府に納め（大坂）、再分配を受けて藩とその領地を経営するしくみだった。

この③が世界で初めて、諸藩の大名等武家が金融業者から信用借りすることを可能にした。また①のタテマエを成り立たせていた名分の認識が頼山陽『日本外史』（一八二七成立。二九刊行）によって俄かに拡がったことにより、公武合体、大政奉還から倒幕に進んだのであれば、大政奉還の時点で、古代の郡県（中央集権制）に戻すことは決まっていたのと同じだった。[*8] それが一八七二年一一月二八日、徴兵告諭において、四民平等とともに宣言されたことは先に述べた（七〇頁）。

新渡戸は『武士道』〔第二章　武士道の淵源〕で、その多元的性格を説き、仏教、神道、陽明学をあげている。戦闘に臨んで動揺しない心を養うのに、中世に日本に渡ってきた禅宗の修行が大きな役割を果たしたことはまちがいない。鎌倉幕府を開いた源頼朝は毎月一日に、鶴岡八幡宮に詣でることを欠かさなかったから、武家の八幡信仰も揺るがない。その八幡神への信仰は、一面、武家を王朝秩序から解放した。盛岡（南部）藩では藩主の祖先の霊を祀っていたはずである。にもかかわらず、新渡戸は神道崇拝すなわち皇室に仕える気風としている。これは明治期の風を承けたものであろう。

新渡戸『武士道』よりのちの刊行だが、先にあげた井上哲次郎らの編になる『武士道叢書』〔上巻〕では、本篇に先立ち、扉に『万葉集』〔巻一八〕より、大伴家持の長歌「賀陸奥国出金詔書歌」から〈海ゆかば水づく屍《かばね》、山ゆかば草むす屍〉を含む一節をあげている。〈大君の辺《へ》にこそ死なめ顧《かえり》みはせじ〉とつづく。大伴家持は、一一世紀末、白河院が警護のために「北面の武士」を抱える以前、言い換えると「武士」身分の祖型が形づくられる、はるか以前の八世紀半ば、ヤマト朝廷に仕える武人《もののふ》を率いる氏族の長、氏上《うじのかみ》の地位にあった[*9]。

新渡戸は、また神道の教義こそが〈君主に対する忠誠、祖先に対する尊敬、親に対する孝行〉を教え込み、これによって〈武士の傲岸不遜な性格に服従性を与えた〉という。これにも疑問が湧く。神道は、潔斎して神を迎え、供食する行事が祭祀の本体であり、教義らしい教義を欠いている。それゆえ古代ヤマト朝廷は、忠誠や孝行には儒学を借り、また祖先崇拝や蝦夷を服属させるためにも仏教を借りたのである[*10]。

新渡戸のいう〈服従性〉にあたる意味の語に、上代の史書に現れる「清明」がある。朝廷に対して「ふたごころ」ないという意味でだけ用いられている。神道家が好んで用いる「清き明き心」は、公明正大さに通じる「すがすがしさ」をいうが、漢詩に登場する「清明」を借りたものだろう。元来は中国で春の先祖祭の節日、清明節をいう民間道教系のものである。奈良朝は節気の行事を入れはじめたが、祖先の祀りは仏教に委ねたため、清明節の習慣は本土には根づかなかった。[*11]

そして、そこに〈神道の自然崇拝は国土をば我々の奥深き魂に親しきものたらしめ、その祖先崇拝は系図から系図を辿って皇室を全国民共通の遠祖となした〉という一文がある。この後半の「全国民」という観念も、一八六二年に、盛岡（南部）藩主の用人の三男に生まれた稲造が幼時から身につけていたものとは考えにくい。盛岡藩では、藩の歴史と格の高さを誇る意識が高かったが、幕末には奥羽越列藩同盟に加わり、維新を「朝敵」と難じられる側に立って迎えた。減転封を受け、やがては城も廃された（一八七四年）。維新の風は、負け組の武士の子弟にはことのほか厳しかった。稲造が早くからキリスト教に親炙し、若くして洗礼を受けたことにも、その時勢による屈折がはたらいていたはずである。

先の引用の後半〈その祖先崇拝は〉以下の考えは、先にふれた東京帝大法学部教授、穂積八束の『国民教育 愛国心』（一八九七）が冒頭で打ち出した「血統国体」論を承けたものだろう。比喩を用いていう、いわゆる家族国家観より、一歩進んで「血」の同一性に踏み込んでいる。稲造にとっては、これこそが旧幕府方意識を払拭し、臣民の平等を保障してくれる観念だったのではないか。

『武士道』〔第一章武士道の淵源〕で、新渡戸は「神道の教義」は「愛国心」と「忠義」

を含むものとし、「民族信仰」とまとめあげてゆくが、その途中、フランスの政治学者、エミール・ブートミーが『国法の研究』（*Études de droit constitutionnel*, 1888）[12]で〈イギリス王室が権威のイメージであるのみならず、国民統合の創造者にしてシンボルである〉と述べているといい、そして〈これは日本の皇室について二倍も三倍も強調されるべきである〉と結んでいる。ブートミー『国法の研究』はフランス人に、フランスと大英帝国、アメリカの国法と主権の在り方のちがいを説いた書物で、大英帝国については先例・習慣の総体をもって不成文法、すなわち「法典なき国法」とし、もともとの王室の絶対的権力が次第に人民の側に移ってきた経緯、また植民地や連邦の関係などにも言及している。フランスとの対比で、古くからのイギリス王室の権威が国民統合にはたらいてきたことはいうが（第三編三章）、それを意義として積極的に打ち出しているわけではないし、シンボルの語も用いていない。日本の武士道が神道を中心にした習慣法や倫理の束であるとする新渡戸流の説明によく見合う解釈をイギリス国法とその王室のあり方に与えているのだ。

次に新渡戸は、武士道の淵源の一つとして儒学の説明に入り、ここで陽明学が前面に出る。宋学（新儒学）は禅宗とともに日本に運ばれたが、陽明学は明代に起こったもので、王陽明『伝習録』の渡来は一六一四年とされる。あくまでも平和な江戸時代の儒者に尊重されたので、「武士道」の淵源に数えるのは適当ではない。新渡戸は『武士道』では、儒者としては江戸中期に京都で陽明学を講じた三輪執斎をあげているだけだが、のちの『修養』（実業之日本社、一九一二）では、佐藤一斎や西郷隆盛をしばしば引いている。『武士道』〔第五章 仁、惻隠の心〕では、孟子の説いた「仁」が武士道の根幹の一つとして解説される。惻隠の情は、幼児が井戸端に寄っていったら誰でも心配になり、助けようとする気持ちになるというもので、ほとんど「愛」と同じ意味である。そして新渡戸は専制政治には絶対反対だが、封建制はそれとはちがうという。ここでも上杉鷹山がとりあげられ、人民のための君主という概念が幅を利かせる。ヨーロッパの厳父的な君主と比較して、東洋の封建的父権制に、いわば慈父としての父親のイメージを付与している。先に見た内村鑑三が封建制を理想の政治に近くなるといっていたのと共通する。

日本の場合、江戸時代を通じて、諸藩の藩儒は幕府に対抗して「封建」をよしとする傾向があったことは否めない。が、なぜか、「封建」の語が四民秩序と混同して議論される傾向があり、しばしば曖昧であった。ただ維新後、もと幕臣で一時期、大蔵省翻訳局に勤めていた田口卯吉が『日本開化小史』（自費出版、一八七七）で、日本では、それなりに古代から次第に文明開化が進んできたという歴史観を披瀝し、そのなかで地方分権の意味で「封建」の美点を押し立てていた。これなども彼らの記憶に新しかったと思うが、その影響は未詳とするしかない。

新渡戸『武士道』は、そのほか武家の女性のなぎなた（薙刀）にも言及するなど、西洋知識層に対する濃やかな配慮に満ちている。が、述べてきたように、あくまでも直接は英語圏の知識人に向けて、彼が考えた「武士道」像だった。[*13]

志賀重昂『日本風景論』

日清戦争期、ナショナリズムの高揚のただなかで政教社の論客・志賀重昂が日本の景観美をうたった『日本風景論』（政教社、一八九四年一〇月）はベストセラーとなった。その年一二月に再版、翌年三月に三版。エディションを替えるごとに表紙を替え、内容を補塡し、とくに三版まではかなりの改稿があるという。[*14] 一八九六年、八版で版元を替え、一九〇三年、一五版でも版元を替え、定価を五〇銭から九〇銭に替えた。クロース装（二種）を刊行して終わっている。

志賀重昂は、維新期に佐幕方についた岡崎藩の藩儒の長男に生まれ、東京大学予備門から札幌農学校に転じた（五期生）。卒業後は職を転々とし、海軍兵学校の練習船・筑波に乗って南洋諸島を見てまわり、帝国主義支配が植民地の景観を破壊することに対して『南洋時事』（一八八七）などで警鐘を鳴らし、東京専門学校の地理学者として注目を集めていた。志賀の地理学は、イギリス産業革命による山林伐採の進行に対して、植林や自然保護をふくむナチュラリズムや博物学の成果を蓄積して成立した人文地理学の要素を加味したものだった。

日本の気候、海流、動植物が変化に富み、水蒸気の多い多様な景観をつくっていること、その風景美が〈朝鮮、支那〉に勝ると称賛し、ことに火山の活動が活発なこと、火山岩が雄壮な風景をつくっていることを力説する。江戸時代のものを中心に日本の詩歌、文章を取り混ぜ、漢文書き下しのリズムを残す名調子で知られる。とくに江戸時代には漢詩・和歌・俳諧をとりまぜた紀行文が盛んで、また貝原益軒にはじまる実地主義の景物や風俗の描写、本草などの観察もあふれていたから材料には事欠かなかった。

『日本風景論』について、その科学性と伝統的知識との関係は、それを評価する人の教養によって相当の開きが見える。志賀重昂の水蒸気の礼賛は、『孟子』にいう「浩然の気」、宇宙に漲る「気」が集まるゆえに日本は神国であるとうたった幕末の水戸藩の藩儒、藤田東湖の漢詩「和文天祥正気歌」（文天祥正気歌に和す）を彷彿させる。水蒸気の循環する様子は、すでに寺島良安編『和漢三才図会』（一七一二〔正徳二〕）が巻頭で朱子学系の知識から説いており、江戸時代の庶民も知っていた。鈴木牧之《ぼくし》『北越雪譜』（一八三七〔天保八〕）にも巻頭に登場する。

『日本風景論』の（二）〔日本の火山『名山』の標準〕では、まず、春日潜庵という明治初期の陽明学者の言より、〈能《よ》く大極の妙を悟り、胸中に造化を融会する〉を引き、〈人性を点化し、高邁にし、神聖にするもの実に山岳に過ぐるなく〉云々という。〈胸中に造化を融会する〉は、陽明学で胸中に全宇宙を納めるという言を承けていよう。「点化」は新たにすること。山岳を胸のなかに呑みこむことによって高邁にして神聖な人格を得ようというのである。そして、この条は、のちに次のように変奏される。〈人間に在りて自然の大活力を認識せんと欲せば、之れを看破するに過ぐるなしとす、請う往きて火山に登臨せんか〉。[*15]〈活力〉はエネルギーの訳語。「浩然の気」が「自然の大活力」に翻訳され、自然の偉大なエネルギーが活発に活動しているのを認識したいと思うなら、火山に登ってそれに接するのが一番だという。

儒学では地震も地中の陽の気のはたらきと説いていた。このように「自然のエネルギー」が活発に現れていることを〈男性的〉とし、国民の活発さを論じるのが『日本風景論』の最大の特徴である。度重なる火山活動の被害を憂うるより、そのエネルギーを我が物にせよとは、なんとも勇ましい。ただし、ナショナリズムを鼓吹しても、この徳川譜代の藩儒の子は天皇には言及しない。

しばしば『日本風景論』には科学知識に誤りがあるともいわれるが、日本に火山が多いことをもって風景美が〈朝鮮、支那〉に勝るというのは勇み足が過ぎよう。中国にも巨大火山帯は多いし、朝鮮と中国の国境をなす白頭山(中国では長白山)は標高二七〇〇メートルを超す巨大な火山で、一六〇〇年ころの大噴火の記録も残っていた。ただし、専門の調査は行われていなかった。[*16]

地理学者でもあった内村鑑三は、この札幌農学校の後輩の著書に書評を寄せ、「日本のラスキン」と称えた。ヨーロッパのアルプスの美をうたい、「美を自然に読む」眼を文明世界に開いた人、自然を科学する目をあわせもつ人として、イギリスのジョン・ラスキンと志賀重昂に共通点を見たのである。この内村鑑三の書評は、日本の作家たちのあいだにラスキン・ブームが起こる一つのきっかけになったかもしれない。

『日本風景論』は、また日本人登山家たちを育てる役割を果たした。〔登山の気風を興作すべし〕などの章を設け、若者を登山に誘っている。イギリス国教会伝道協会の宣教師として来日した、ウォルター・ウェストンらによってアルピニズムが導入された時期である。翌年、ウェストンの『日本アルプス 登山と探検』(*Mountaineering and Exploration in the Japanese Alps*, London, John Murray, 1896) がイギリスで刊行される。一九〇五年に山岳会が創設され、翌年には機関誌『山岳』を創刊。その創立メンバーで、山岳紀行文に活躍する小島烏水らが『日本風景論』に感激したことを回想している。*17

志賀重昂は一八九六年に政界にかかわり、翌年には松方正義内閣の農商務省山林局長、九七年には第一次大隈重信内閣の外務省勅任参与官として、南鳥島の領有に尽力、秋の内閣総辞職で下野して、伊藤博文の立憲政友会に入り、二回衆議院議員に当選している。体制派に転向した感があるが、山林局長のときには内閣批判をやって懲戒免職にあっているから反骨精神は保っていたのだろう。とくに山林局長の椅子に座ったことは、志賀重昂の視座を変えたと思われる。

この間、政教社から『山水叢書 河及湖沢』(一八九七) を刊行し、山林保護の思想なども展開している。山・川・森を治めることを国土経営の基本にすえる教えを説いた熊沢蕃山の晩年の著書『集義外書』(一七〇九)を絶賛している。熊沢蕃山は岡山藩に仕え、農民の子弟を教える閑谷《しずたに》学校を開くなどしたが、新田開発は抑えた。が、その政策は幕府の林羅山から睨まれ、藩内でも立場が悪くなって、所払いにされた。志賀重昂のいう山林保護の伝統は、いわば、それが踏みにじられてきた「伝統」でもあった。この『山水叢書河及湖沢』も再三、重版を見たといわれる。

明治日本でも、禿山が増え、洪水が多発したことは先に述べた。また足尾銅山は、江戸時代に銅山としてにぎわったが、生産量が落ち、国有化ののち、払い下げを受けた古河資本が大鉱脈を掘り当て、日本最大の銅山として輸出にも貢献、殖産興業の旗頭だったが、そこから出る排気、排煙が付近の山林を枯らし、排水による汚染が渡良瀬川の中流域まで及び、魚貝類や付近の田畑にまで被害が拡がっていた。政教社は早くから、この鉱毒問題に取り組んでいたので、志賀重昂は「伝統の美風」を訴えたのである。

国会議員の職を辞して鉱毒被害を訴える先頭に立った田中正造は、渡良瀬川の流域一帯の洪水被害を調査し、洪水によって下流域の土地の栄養が保障されること、河口付近の漁猟にもそれが及ぶこと、その自然循環を明らかにした(「流毒の根元を途絶し、天産を復すべし」『警世』第二二号、一九一一年九月)。もちろん、鉱毒によって、それがまったく逆になったことをいうためである。

山村の庄屋層に下流域への影響をたえず念頭におく知恵が伝承されていたことが背景にあろう。鉱毒反対運動が栃木・茨城両県の県会議員層をふくんで展開しえたのは、その知恵が「伝統の力」として働いたからだろう。明治政府は古河資本を守り、鉱毒を溜池に沈殿させ、中下流域に流さない方式で、事態を乗り切った。[*18]

ちなみに一八九七年には「百姓一揆の大流行」とまでいわれるほど多くの小作争議が勃発した。小作人たちは自己の生活と小作権を守るため組織を結成してゆく。この時期から大正期にかけての農民運動には「反資本」の旗が高く掲げられている。一口に小作争議というが、個々のケースでは、庄屋層がどちらにつくかが決定的な役割をはたす場合を散見する。なお、小作争議の件数と過激化するケースが増えるのは、一九二〇年代に入って、労働争議が沈静化に向かってのちのことである。だが、山林破壊を抑止する「伝統」の知恵は、その後の日本から失せていった。[*19]

注

＊1　『文選』に引かれた司馬遷『報任少卿書』の一節〈人固有一死。或重於泰山、或軽於鴻毛。用之所趨異也」(人、もとより一死あり。あるいは泰山より重く、あるいは鴻毛より軽し。用の趨く所異なればなり) を改作したもの。泰山は山東半島の神山、鴻毛はオオトリの羽根。もとは、死が用い方次第で全くちがう役割を果たす、という意味。

＊2　引用はそれぞれ四〇頁、一三三頁より。ともに初出未詳。加藤弘之が帝大総長を退いたのち、一八九五（明治二八）年七月、宮中顧問官に就いたころのものと推測される（わたしはこれまで憲法発布のころと推測してきたが、権力が上から下へ委譲されることを説くトーンとは異なっており、ここに訂正する）。

＊3　今日では、鹿ケ谷の陰謀も、後白河による延暦寺攻撃の命令に清盛が従いたくなかったため、後白河の近臣に狙いを定めて清盛が仕立てたフィクションではないかと疑われている。

＊4　八咫鏡《やたのかがみ》・天叢雲剣《あまのむらくものつるぎ》（草薙剣《くさなぎのつるぎ》）・八尺瓊勾玉《やさかにのまがたま》の三点セットが皇室の正統である帝の証になる形代（レガリア）とされていた。『吾妻鏡』は一一八五（元暦二）年の壇ノ浦の戦で、安徳天皇が入水し、草薙剣は水没したとしており、後鳥羽天皇は三種の神器が無いまま、後白河法皇の院宣により即位したとする。形代であり、そののち、いつのまにか具備されたと推察されよう。

＊5　久米邦武は立教学校（のち立教大学）、また東京専門学校に移り、史学を講じた。

＊6　「封建」の語義については、本章注＊8を参照。

＊7　三宅雪嶺『王陽明』（一八九三）を皮切りに、陽明学を称揚する書物は吉本襄『陽明学』（一八九六－一九〇〇）、高瀬武次郎『日本之陽明学』（一八九八）、『陽明学階梯精神教育』（一八九九）、井上哲次郎『日本陽明学派之哲学』（一九〇〇）、『王陽明詳伝』（一九〇三）、宮内鹿川『陽明学講話』（一九〇七）などが相次いで刊行され、これらが修養ブームのなかで陽明学が浮上する下地をつくったと考えられる。東正堂《ひがしせいどう》（敬治）らが雑誌『修養界』（一九〇七年創刊）を刊行し、陽明学の普及を図った。禅の場合は精神集中し、心を無にする修業が奨められるが、陽明学の場合は心の不正をとりのぞき、良心を発揮することが説かれる。これは王守仁が数え三七歳で、こ

とばも通じない僻地、貴州竜場駅に流されたときに得た「竜場の大悟」によるもの。「聖人の道は、吾《わが》性に自足している。かつて自分が朱熹の格物《かくぶつ》論にならって、事物に理を求めたのは誤りであった」とし、『大学』〔第一段二節〕にいう「格物致知《ちち》」は、心の働きの不正を去り（物を格《ただ》し）、良心を発揮する（知を致す）という意味だと新しい解釈を示した。

＊8　とくに第二次世界大戦後、マルクス主義が盛んになったことが手伝い、「封建」の概念をめぐっては、国家体制・政治＝経済システム・四民の職分・家父長制の四つの制度にわたって概念が入り乱れたまま、いまだに議論の混乱が続く。鈴木貞美『歴史と生命――西田幾多郎の苦闘』（作品社、二〇二〇）〔第四章6節〕を参照されたい。

なお、日本の「封建」については、ヨーロッパ・フューダリズムとの相違の認識は進んでいたらしい。が、それをアマチュアの見方と切って捨てた人がいる。京都帝大の歴史学教授・原勝郎は『日本中世史』（一九〇六）において、中国文化の影響を受けた古代の貴族の政治・文化が民衆から遊離し、退廃の道を歩んだこと、それに対して、鎌倉時代の武家政治の開始をもって〈日本人が独立の国民たるを自覚せる点に於て、本邦史上の一大進歩を現したる時代なることは疑ふべからざるの事実なり〉と述べ（『日本中世史』平凡社、東洋文庫、一九六九、九頁）、さらに「足利時代を論ず」（『藝文』第三年第十一号、一九一二）で、足利時代を「日本のルネッサンス」と呼ぶなど論考を重ねた。

そして、日本が国際連盟の常任理事国の椅子の一つを占めることになった一九二〇年、名士の集まりである、大和会の肝煎りで刊行された英文の小冊子 *An introduction to the history of Japan*（Yamato Society publication G.P. Putnam's Sons, New York 1920）通称「日本通史」で、海外の

「アマチュア」の歴史家たちが徳川幕府の制度（Shogunate）をヨーロッパ中世の“feudalism”とは〈似てもにつかない〉と見ているのは全くの誤りであって、日本の歴史が「世界史の縮図」（miniature）を辿ったとみることを科学的（scientific）な見方としている。

　そこで日本の歴史学のプロフェッショナルが提出するスキームは、地域のちがいを超えて古代貴族政治が崩壊し、各地を封建領主が治める“feudalism”の「試し」（test）を経て、専制君主制（monarchy）にせよ、民主制（democracy）にせよ、よく組織された中央集権政治（a well-organized political centralization）に至る道筋を通るというもの。ここでは政治体制を超えていわれる〈世界の文明国に一般的に見られる〉〈よく組織された中央集権政治〉の基準が示されておらず、分析者の恣意がまかりとおる「法則」である。一八世紀以降のことと考えても、刊行時までに潰え去った大帝国はいくつもあるし、逆に、アメリカ合衆国は封建制を経ているか、という疑問も生じよう。

＊9　のち、一九三八年、信時潔がNHKの委嘱により国民唱歌「海ゆかば」に作曲、あまねく知られた。それはのち、対米英戦争の敗退局面で、大本営が太平洋の島々の部隊の「玉砕」をラジオを通じて伝える際、冒頭に流されたことによる。

＊10　『日本書紀』〔斉明天皇五（六五九）年〕に、甘樫丘《あまかしのおか》の東の河原に須弥山を造って、陸奥と越《こし》の国の蝦夷を饗応したとある。服属儀礼に朝廷が世界を掌握していることを示す象徴として須弥山を選んだのである。大仕掛けであったろう。やや下って『日本書紀』〔持統天皇三（六八九）年正月条〕には〈越蝦夷沙門道信に仏像一体を賜う〉（賜越蝦夷沙門道信仏像一軀）と見える。この〈越〉がどのあたりかわからないが、「蝦夷」にも仏門に入る人が出ていたのだろうか。こ

のとき、朝廷は、仏具のほかに鍬と鞍なども下賜している。

＊11　鈴木貞美『歴史と生命――西田幾多郎の苦闘』（前掲書）〔第四章五節〕を参照。清明節は沖縄では定着しているが一八世紀に入ったといわれる。

＊12　ブートミー著『英米仏比較憲法論』深井英五訳（民友社、一八九三）、またはダイセイ英訳、岡松参太郎重訳（八尾書店、一八九四）のどちらかを参照したものだろう。

なお、新渡戸稲造『武士道』（佐藤全弘訳、教文社、二〇〇〇）六二～六三頁脚注に、Inazo Nitobe *Japan; Some Phases of her Problems and Development*（Ernest Benn 1931, Chap.4 sec.1）にも同様の天皇規定があり、『日本国憲法』制定時に参照されたと推察されている。わたしは象徴天皇制のアイデアは、日本の降伏条件に立憲君主制は認めてよい、と内諾していたアメリカの側からは持ち出しにくいと推測していたが、再考すべきかもしれない。『歴史と生命――西田幾多郎の苦闘』（前掲書）三三二頁を参照。

＊13　なお、新渡戸稲造は、札幌農学校教授、台湾総督府技師、京都帝大教授、第一高等学校校長を歴任、東京帝大経済学部で根本的にはピューリタニズムの精神に立つ植民地政策を担い、日本が国際連盟常任理事国になったときには、連盟事務次長を務めるなどし、国際的に活躍した。だが、一九三一年、日本が「満洲国」の独立に走り、一九三三年連盟脱退を通告し、国際関係を再編させた。晩年は失意を抱えて生きざるをえなかった。そういってよいだろう。

＊14　皆川完一『覆刻 日本山岳名著』〔解題〕日本山岳会企画編集、大修館書店、一九七八を参照。

＊15　『志賀重昂全集4』志賀重昂全集刊行会、一九二八、五一頁、五三頁。

＊16　本格的な調査は、一九三二年に今西錦司を隊長に京都帝大白頭山遠征隊が編成されてなされた。

日本で初めて未調査地の観測や採集を伴う組織的探検で、しかも冬季に行われた。朝鮮側から翌年一月七日に最高峰の登頂に成功。なお今日、『日本風景論』には、バジル・ホール・チェンバレンとW・B・メーソンの共著 *A Handbook for Travellers in Japan*（John Murray, 1894、これは、アーネスト・サトウ *Handbook for Japan in Central & Northern Japan*, 1884 の改訂版）やジョン・ラバック『自然美とわれわれの棲む世界の驚異』（*The Beauties of Nature and the Wonders of the World We Live in*, 1893）などからの引用が指摘されている。

*17　アルピニズムは、博物学にも及んだ。まず三好学、牧野富太郎編の『日本高山植物図譜』二巻（一九〇七、〇九）が刊行され、植物採集のブームが到来する。昆虫採集はそれを追いかけるかたちだった。鳥羽源蔵『昆虫標本製法』（一八九九）が啓蒙書の役割を果たした。

*18　この事件の加害責任が古河鉱業にあると認められたのは一九七四年で、「百年訴訟」と呼ばれる。熊本県八代海の水俣病の加害責任が旧日本窒素肥料に認められるようになった後のことだった。

*19　なお、山林皆伐方式への反省は、一九二〇年代にドイツ式のナチュラリズム——針葉樹を縞状に伐採し、空き地に自然に針葉樹が育つのを待つ方式——の試行に入るが、日本では雑木が生い茂ってしまうため、なかなかうまくいかなかったという。むろん、需要は伸びる一方だったが、樺太や満洲など海外植民地があったためにパルプ材などは補給できた。間伐材の利用などに転じて、日本式ナチュラリズムが定着するのは、第二次世界大戦後のことと四手井綱英『日本の森林——国有林を荒廃させるもの』（中公新書、一九七四／復刻版一九九九）は記している。四手井綱英は「里山」を学術用語にし、また広める役割も果たした。この節、鈴木貞美『日本人の自然観』（作品社、二〇一八）〔第一〇章二節〕を参照。

第三章　日本の生命主義、その出発

生命主義の国際的台頭

二〇世紀への転換期、国際的に「生命（原理）主義」の思潮が巻き起こった。英米仏では「ヴァイタリズム（ヴィタリスム）」（vitalism,vitalisme）と呼ばれ、フランスではアンリ・ベルクソン、アメリカではウィリアム・ジェイムズ、ドイツでは「生の哲学」（Lebensphilosophie）の流れ、ルドルフ・オイケン、ゲオルク・ジンメル、ヴィルヘルム・ディルタイらがあげられる。ユダヤ＝キリスト教の神、すなわち、世界の外部に立ち、世界を創造した絶対的超越神に代えて、「生命」（life, vie, Leben）なる概念を世界原理とするところから、自然科学の台頭により、また「宇宙の意志」を原理とするアルトゥール・ショーペンハウアーや「神は死んだ」と宣言したフリードリッヒ・ニーチェの影響下に展開したものといわれてきた。

だが、少し踏み込んでみると、その思潮のキイワードは「宇宙の生命」ないし「普遍的生命」（universal life）であることに気づく。物理学では宇宙の運動のおおもとにエネルギーを考えるエネルギー一元論（還元主義）の影が大きく、人間の精神的エネルギーの価値を高く評価する立場には「生命エネルギー」（vital energy）の語が頻出する。ベルクソン『創造的進化』（*L'èvolution créatrice*, 1907）では、“vital énergie”が物心両面を統一する原理とされ、その突発（élan vital）により世界が創造的に進化すると説かれる。生物学では、ドイツのエルンスト・ヘッケルの「万物有生論」、ハンス・ドリューシュの「新生気論」(neo-vitalism) の影響が拡がってもいた。

他方、レフ・トルストイは、ロシアの農民たちがキリスト教の神への信仰を生活の根幹においていることを「神は生命である」と唱えていた（第九章でふれる）。またベルギーのフランス語圏の詩人で、劇作家のモーリス・メーテルランクはエッセイ「ラ・ヴィー・プロフォンド（深い生命）」(la vie profonde, 1894) で〈万有より神に至るまで善良にして聖なるものの凡《すべ》ての源は、かの余りに遠い星々に満ちた夜の後に隠されてある〉（豊島与志雄訳）と神秘的な生命観を述べていた。これらはヴァイタリズム哲学とは呼ばれないが、これらが乱反射していたととらえてこそ、二〇世紀前半の生命主義（Life-centrism）の全容が見えてくるし、その個々の思想を相対化できる。

日本では、日露戦争後、魂と地上の生存の救済が問われる時代に、それら同時代の諸潮流を受け取りながら、「生命主義」が、より多彩に、より盛んになった。神・儒・仏・道教の伝統思想を基盤として受容し、組み換えながら展開したからである。

その一例をあげる。徳冨蘆花が東京世田谷の千歳村に「美的百姓」を名のって晴耕雨読の生活を送りながら綴った随想『みみずのたはごと』（一九一三〔大正二〕）から「食われるもの」の一節。

優勝劣敗は天理である。弱肉強食は自然である。宇宙は生命のやりとりである。……畢竟《ひつきょう》宇宙は是《これ》大円。生命は共通。強い者も弱い。弱い者も強い。死ぬるものが生き、生きるものが死に、勝つ者が負け、負ける者が勝ち、食う者が食われ、食われるものも却《かえつ》て食う。般若心経に所謂《いはゆる》、不増不減不生不滅不垢不浄《ふくふじょう》、宇宙の本体は正《まさ》に此《これ》である。

チャールス・ダーウィンの生物進化論を生態系の循環と見て、仏教の考えを、ともに「天理」と見なし、ないまぜにしている。〈不増不減不生不滅不垢不浄〉は、現象のすべてを空と見る「色即是空」と同じだが、『無量寿経』のように、宇宙の「生命」の総量を無限とするならまだしも、「生命」の一定量などという考えが仏教にあるはずがない。これは、宇宙のエネルギー量は一定不変とする「エネルギー保存則」を重ねているのだ。自然科学と観念論が容易に統一されてしまうのが生命主義の特徴であり、また危うさだが、よく考えてみると、このような考えは、当代の日本でしか生まれようがないものだった。『みみずのたはごと』は、一九二三年の関東大震災までの一一年間に一〇八版を重ねるロングセラーとなり、一〇万余部を売ったという。当時の日本の民間哲学の代表例と見てもよいようだ。

またニーチェの翻訳紹介などに活躍した生田《いくた》長江《ちょうこう》は『超近代派宣言』（一九二五）の巻

頭、工業化社会に対して重農主義を訴える「『新しい』『旧い』の問題」で〈大抵の人々は此世界が、此宇宙に遍満するところの大生命が未完成から完成へ向つての途にあると云ふ風に考へることを、強《あなが》ち拒否しようとしないであらう〉と述べている。日本における生命主義の拡がりは確認されよう。

その日本的生命主義の端緒が開かれたのが日清・日露戦争間期だった。その様相を見ておきたい。*1

北村透谷「内部生命論」

北村透谷は、政府が国会開設と憲法制定に向かったため、朝鮮革命など過激な方向に走りはじめた自由民権運動から離脱し、文芸の道に生きがいを求めていった。日清戦争に向から時期、横浜のクエーカーの教会を手伝い、非暴力主義に共鳴し、当時、ほとんど見られなかった非戦の姿勢をとった（一八九二〜九三年）。彼が率いた『文学界』同人たちの多くがキリスト教に親しんでいたことから、透谷の思想は長くキリスト教寄りと考えられてきたが、実際はかなり早くからエマーソンの超絶主義（Transcendentalism）に傾いていた。

インド哲学に接してキリスト教の牧師を辞めたエマーソンは「宇宙の大霊（Over-Soul）」を信奉し、それを呼吸し、一体化する詩人のことばは普遍性をもつと説く。その気宇壮大な考えに惹かれた明治期知識人は国木田独歩をはじめ、かなりに及んだ。が、透谷ほど心酔した人はいないだろう。

透谷が一八九四年五月半ばに歿する三週間ほど前、その著書『エマルソン』が民友社から「十三文豪」シリーズの一冊として刊行された（北村門太郎名）。冒頭に、エマーソンを崇拝すると明記され、第四章〔自信論〕では〈生命は彼の心霊なり、心霊は彼の生命なり、生命の外に人生なく、心霊の外に事実なし。その事実あるは心霊の繋《つな》がるが故なり〉と記し、端的に〈唯心的神秘的の哲理〉〈吾人の上に臨《のぞ》める永遠の福音〉と述べている。

北村透谷「内部生命論」（一八九三年五月）は冒頭近く、人間は造化（自然）にしたがうだけで満足できるはずはないといい、〈人間果して生命を持てる者なりや〉と問う。そして、その〈人間の内部の生命〉を〈再造〉するのは〈宇宙の精神即ち神なるもの〉への感応、インスピレーションによるという。

ここにはクエーカー派の影が射していよう。クエーカー（Quaker）は、神の訪れを感じて身を震わすことに由来する名で、「異端」とはされないが、圧迫を受け、イギリスから新天地アメリカに移住し、開拓民となって原始林に分け入り、神の訪れに感応した。が、インスピレーションは受けても、人間の〈内部生命〉が絶対的超越神とつながるとは考えないし、創造主を「宇宙の精神」ともいわない。*2 透谷はすでにエマーソンの感化を受け、その超越論的哲理が、キリスト教とは一線を画することも、よく承知していたであろう。エマーソンの著作に“life”の語は頻出しない。が、透谷は「内部生命」といい、しかも心のうちに「内宮」、心内の部屋のような空間を想定している。わたしが未だ、他に出会ったことのない考えである。

北村透谷のスピリチュアリズムは、東洋の精霊が活躍する謡曲を土台にした詩劇「蓬萊曲」（一八九一）や、土地の神や風の神をうたうロマンティックな訳詩にも知れる。同人雑誌『文学界』に所属した人々にも同様の傾向は認められ、日常習慣を重んじるメソジスト派に属する山路愛山からは唯心論と非難されていた。

それに対して透谷は〈吾人の中に或は唯心論に傾き、或は万有的に傾くものあるを責むる勿《な》かれ、吾人は人間の根本の生命に重きを置かんとするものなり〉と反駁する。「万有的」は、バルーフ・ド・スピノザの神の遍在を唱える「万有神論」だろう。ついでのように教育勅語に言及し、〈今日の僻論家〉が〈人間の根本の生命よりして忠孝を説くこと能はざりしなり〉と切り捨てている。

「内部生命論」と同じ一八九三年、透谷が「人生に相渉《わた》るとは何の謂《いい》ぞ」（二月）で西行や芭蕉を高く評価したとき、仏教とエマーソン流のスピリチュアリズムの統合を考えていたらしい。「国民と思想」（同年七月）では、日本が〈生存競争の国際的関係〉に勝ちぬくためには、〈国民の生気〉をつくりだすことが肝心であり「余はインヂビジュアリズムの信者なり、デモクラシーの敬愛者なり」と個人主義、民主主義の立場を表明しつつ、〈国民のヂニアスは（中略）根本の生命と共に、深く且つ牢《かた》き基礎を有せり〉とも述べている。

「ヂニアス」は、天から授けられる才能の意味である。進歩思想もまた国民の特質に合致してこその進歩であるという。

日本の〈国民の生気〉の〈源泉〉は〈深山幽谷の中〉ないしは〈地層の下〉にあるといい、〈剛強なる東洋趣味の上に、真珠の如き西洋的思想を調和し得る〉〈創造的勢力〉の登場を求めている。

そして「万物の声と詩人」（同年一〇月）には〈造化の最奥なるところ、之を造化の霊と言う〉とある。〈造化〉は天地自然、〈霊〉はスピリッツで〈造化は奇《く》しき力を以《もっ》て、万物に自《おのず》からなる声を発せしむ〉と述べ、宇宙を〈支配する引力の法は、即ち我を支配する引力の法なり〉、宇宙を〈支配する生命の法は、即ち我を支配する生命の法なり。渠《かれ》と我との間に「自然」の前に立ちて甚《はなは》しき相違あることなし。法は一なり。法に順《したが》うものも亦《ま》た一なり。法に順うものとの関係も亦た一なり〉と論じている。「引力」はアイザック・ニュートンの万有引力、「生命の法」はダーウィンの進化論にほかならない。なお、透谷は先の「国民の思想」では、「生命の法」を国家間の生存闘争と受け取っていた。が、その二つをどのように統合するのだろうか。まだ茫漠としたところが残っている。

透谷歿後、島崎藤村の手で『透谷全集』（一八九四）が編まれ、その考えは影響をひろげてゆく。たとえば『文学界』同人、戸川秋骨は「変調論」（一八九四）で、宇宙万有にわたる〈精気〉を説き、「活動論」（一八九五）では〈人間と宇宙にあるエッセンス即ち生命或いは活動〉と述べている。スピリッツが「生命」の語で言い替えられてゆく経緯がわかる。

高山樗牛「美的生活を論ず」など

人間の生命を生物学的な本能にもとづくものと説いたのは、高山樗牛《ちょぎゅう》「美的生活を論ず」(一九〇一)だった。樗牛は一八九三年、帝国大学文科大学哲学科に入学し、一八九五年には上田敏、姉崎正治(嘲風)らと『帝国文学』を創刊、「人生の幸福」の最大の源を「愛」に見て、近松門左衛門の浄瑠璃に書かれた「情死」こそ「幸福なる愛の最後」と論じて、人々の耳目を集めた。一八九七年、世論をリードする巨大雑誌『太陽』の主筆に起用されると、三国干渉に反対するナショナリズムに乗って、宗教を攻撃し、『古事記』にもとづく日本の道徳を確立し、自主独立の国家精神を形成せよ、と「日本主義」を鼓吹したが、それは国民の幸福を守る国家の役割を強調するものだった。

一八九八年には「ワルト、ホイットマンを論ず」を書き、ここではっきり「平民主義」をうたった。世間から非難を浴びることを承知の上で、肉欲を賛美して恐れることのない、あらゆる規範から自由な個人の精神の発露をアメリカの詩人、ホイットマンに見出した。

樗牛は一九〇〇年、ドイツ留学を目前にして突然、血を吐いて倒れた。ニーチェの歿後、その仕事を振り返るドイツでの評論が『帝国文学』に掲載されたのを読み、自然の「生命」の欲求を根本とする超絶的な個人主義の立場に近づき、「文明批評家としての文学者」（一九〇・）を書いた。その連作のようにして書いた「美的生活を論ず」（同年）では「本能」すなわち〈人性本然の要求を満足せしむるもの、茲《ここ》に是《これ》を美的生活と云ふ〉と述べ、〈人生の至楽は畢竟《ひっきょう》性慾の満足に存する〉と断言し、〈蓋《けだ》し人類は其の本然の性質に於て下等動物と多く異なるものに非《あら》ず〉という。ここに生物的本能を人間の生き方の原理とする思想が誕生した。ただし、ここでいう「性慾」とは、人間が「本性」としてもつ欲望全般（instinct desire）をいう語である。

樗牛のとなえた本能満足主義は知的青年たちに衝撃を与えた。石川啄木「時代閉塞の現状」（一九一〇、生前未発表）は「個我中心」の思想を吹きこまれたといい、阿部次郎は講演「トルストイに関する思出《（ママ）》」（一九一五）で、〈十分の同感を以って受け納《い》れることが出来た〉と述べている。だが「性欲」は"sexual desire"の意味のようにとられて、日露戦争後、「肉情」「獣欲」「肉欲」「肉感」などの語が総合雑誌や文芸雑誌に飛びからきっかけになり、「自然主義」と同義と受け取られた。むろん賛否両論かまびすしい。

そして高山樗牛は「現代を超克する」理念を追究し、ニーチェの説く「超人」に惹かれ、日本の「超人」を日蓮に見出し、家の信仰から自由な、個人の信仰を説く田中智学の日蓮主義に接近していったが、病篤く、一九〇二（明治三五）年の暮、三二歳で歿した。

岡倉天心『東洋の理想』

二〇世紀への転換期に、岡倉天心は、帝国主義戦争の予感におののく国際情勢に向かって、英文の著書『東洋の理想――日本美術を中心として』（*The Ideals of the East, with Special Reference to the Art of Japan*, 1903）をロンドンのジョン・マレー社より刊行し、日本中世の絵画こそ、崇高で平和な東洋の精神が凝縮したものであると訴えた。

それは、彼が新たな日本美術の創出運動に、いくつかの理由が重なり挫折したのち、一九〇一年、インドでベンガル州出身の詩人、ラビンドラナート・タゴールと出会い、その民族独立にかける強い信念に感銘を受けたことをきっかけに、国際的にアジアの、その代表として日本の精神性の高さを訴え、認識を改めさせることを目的に書かれたものだった。この書物は、版をかさね、欧米の東洋趣味（オリエンタリズム）や日本趣味（ジャポニスム）に刺戟を与え、日本でも総合雑誌『太陽』に――一面的にすぎるという批判をそえてだが――、また『早稲田文学』で紹介され、注目された。

『東洋の理想』は〈アジアはひとつ〉とはじまる。〈すべてのアジア民族にとっての共通の思想遺産〉として〈窮極的なもの、普遍的なものに対する広やかな愛情〉をあげ、それが〈世界の偉大な宗教の一切を生み出さしめた〉と述べている。ここにいう「アジア」は、ヨーロッパ人が中近東から東の地域を指して呼ぶ用法にしたがって、ユダヤ教、キリスト教、イスラームを生んだ中東を含んでいる。そして、その表現さるべき根本精神とは、原文では“the expression of the Spirit”、「気」の表現のことである。

〔老子教と道教——中国南部〕（Laoism and Taoism —— Southern China）の章では、中国五世紀（今日では六世紀前期とされる）の画家、謝赫《しやかく》のことば「物のリズムを通して現れる精神の生命的運動」（The Life-Movement of the Spirit through the Rhythm of Things）を紹介している。これは謝赫の『古画品録』にいう画の六法のうち、筆頭にあげられる「気韻生動」（画面に「気」が生き生きとあふれること）の翻訳である。

そして天心は〈日本芸術は足利の巨匠たち以来、豊臣時代、徳川時代にいささか堕落の兆候を示したとはいえ、ほぼ東洋的ロマン主義の理想、すなわち、精神の表現を芸術最高の努力と見なす態度を守りぬいてきた〉と断言する。〈足利時代の巨匠たち〉とは、中国の水墨画、万物の根源としての「気」の道を、天から深山を経て人里へと通わせる様式をもつ山水画を日本流にこなした京都五山のひとつ、相国寺の画僧の周文、その弟子で中国へ渡って技を磨いた雪舟らをいう。そして足利時代の芸術は〈真の近代芸術、文学的な意味でのロマン主義をひびかせるに至った〉という（佐伯彰一訳）。

これは、ヘーゲル『美学講義』（*Vorlesungen über die Ästhetik*, 1835, 歿後の編集）がゲーテ、シラーらの文芸をロマン主義の基準にしていることを踏まえている。ヘーゲルは、そこで、原始的象徴芸術（観念過剰の芸術以前の芸術）——ギリシャ古典芸術（観念と形態の釣りあった芸術的芸術）――キリスト教およびロマン主義芸術（観念が形態を超えた、という意味で、芸術を超えた芸術）という芸術の三つの発展段階を説いているが、その「芸術を超えた芸術」にあたるものとして「気」の表現を東洋的ロマン主義美術と見なしたのだ。そして、天心はいう。

美とは宇宙に遍在する生命の原理であり、星の光のうちに、また花の鮮やかなる色彩、過ぎゆく雲の動き、流れゆく水の運動のうちにきらめくものである。宇宙の大霊は、人間に相等しく浸透して、宇宙の生命を瞑想のうちに観照するわれらの前に広がる。生命存在のもろもろの驚くべき諸現象のうちに、芸術家の精神がみずからを映し得る鏡が見出されるだろう。

〈宇宙の大霊〉（the great World-soul）はアメリカの詩人、エマーソンのエッセイ「大霊」（一八四一）を思わせよう。〈宇宙に遍在する生命の原理〉（the vital principle that pervaded the universe）や宇宙の活動や活力を意味する〈宇宙の生命〉（world-life）という観念は、エマーソンのスピリッツを道教の「気」の観念で受けとめたところにつくられたと見てよい。「気」を感じ取れるように描いた絵画こそが、美の「究極的なもの」「普遍的なもの」であり、東洋の、そして日本の「美」の精髄ということになる。

天心にヘーゲルの説く精神性や生命性（Lebendigkeit）、そして東洋のスピリチュアリズムを教えたのはアーネスト・フェノロサだろう。ヘーゲル美学に接近し、哲学の教授として帝国大学に招かれた人である。彼は来日前にアメリカでエマーソンらのスピリチュアリズムについて論文を書いていた。そして、天心はイギリスのヘーゲリアンとして知られるバーナード・ボーザンケの英訳本を参照していた。東京藝大図書館に残っているそれには、天心のものらしい書き込みがあるという。

中国の山水画、とくに北宗画で、そそり立つ岩山のあいだを縫って、天から人里に「気」の通う道を通し、それを遮《さえぎ》るものを配置してはならないなどの骨法（約束）は、狩野派の粉本《ふんぽん》（手引書）『画筌』（林守篤自序、一七二一〔享保六〕）〔巻一〕に、文章でも詳しく説明されており、江戸時代には、よく知られていた。だが、霞たなびく風情を好む南宗画では、それははっきり示せない。今日では北宗画、南宗画の区別も便宜的なものとされているようだが、中国でさまざまな技法を会得してきた雪舟の絵には、その骨法をくずしたものや「真景」（実際の風景）を描いたものがあることが指摘されている。

また江戸時代、日本流の南画趣味に傾いた蕪村、西欧画の技法をも取り入れた池大雅には、その骨法を守らないものがかなりある。それ以前、桃山時代には装飾性ないしはデザイン性を強めた尾形光琳の流派が全盛をきわめていた。それゆえ、岡倉天心は〈豊臣時代、徳川時代にいささか堕落の兆候を示したとはいえ〉と留保をつけざるをえなかった。〈日本芸術は足利の巨匠たち以来……東洋的ロマン主義の理想……を守りぬいてきた〉は強弁がすぎる。

欧米人にとって、「気」の観念は異教や邪教のものである。が、日本人にとっては伝統観念のひとつで、むしろスピリチュアリズムに立つ東洋的象徴というべきだったのではないか。実際、『東洋の美術』〔明治時代〕の章、狩野芳崖や橋本雅邦、横山大観らを称揚する前のところで、天心は〈事物が芸術家に対して暗示する無限性〉〈自然の装飾的な様相における諸断片（中略）これらこそ、芸術家の意識が、まず身をひそめ、沈める象徴であり、気分であり〉云々と述べている。

ここに見える「無限性」「象徴」「気分」の語は、ヘーゲル『美学講義』が自然の「情景」（Szenen）のもつ雰囲気（Stimmung, ムード、気分情調）――たとえば嵐に逆巻く無際限の海の壮大さ、星空の静寂な大きさ――を「自然の生命」の特殊な状態と人間の心の共鳴と述べたところを土台に、景物によって喚起される「気分情調」を描くことに向かったドイツ表現主義の動きを受けとめたものだったかもしれない。ドイツ美術のセセッション（分離派）のなかでも「気分」を描く日本の絵画への評価が起こっていたといわれる。そして、フェノロサもアメリカに帰国後、象徴主義への傾きを強くしていた〔講演草稿「東洋の詩――美術との関連で」Oriental Poetry in Relation to Art, 1891〕。*3

象徴主義の台頭

ヨーロッパ一九世紀末の文芸では、「自然主義」と目されていたノルウェーの劇作家、ヘンリク・イプセンも、撃ち落とされ、野生に帰ることのできない鴨の声が舞台に響き渡り、登場人物たちが身内の野性に揺さぶられる『野鴨』（*Vildanden*, 1884）あたりから象徴主義の作風に進んだ。フランスの作家で実験医学を参照し、遺伝と環境に決定される人間像を描くと宣言したエミール・ゾラの弟子の一人、ジョリス＝カルル・ユイスマンスはペシミズムを深め、人工楽園の世界を『さかしま』（*À rebours*, 1884）に展開した。また、ドイツでは、やはり「自然主義」の作風と目されていたゲルハルト・ハウプトマンがスピリッツの活躍する民間伝承に題材をとるメルヘン調の戯曲『沈鐘』（*Die versunkene Glocke*, 1896）を書くなどした（登張竹風・泉鏡花訳、一九〇八）。[*4] そして、日本では先に述べたように、一九世紀末からメーテルランクの神秘的象徴主義の作品を森鷗外らが盛んに紹介しはじめていた。

だが、象徴の概念は、日本ではなかなかとらえにくかったようだ。バラを愛の象徴とするような表現は、ヨーロッパでは中世に盛んに用いられ、ロマン主義芸術のなかに満ちている。ロマン主義の延長といえばいえる。

そして、フリードリッヒ・ニーチェに親炙したデンマークの批評家、ゲーオア・ブランデスがラディカルな立場から『十九世紀文学主潮』(*Hovedstrømninger i det 19 de Aarhundredes Litteratur*, 1872–90) で、「ロマン主義」対「自然主義」の図式で一九世紀ヨーロッパ文芸を見渡す文芸史観を展開した。そこではエミール・ゾラがエッセイ「実験小説」(Le Roman Expérimental, 1880) で主張した自然科学的な「自然主義」の概念を拡張し、イプセンの戯曲『人形の家』(*Et dukkehjem*, 1879) など、うわべを装うブルジョワ社会の虚偽を暴く傾向をも「自然主義」に加えていた。森鷗外と歩みをともにしていた上田敏も、博文館の『太陽』臨時増刊『十九世紀』(一九〇〇) に寄せた「文芸史」(のち「一九世紀文芸史」) では、基本的に、その二項対立図式に立ち、それに象徴主義の動きを加えている。

だが、そののち、上田敏は急速に西欧象徴詩の翻訳に取り組み、『海潮音』(一九〇五年一〇月) を編んだ。が、その範囲は、かなり緩やかで、ロマン主義以降 (ポスト・ロマンティシズム) と目されるマイナー・ポエットたちの詩も多くふくんでいた。その「序」では、こう述べている。

> 象徴の用は、これが助《たすけ》を藉《か》りて詩人の観想に類似したる一つの心状を読者に与ふるに在りて、必ずしも同一の概念を伝へむと勉むるにあらず。されば静かに象徴詩を味《あじわ》ふ者は、自己の感興に応じて、詩人も未だ説き及ぼさざる言語道断の妙趣を翫賞し得可《うべ》し。

詩のことばから立ち昇る、詩人自らのことばではとうてい説明できないような「妙趣」を味わうことこそが鑑賞の要と述べている。かなり漠然としている。ヨーロッパでも象徴主義は、キリスト教およびブルジョワ社会の秩序に叛逆するシャルル・ボードレール『悪の華』(*Les Fleurs du mal*, 1857)に代表されるデカダンス(退廃)の風潮とないまぜになりながら展開していた。[*5]

その傾向を、ドイツの批評家、ヨハネス・フォルケルトが『美学上の時事問題』(*Ästhetische Zeitfragen*, 1895)の〔自然主義〕の章で、デカダンスをふくむ象徴主義の人々は〈自然主義は陳腐になった〉というが、自然の〈深秘なる内性の暴露に向かう「後自然主義」(Nachnaturalismus)は、自然の神秘に向かう象徴主義と本質を同じくし〉ているといい、「自然主義」の概念を象徴主義にまで拡張した。これを森鷗外が『審美新説』と名づけて翻訳紹介したので(『柵草子』一八九八〜九九年に連載、刊行一九〇〇年)、日本の文芸界でも、ヨーロッパ文芸では自然主義が退潮し、象徴主義の時代が到来していることが知られていった。その反響は、日露戦争後、岩野泡鳴の長篇エッセイ『神秘的半獣主義』(一九〇六)や田山花袋「象徴主義」(一九〇七)などにうかがえる。[*6]

「自然主義」の文芸を科学によって立つことのように喧伝し、だが心理学を推奨していた長谷川天渓は「表象主義の文学」(一九〇六年一〇〜一二月)で、アーサー・シモンズ『文芸における象徴主義運動』（*The Symbolist Movement in Literature*, 1899）を参照し、表象（ここでは象徴に同じ）を、普遍的意義をもつ観念を具体的な形象で表すものと定義し、『ヨハネ黙示録』（*Apocalypsis Iōannis*）やダンテ『神曲』（*La Divina Commedia*, 1307–21）、ゲーテ『ファウスト』（*Faust*, I 1808, II 1831）などを例示している。まるで宗教文芸のように受け取ってしまっている。そして、以降、「科学」を口にしなくなる。

　このような錯誤を孕みながら、一九世紀西欧文芸を総括する「ロマン主義」対「自然主義」図式は、その二項とも象徴主義へなだれこんでいったように解釈され、その対立図式は、すでに過去のものになっていた。が、先のフォルケルトのいう「後自然主義」なる観念もはたらき、概念上の混乱は続いた。

　たとえば中沢臨川『自然主義汎論』（一九一〇）は、ブランデス流のラディカリズムに立ち、ニーチェの哲学も自然主義の一翼に加えている。石川啄木が「時代閉塞の現状（強権、純粋自然主義の最後および明日の考察）」（一九一〇）の冒頭で、魚住折蘆《せつろ》の自然主義論を引いて、今日、自然主義の概念が混乱していると指摘したのは、その通りだった。[*7]

　実際のところ、一九世紀の文芸は、政治的には王党派だったオノレ・ド・バルザックにしろ、バルーフ・ド・スピノザの汎神論を信奉していたギュスターヴ・フローベールにしろ、ロマンティシズムの理念が実証主義の浸透を受けてリアルな描写を盛んにしていた。一九世紀後半では、迫真的な描写を展開するフョードル・ドストエフスキーにしても、自分の経験をもとにした「私小説」も多く書いたレフ・トルストイにしても、理念を具体的に展開する方法として、リアリズムの手法をとっていた。ロシアの作家・批評家で、デカダンスから神秘主義、象徴主義へと進んだディミトリー・メレジュコーフスキー『人及芸術家としてのトルストイ並びにドストイエフスキー』（*Л. Толстой и Достоевский. Жизнь и творчество,* 1902）（森田草平、安倍能成訳、玄黄社、一九一四）あたりから、その傾向は日本でも受容されていた。これには、西欧における象徴の価値転換がはたらいている。

象徴の価値転換

ヨーロッパで「象徴」（symbol）は、語源をギリシャ語の割符に発し、バラを「愛」の象徴とするように、形をもたない（見えない）観念を（見える）具体物に、一対一の関係で示すことをいう。東洋では、それと漠然とした暗示が入り混じってしまいがちなのは、「象徴」という概念がなかったからだろう。東アジアにも古代から神仏の像のように、象徴的表現はあった。が、北斉の魏収の撰になる『魏書』〔釈老志〕では、仏像を「カタチ」を意味する「象」の一字をもって示しているし、長寿のシンボルを「鶴は千年、亀は万年」のように対句の形をとって示す。前近代の修辞技法の概念では、アレゴリーに相当する「寓」（和語「ことよせ」）あるいは、その言いかえとしての「見立て」くらいしかなかった。

それゆえ「象徴」の語は、名作の模写に代えて、構図やタッチに個性を出す写実主義を称揚するフランスの美術評論、ユージェーヌ・ベロン *L'Esthétique*（1878）を『維氏美学』（一八八三〜八四）として翻訳するにあたって、中江兆民が新たに造語したものだった。何かの「徴」（シルシ）としての「象」（カタチ）の意味である。そこではしかし、「象徴」は「原始信仰」の偶像など、芸術的価値の低いものと見られている。

それとは対照的に、フェノロサ『美術真説』（一八八二）は、作者の観念と制作物との関係を説くヘーゲル『美学講義』にのっとって、イデアリズム（理想主義、観念論）ないしロマン主義の立場から美術の在り方を説くが、原始美術の偶像を「象徴」と見る点では同じだった。

ところが、二〇世紀への転換期に、その「象徴」の価値に劇的な逆転が起こった。ギリシャ神話など多神教は、キリスト教が邪教として排除し、半獣神や精霊（スピリッツ）が活躍する物語はルネサンス以降もタテマエとしては芸術の枠内でのみ鑑賞されてきた。[*8]が、民族独立運動の高揚に伴い、民族信仰がうたいあげられるようになり、とりわけアイルランド独立運動の先頭に立ったロンドンの詩人たちは、ウィリアム・ブレイクの遺した秘教的な詩画を発掘、賞賛し、また自然の背後に秘められた神秘や「万物の生命」（life of things）をうたうウィリアム・ワーズワースの詩などを積極的に再評価した。

そのグループの一人、アーサー・シモンズは先にふれた『文芸における象徴主義運動』

において、パリの詩人たちとの交友を通じて、「象徴表現」を意識的に用いる運動と定義し、デカダンスの喧騒のなかからその系譜を掬い出し、とりわけステファヌ・マラルメの詩を高く掲げ、それを「一種の宗教」（a kind of religion）と呼んでもいる。
　シモンズは、その〔序文〕で、機械文明に反対する姿勢を強め、キリスト教信仰を離れてスピリチュアルな「宇宙の生命エネルギー」（universal vital energy）の世界原理を押し立てたカーライルがドイツの哲学者に仮託した一種、自伝的な『衣装哲学』の〔第三章〕で、「永遠」（infinite）の観念を具体物で示すことを「象徴」と呼んでいる用法にしたがっている。[*9]
　このようにして、精神の無限の自由を求めるロマン主義の展開の上に、芸術は自らを、この地上において、「永遠」や「普遍的生命」のような至高の価値を実現するものと宣言するに至ったのである。そしてそれは、民族宗教の信条や博物学（natural history）によるさまざまな自然の神秘の開示、また人類学による未開社会の研究の進展とも手を携えながら展開した。それは、イマヌエル・カント『判断力批判』（*Kritik der Urteilskraft*, 1790）に発する西洋近代美学のタテマエ上の規範――「真」「善」に対する感情の「美」――を瞬く間に突き崩していった。

叙景の変容

日清戦争と日露戦争のあいだ、二〇世紀への転換期の日本の文芸には、景に情を重ねる情景描写から象徴表現に向かう動きが起こっていた。その動きにも立ち寄っておこう。
日本で最初に「叙景」の語を用いたのは、正岡子規の「我邦に短篇韻文の起りし所以《ゆえん》を論ず」（一八九二）といわれる。これをもって客体を「写生」する態度がはじまったかのように論じられてもきた。だが、はるか昔から外部の景色を叙することは行われてきた。中国・南北朝時代、画なら南朝・斉の謝赫の『古画品録』にいう画の六法に「応物象形」があり、詩なら南朝梁の劉勰《りゅうきょう》の『文心雕龍』に景物に密着して書くことが勧められている。そして、画でも詩でも眺望を描けば、遠近は出る。では、正岡子規はそこで何を主張したのか。彼は古代の長歌から短歌への転換を促したのは叙景の仕方だという。

公卿の翻弄物となりたるが為に長篇韻文は全く跡を絶ち短篇韻文のみ流行したるに相違なしと雖《いへ》ども猶《なお》此外に短篇韻文を成立せしめたる一大原因ありて存するなり。何ぞや曰く我邦の韻文は叙事よりも叙情を主とせり。叙情よりも叙景を主とせり。語を換へて言はば錯雑にして変化多き人間社会の現象を模写せずして専ら簡単にして静黙なる天然《ネーチュア》を模写せしが為なり。更に語を換へて曰わば吾人々間が就する客観的万象が直接に吾人の心理に生じたる表象を取りて、ここに山光水色若しくは花木竹草の如き幾多の長時間に微妙の変動を成して外部に生じたる客観的の事実関係等を以て材料となさずして偏《ひとえに》主観的に有りて善悪混淆する無数の観念の分析、又は其観念が表象を取りて、これに極めて僅少の理想を加へ以て一首の韻文を構造するに過ぎざりしを以てなり（短歌にして人情を写す者は只恋歌等の一部分に過ぎず）。

ややわかりにくいが、ここで「景」とは〈山光水色若しくは花木竹草の如き幾多の長時間に微妙の変動を成して外部に生じたる客観的の事実関係等〉であり、その〈客観的万象が直接に吾人の心理に生じたる表象〉とは、対象的事物から受ける「印象」のことだ。実際、子規の短歌も俳句も印象主義である。なお、子規は、絵画のスケッチにしか「写生」の語は用いない。

そののち、二〇世紀への転換期、『明星』が浪漫主義の情調・耽美で人気を集めたのに対し、叙景歌を展開したのは、金子薫園と、ハインリヒ・ハイネの詩の訳業もある尾上柴《さい》舟《しゅう》の二人である。二人の共編による撰歌集『叙景詩』（一九〇二）の冒頭には、金子薫園「『叙景詩』とは何ぞや」が掲げられている。

詩と画と、其極致に於ては、乃ち、一なり。自然の景趣に対して、揮灑縦横し、朝霞夕煙、風雲竹樹、悉《ことごと》く取て、片絹隻紙の間に寓せしめ、而して、神秘の影、おのづから、其中に動き、観者をして、血の湧くを覚え、聴者をして、肉の躍るを感ぜしむるもの、これ、画の至れるところにして、また、詩の極《きわま》れる処なり。学んでここに至る、豈《あに》、他あらむや、ただ、自然に従て、之を写すに在り。写して、人意を挿《はさ》まざるに在り。窃《ひそ》かに訝《いぶか》る、今時の詩に志すもの、ただ、浅薄なる理想を味じ、卑近なる希望をうたひ、下劣の情を攄《の》べ、猥雑の愛を説き、つとめて、自然に遠ざからむと期し、而して、真正の詩、以て、得べしとなす、謬《あやま》れるの甚《はなは》しきにあらずや。

ここでは景物の〈神秘の影、おのづから、其中に動き、観者をして、血の湧くを覚え〉せしむること、画なら謝赫の『古画品録』にいう「気韻生動」を醸しだすようなことを詩の理想として掲げている。いま、尾上柴舟のうたを歌集『静夜』（一九〇七）から一首だけ引く。

しづやかに月は照りたり天地《あめつち》の心とこしへ動かぬがごと

ここに月光に照らされた〈天地の心〉が登場する。金子薫園「『叙景詩』とは何ぞや」にいう〈神秘の影〉は、「天意」という「神秘」をうたうところに向かい、歌人、尾上柴舟はすでに哲学詩人の異名をとっていた。

そして、尾上柴舟の門下から出た若山牧水の名を高からしめた第三歌集『別離』（一九一〇）に、こういう歌がある。

しづやかに大天地《おほあめつち》に傾きて　命かなしき秋は来にけり

柴舟の歌では、「我」の身の置きどころがない。が、牧水は「大天地」に傾いてゆく「いのち」の衰えをうたう。牧水は「宇宙の永遠裡に浮かぶわれといふ一個の存在物を持てあま」さずに言い留めようとするところに出発したのだった。よく知られた歌を思い出してみればよい。第一歌集『海の声』（一九〇八）より。

白鳥《しらとり》は哀しからずや空の青海のあをにも染まずただよふ

自然と溶けあうことなく漂う白鳥は哀しくないのだろうか、と問うている。この白鳥は群れて遊ぶどこにでもいるユリカモメと見てよいが、その問いは歌人自身への問いかけでもあった、と考えてみたい。天地自然と溶けあうことを理想とし、しかし、それがいまの自分にはかなわないことを嘆く、それは哀しみのうただった。

その間、詩では、蒲原《かんばら》有明が第一詩集『草わかば』（一九〇二）や『独弦哀歌』（一九〇三）で、神話や宗教世界に題材を求め、第三詩集『春鳥集』（一九〇五）〔自序〕では、日本語表現の可能性を拓き、五官の官能を交錯させて〈近代の幽致〉を表現すべきと主張した。そして、〈元禄期には芭蕉出でて、隻句《せつく》に玄致を寓《ことよ》せ、凡《ぼん》を錬《ね》りて霊を得たり〉と述べている。〈玄致〉は、宇宙の根源というほどの意味である。そして、蒲原有明の象徴詩が高度な達成に至ったとされる『有明集』（一九〇八）では、仏教用語を織りまぜつつ、神秘的な「生命」賛歌の大輪の花が開く。

　これは、薄田《すすきだ》泣菫《きゅうきん》が古語や雅語を駆使して幽雅な象徴詩の世界をつくる『暮笛集』（一八九九）や『白羊宮』（一九〇六）、河井酔茗《すいめい》が神話から「叙事詩」をつくる『無弦弓』（一九〇一）、『塔影』（一九〇五）などと並ぶ動きだった。詩誌『白百合』も日本象徴詩の成立にはかなりの役割を果たした。創刊同人の岩野泡鳴は佐保姫など日本神話を題材にとり、またマラルメから詩想を借りたような詩を詩集『闇の盃盤』（一九〇八）にまとめた。やがて彼は生命主義＝象徴主義文芸の一角に、一人称視点による広い意味での意識の流れ（狭義は無意識の噴出）を描き出す「一元描写」を開拓し、やがてそれはセルフ・パロディーやユーモアとペーソスを読み味とする流れを先導してゆくことになる。

　この流れは美術界の二つの動きと併行していた。一つはヨーロッパの民族主義の勃興に伴う歴史画を学んで帰った中村不折《ふせつ》が日本神話を題材にとる動きを起こしたことであり、もう一つは、すでに述べた岡倉天心の英文の著書『東洋の理想――日本美術を中心として』であった。

国木田独歩の場合

散文ではどうか。国木田独歩『武蔵野』（一九〇一）所収の「忘れえぬ人々」（一八九八）の最後近くに登場する「同情」の語に目を向けてみよう。

「……僕は今夜のやうな晩に独り夜更《よふ》けて灯に向かつていると此生の孤立を感じて堪え難いほどの哀惜を催《もよほ》して来る。その時僕の主我の角がぼきり折れてしまつて、何だか人懐かしくなつて来る。色々の古い事や友の上を考へだす。其時油然《ゆぜん》として僕の心に浮かんでくるのは即ち此等の人人である」

〈此等の人人〉とは、語り手が旅の途中などに見かけてきた、自然のなかで一人、絵を描いている人々のこと。国木田独歩の〈主我〉は、エマーソンのいう「宇宙の大霊」を『孟子』〔公孫丑上篇〕の「浩然の気」で受けとめたような気宇壮大なものだった。その〈主我の角がぼきり折れ〉、人恋しくなるという。〈油然として〉は、思わず知らずの意味。モノローグは続く。

「皆な是此《これこの》生を天の一方地の一角に享《う》けて悠々たる行路を辿り、相携《たずさ》えて無窮の天に帰る者ではないか、といふやうな感が心の底から起つて来て我知らず涙が頰をつたうことがある。其時は実に我もなければ他《ひと》もない、ただ誰れも彼れも懐かしくつて、忍ばれて来る。／「僕は其時ほど心の平穏を感ずることはない、其時ほど自由を感ずることはない、其時ほど名利競争の俗念消えて総《すべ》ての物に対する同情の念の深い時はない」

〈総ての物に対する同情の念〉は、いわば自我を消して、万物、万人に「同化」する、すなわち己れを普遍に開く心情をいっている。では、それは、どのように新しい文芸を拓いていたか。

『武蔵野』中「小春」（一九〇〇）では、独歩がフランス印象派を学ぶ画家を訪ね、自然のスケッチを試みていたことが示されている。そこには、ワーズワースの詩「ティンターン修道院から数マイル離れてつづった作」（Lines Composed a few miles above Tintern Abbey, 1789）が翻訳されている。都会で暮らしたのち、ワイ河の河畔に戻り、自然の風光に接した感慨をつづるもので、途中、〈瞑想静思の極に到れば我実に一呼吸の機微に万有の生命と触着するを感じたりき〉とある。〈万有の生命〉は“life of things”の訳語である。

独歩「小春」は〈今や落日、大洋、清風、蒼天、人心を一貫して流動する所のものを感得したり〉という一節に圏点を付し、そして、ワーズワースの詩は自然の写実などではなく、〈たゞ自然其物の表象変化を観て其真髄の美感を詠じた〉ものという。独歩は、自然の「真髄」を〈表象変化〉と見、自然の生命の動きをとらえることに向かったのである。つまり『武蔵野』における「情景」描写は、「自然の生命」の象徴表現へと道を拓くものだった。

『武蔵野』巻頭に置かれた「武蔵野」（もと「今の武蔵野」一八九八）は、東京郊外の雑木林で〈自分の見て感じた処《ところ》〉を案内記風にまとめたもの。一〇月下旬、〈武蔵野一面が一種の沈静に入る。空気が一段澄みわたる。遠い物音が鮮かに聞える〉の後の一節を引く。

鳥の羽音、囀《さえず》る声。風のそよぐ、鳴る、うそぶく、叫ぶ声。叢《くさむら》の蔭《かげ》、林の奥にすだく虫の音。空車《からぐるま》荷車の林を廻《めぐ》り、坂を下り、野路を横ぎる響。蹄《ひづめ》で落葉を蹴散らす音、これは騎兵演習の斥候か、さなくば夫婦連れで遠乗《とほのり》に出かけた外国人である。（中略）遠く響く砲声。隣の林でだしぬけに起る銃音《つつおと》。自分が一度犬をつれ、近処《きんじょ》の林を訪《おとな》い、切株に腰をかけて書《ほん》を読んで居ると、突然林の奥で物の落ちたような音がした。足もとに臥《ね》て居た犬が耳を立ててきつと其方を見詰《みつ》めた。それぎりで有つた。多分栗が落ちたのであらう、武蔵野には栗樹《くりのき》も随分多いから。／若《も》し夫《そ》れ時雨の音に至てはこれほど幽寂のものはない。

ここに出てくる〈自分〉は、自らの思いも喜怒哀楽の情もさっぱり捨てて、ただひたすら自然のなかに聞こえる音を感受している。それでいて、体言止め、用言現在形、「～た」「～であろう」を織りまぜ、変化とリズムをつけている。いわば芸術的な散文をつくっている。こうして雑木林のなかでのさまざまな音の楽しみ方を案内し、そしていう。

秋の中ごろから冬の初、試みに中野あたり、或は渋谷、世田ヶ谷、又は小金井の奥の林を訪《おとの》うて、暫く座て散歩の疲を休めて見よ。此等の物音、忽《たちま》ち起り、忽ち止み、次第に近づき、次第に遠ざかり、頭上の木の葉風なきに落ちて微かな音をし、其も止《や》んだ時、自然の静粛を感じ、永遠《エタルニテー》の呼吸身に迫るを覚ゆるであろう。

己れを消して、感受に徹していたのは、自然の〈永遠の呼吸〉を感得するためだった。その意識状態は、夏には〈林という林、梢という梢、草葉の末に至るまでが、光と熱とに溶けて、まどろんで、怠《なま》けて、うつらうつらとして酔て居る〉と書かれている。この陶酔が詩趣の頂点をなす。

独歩もまた、エマーソンの超越論哲学を受容し、「宇宙の大霊」と交感し、王陽明が宇宙の「元気」をいう「一気」に鼓舞されてきた人だった。それらの観念を土台に「自然の生命」や「宇宙の生命」の観念を受容した表現は、このあたりにはじまる。そして、それは天地自然の観念とその情景描写に大きな変革をもたらしたのだった。[*10]

注

*1 わたしが日本の生命主義についての研究をはじめたのは一九九〇年ころだが、当初は、日露戦争後、タイトルに「生命」の語をもつ書物や論考が多く現れ、大正期にかけてより盛んになることに着目し、「大正生命主義」と名づけて共同研究を重ねていた。しかし、その端緒が日清・日露間に開かれていたこと、また、欧米の場合は、その淵源をイギリスのカーライルやアメリカのエマーソン、考え方によっては、ドイツのゲーテやヘーゲル、もしくはフィヒテにまで遡ってみることも必要と考えながら、生命主義思潮の全面的な組み直しを図ってきた。

*2 ウィリアム・ジェイムズやベルクソンが意識の流れの底に想定するのは「生命」の流れであり、西田幾多郎も同じ。無意識（下意識）を指すのであれば、いわば層であろう。唯識の阿頼耶識ならば「識」（認識能力）の一種であり、その基層をなすと考えられている。なお、この節の引用は『明治文学全集29 北村透谷集』（筑摩書房、一九七六）より。

*3 この節でも、煩瑣にすぎるため、引用元、参考文献を省略した。鈴木貞美『生命観の探究――重層する危機のなかで』（作品社、二〇〇七）〔第五章五節〕を参照。

*4 『沈鐘』は、泉鏡花が初めて手掛けた戯曲「夜叉が池」（一九一三）のもとネタになったといわれているが、そのとおりだろう。鏡花は硯友社に属した最初期、社会矛盾に取り組む「夜行巡査」（一八九五）に出発しながら、むしろ次第に尾崎紅葉が読者対象としていた芸能の観客層の嗜好

を広く汲む工夫を重ね、題材も語り口も実に多彩な変化を見せてゆく。

*5　アーサー・シモンズはデカダンスの喧噪からサンボリスムを掬い出したが、マラルメはボードレール『悪の華』中の詩「万物照応」（Correspondances）に示唆を受けていたし、逆に、ウォルター・ベンヤミン「ボードレールにおけるいくつかのモティーフについて」〔Über einige Motive bei Baudelaire, 1939〕［X］は『悪の華』詩編のあいだに照応関係を見てとっている。

*6　鈴木貞美『入門 日本近現代文芸史』（平凡社新書、二〇一三）〔第二章〕を参照。
　田山花袋は「私の偽らざる告白」（『文章世界』一九〇八年九月）で、『柵草紙』などの鷗外の〈審美学上の議論などは非常に愛読した〉と述べている。その最初期の小説『野の花』（一九〇一）の〔序文〕で「大自然」の面影を浮かびあがらせる企図を開陳し、『重右衛門の最後』（一九〇二）では、語り手「自分」が、友人から聞かされていた信州・長野付近の山深い地方をはじめて訪れる場面で、そこを〈仙境〉、〈西洋の読本（リーダー）の中の仙女（フエリー）の故郷〉を想わせると紹介している。また若き日、花袋と親交を結んでいた柳田國男は、岩野泡鳴と語らって一九〇七年にはじめたイプセン会で、イプセンが象徴主義への転換を示した一八八〇年代の戯曲を扱い、「天狗の話」（一九〇九）で、日本の鬼とケルトのフェアリーとの性格の違いに言及している。佐々木喜善からの聞き書き『遠野物語』（一九一〇）も日本のフェアリーへの関心が強い。その『遠野物語』の文体は、田山花袋『田舎教師』（一九〇九）とともに、一人称視点で主格を省いた岩野泡鳴の「一元描写」の影響が強い。鈴木貞美「柳田國男の民俗学、その評価の問題 part2」『iichoko No.156, 2022 Autumn）を参照。

*7　にもかかわらず、古い「ロマン主義」対「自然主義」の図式で考えようとしてきたのが第二次

世界大戦後の文芸批評の主流だった。例外的に、近代文学研究者、田中保隆が「自然主義」対「反ないし非自然主義」すなわち「生命主義」の図式を立てていたが、岩野泡鳴を〈一種の自然主義〉と見なすなど、「生命主義」の理解が十分でなかったといわざるをえない。鈴木貞美『近代の超克――その戦前・戦中・戦後』（作品社、二〇一五）〔第一章3〕などを参照。

なお、日本ではっきり「宇宙大生命」の観念を示している人に限り、ここに遠慮がちに並べておく。先駆者としては北村透谷、岡倉天心、高山樗牛、木下尚江、哲学では西田幾多郎や和辻哲郎。国体論では筧克彦。詩では北原白秋、三木露風、高村光太郎、萩原朔太郎。短歌では斎藤茂吉、折口信夫、高浜虚子。俳句では荻原井泉水。小説・エッセイでは国木田独歩、徳冨蘆花、島崎藤村、岩野泡鳴、有島武郎、武者小路実篤。広く思想・芸術論では、上田敏、島村抱月、大杉栄、平塚らいてう、柳宗悦、中沢臨川、生田長江、厨川白村、大西克礼《よしのり》に至るまで実に多士済々。宮沢賢治のように機械論的生命観をも包摂してしまう詩人もおり、また戦後にも谷川徹三や高見順、岡本太郎、芹沢光治良、大庭みな子らに尾を引く。磯部忠正『「無常」の構造　幽の世界』（講談社現代新書、一九七六）なども加えるべきだろう。鈴木貞美『生命観の探究――重層する危機のなかで』（前掲書）、とくに第二次世界大戦後については『日本人の自然観』（前掲書）〔第一三章〕を参照されたい。

＊8　フランスの歴史家、ジュール・ミシュレは、その『フランス史』第七巻『ルネサンス』（*Histoire de France, vol.7 Renaissance*, 1855）〔序説〕に「民衆的な自然信仰（ナチュラリスム）、本能的汎神論の逞しい流れが、中世全体を、そしてルネサンス全体を貫流していることを忘れてはなるまい」（二宮敬訳『フランス・ルネサンスの文明』創文社、一九八一）と述べている。実証主義と

ロマン主義と自由主義および革命思想が固く結びついた彼の歴史叙述は、いち早く民衆の「本能的汎神論」を掬いあげ、中世からルネサンスにかけての精神史の根柢に流れるものを見ていた。彼がドイツのグリム兄弟の兄、ヤーコプ・グリムと親交を結び、一種の民衆史観を育てていたゆえである。ここで、汎神論（パンテイスム）は、多神教（ポリテイスム）と同義に用いられているだろうが、それをナチュラリスムと呼んでいる。「自然主義」の概念史の上でも、注目しておかなくてはなるまい。

＊9　これは、マラルメがロンドン講演「リヒャルト・ヴァーグナー――フランス詩人の夢」（Richard Wargner, Rêverie d'un poète Français, 1885）で、天に記された寓話をこの地上に引きおろし、民衆のなかに眠っているものを呼び起こす詩に「ほとんど一つの宗教」（Presque un Culte）の意味を与えたいという願いを語ったのを承けたものだった。先の長谷川天渓「表象主義の文学」の誤解は、このとりちがいによろう。マラルメは、地上に立ち昇る国家や教会などを蜃気楼と見て、それにとって代わる民衆の祝祭の日を夢見て、実際、ギリシャ神話や古代インド民話を探っていた。鈴木貞美『日本人の自然観』（作品社、二〇一八）〔第一一章〕などを参照。

＊10　この時期の国木田独歩の文章を、明治期知識人の科学崇拝、「想世界」の喪失とし、客観描写による自然主義に道を拓いたものと批判する立場が戦後批評の主流にあった（中村光夫『言葉の芸術』講談社、一九六五など）。また、柄谷行人『近代日本文学の起源』（講談社、一九八〇）は、主客が分立した近代的な「風景の成立」と見なし、国木田独歩の文章で一点消失の遠近法が初めて成立したと論じていた。ともに、表現の実際に即して考える態度を欠いているといわざるをえない。むしろ建物や人工物を除いた自然の風景を一点消失法で絵画に描くことの困難を思うべき

だろう。しかも、文章だから視点が動くし、時間的経緯を伴う。逆に「今の武蔵野」には、歩きながら景物が変化するさまを描写しようとする試みもある。五官で感取する感覚をいかに文章に表現するか、そのさまざまが試みられていたのである。

第四章　日露戦争へ

北清事変

一八五八年、アロー戦争（第二次アヘン戦争）の事後処理のため、清国と英仏露米間にそれぞれ結ばれた天津条約により、列強の蚕食は北方に及んで、その影響は庶民の生活をも圧迫した。それに対して、邪教視されていた民間宗教の一派で義和拳を名のる武術家集団が山東半島で、「扶清仇教」を掲げて外国人宣教師などを襲う行動を起こし、やがて貧困に喘ぐ農民層が同調して「扶清滅洋」を掲げる排外主義運動に発展。これを洋務派官僚が抑えにかかると反撥を強め、暴動は河北省、華北省などへ拡大した。清朝帝政保守派は「義和団」と呼んで半ば公認したため、叛乱は官軍をも巻き込み、北京に流入し、列国の公使館を攻撃するに至った（庚子拳乱とも）。

列強の圧迫になすすべなく従ってきた清朝の権力者・西太后は、その勢いに救いを見出し、一九〇〇年六月二一日、列強諸国に宣戦布告した。これに対して、イギリス・ロシア・ドイツ・フランス・アメリカ・イタリア・オーストリア＝ハンガリー・日本の八ヵ国が連合軍を形成する。とりわけロシアは、敷設途中の東清鉄道を防衛する名目で一五万人もの兵力を満洲に投入。イギリスはこれに危機感をもち、ボーア戦争のさなかであったため、再三、日本に出兵を要請してきた。

義和団の一部が黒龍江対岸のブラゴヴェシチェンスク（海蘭泡）を占領したことに対し、

一九〇〇年七月、ロシアの軍艦が銃撃を開始し、八月にかけてロシア軍が清国人約二万五〇〇〇名を虐殺、川に流された遺体は筏のように川を下って行ったと伝えられた。黒龍江事件、アムール河の虐殺と語られ、ロシア兵の残忍さが日本人の記憶に刻まれた事件だった。

日清戦争後、列強のなかで孤立していた日本の地位を回復するため、一八九八年、第三次伊藤内閣は、軍費を捻出する増税案を提出したが、これが貴族院で否決されるなどし、内閣は総辞職。代わって憲政党の大隈重信が組閣した（外相兼任、内相・板垣退助）。が、憲政党内で旧自由党系と進歩党系との対立が激化して、内閣は崩壊。一一月に組閣した第二次山縣内閣は、イギリスなどの要請に応え、連合国軍の総勢二万人弱中、最大の兵力八〇〇〇人を投入し、日本はいわば「極東の憲兵」の役割を果たすことにより、列強内における地位を回復した。

一九〇〇年、李鴻章ら清朝洋務派官僚は、帝政保守派に逆らい、両広総督・張之洞《ちょうしどう》、両江総督・劉坤一《りゅうこんいち》ら地方の総督とともに列強と「東南互保」協定を結び、排外主義の争乱を北清に止めた。連合国軍は、天津を経由し、装備に劣る清国官軍と義和団を撃破、八月半ばに北京に入城し、立て籠っていた公使館員らを救出した。西太后と光緒帝が西安に逃れたため、実権を握った洋務派は連合軍とともに、義和団の残党を討伐した。

イギリスは、清国の領土保全と通商の自由をドイツと互いに保証する通商条約を結んだ

（一〇月）。これによってドイツは、上海から長江一帯に商業活動を拡げてゆくことになる。山縣は、それに日本も加わる三国連合を模索したが、ロシアとの協商関係を結ぶことによって韓国問題の解決を図ろうとする伊藤博文の路線と抵触するため、踏み込めなかった。

伊藤博文は、従来からの藩閥政府が衆議院を軽視する、いわゆる超然主義の運営では、その時々の党利党略が錯綜する政局に振りまわされるばかりで、予算案も思うように承認をえられないことに限界を感じ、国益を第一とする公党に支えられた議院内閣制を目指して、一九〇〇年九月、立憲政友会を結党し、その総裁に就任した。これを見て、貴族院を基盤とする山縣有朋は総理を辞任し、一〇月に第四次伊藤内閣が成立した。

翌一九〇一年、清朝政府は再び李鴻章を直隷総督・北洋大臣に任命、朝廷からは慶親王・奕劻《えききょう》が出て、外国との交渉に当たった。彼らはロシアが満洲からの撤兵の条件として保護領化に近い要求を突きつけてきたことに妥協する姿勢を見せた。が、三月、張之洞らはそれを阻止し、政府が英・日・米・独の四ヵ国にロシアに圧力をかけるよう要請し、引き換えに満洲を門戸開放し、各国と通商を機会均等に結ぶことを提案した（満洲開放論）。

第二次山縣内閣で陸相と参謀格を務めて義和団事件の後始末をつけた桂太郎は、伊藤博文と協調できずに閣外にいたが、一九〇一年、伊藤が国内の鉄道敷設をめぐる悶着で辞任したため、明治天皇から組閣を命じられ、九月には小村壽太郎を外相に迎えた。小村はアメリカに留学し、陸奥宗光の下で、清国・韓国・ロシアとの外交を手掛け、当時は駐清公使として北京で活躍、北清事変の最終的な後始末の講和会議に出ていた。

桂太郎は当初から、韓国を日本の保護領化することこそ、対露問題の解決になると腹をくくっており、イギリスに後ろ盾を頼み、一九〇二年一月、日英同盟を結んで対ロシア戦略を確定し、国内のアジア主義の台頭にも背中を押されて日露開戦へ歩んでゆくことになる。日英同盟を結ぶことには、早くから第四次伊藤内閣で外相を務めた加藤高明が動いていた。

一九〇一年九月七日、列国の華北駐兵権、賠償金四億五〇〇〇万両（テール）の支払いなどを承認する北清事変に関する最終議定書（辛丑《しんちゅう》条約）が締結され、いよいよ、清朝中国は半植民地状態に追い込まれていった。李鴻章は締結後、それほど日を置かずに病で歿した。

この条約によって、日本軍（清国駐屯軍、辛亥革命後は支那駐屯軍）はその後、長く天津に駐屯することになった。清国内に租借地をもたないアメリカは洋務派官僚に接近をはかり、議定書で決められた賠償金を清朝国内の理工系の高等教育などにあてる動きを見せた（のち、北京に清華大学が設立される）。

アジア主義の台頭と日英同盟の成立

日本国内のジャーナリズムには、韓国と満洲へのロシアの侵出に対する反感が高まっていた。とりわけ、一八九二年から貴族院議長を務めていた近衛篤麿は、伊藤内閣の対ロシア協商路線を批判し、ロシアとの開戦を辞さない強硬姿勢を示して、犬養毅・頭山満・陸羯南・中江兆民らアジア主義の勢力を糾合して一九〇〇年九月に国民同盟会を結成した。

近衛篤麿は、平安時代から続く公卿の家系で、皇室の藩屏（守り手）をもって自任し、党利党略からは距離を置く姿勢を貫き、明治天皇からも頼りにされていた。かねてより日本と中国は「同文同種」と主張、一八九二年に同文会を組織し、アジア主義の巨頭、犬養毅の率いる東亜会や友邦協会・善隣協会の一部などを吸収して一八九八年に東亜同文会とし、その会長についていた。一八九八年六月に着手した戊戌の変法に失敗し、一〇月に清朝保守派に追われて亡命してきた康有為との会談では、アジア・モンロー（孤立）主義を標榜、一九〇〇年に南京同文書院（後の東亜同文書院、上海）を設立するなど、日中間に橋をかける文化活動の推進を図っていた。張之洞らに満洲開放論をもちかけたのも近衛篤麿といわれている。

アジア主義者の大同団結運動は、そのリーダーも、伊藤博文の対露協商路線との対立の姿勢も明確だった。が、第四次伊藤内閣が政社（政治目的による政党結社）を規制したこともあり、国民同盟会は親中国派の横断的連絡会の性格を強め、そのため裾野を広く拡げており、これが次の桂太郎内閣とその外相・小村壽太郎の満洲におけるロシアの影響を極力排除する戦略を後押しした。だが、逆に、その内部に清朝改革派と革命派の対立が持ち込まれたり、政府方針と抵触するような事態も多々生じた。

一九〇二年一月、東亜（清韓両国）を適用範囲とする日英同盟が結ばれると、日本に強い後ろ盾ができた。日露開戦を想定し、イギリスは中立を守り、他国の参戦も阻止すること、二国間以上の戦争になれば参戦することが約束された。のみならず、秘密裏にイギリスが軍事的にバックアップすることも約束されていた。この後ろ盾を得て、小村壽太郎は清朝の対露交渉を背後から支えた。ロシアも満洲撤退に向けた動きを見せはじめ、一九〇二年四月に、以後三段階に分け、一八ヵ月かけて撤兵することが決められた（満洲還付に関する露清条約）。

これを見て、国民同盟会は一九〇二年四月に解散した。表向き、満洲が開放されることが約束されたからである。そして、これによって伊藤博文が進めてきた、日露通商協定を結び、日本は韓国における、ロシアは満洲における優越権を互いに持ちあうことで韓国問題を解決するという戦略的立場、いわゆる「満韓交換」論は消えたはずだった。

だが、ロシア側首脳は、伊藤の提案していた通商協定に進むものと考えていた。とりわけ蔵相、セルゲイ・ウィッテはロシア極東管区の中心をウラジオストックに置き、経済活動さえ保証されれば、ロシアの権益は拡大すると考え、軍事的対立を望まなかった。二〇世紀への転換期、ロシア南方のバクーなど油田や工業地帯で階級対立が激化しつつあったことも背景にあっただろう。

陸軍大臣、アレクセイ・クロパトキンも、西部国境線に軍事力を養う観点から、日本との戦争は避ける意向だった。海軍も太平洋艦隊の基地をウラジオストックに置き、小艦隊を韓国南岸やアムール河、そして旅順港に派遣する構えを変えるつもりはなかった。

ただ、皇帝ニコライ二世の側近の補佐官、アレクサンドル・ベゾブラーゾフらのグループが鴨緑江沿岸の林業の利権獲得に動いており、極東への軍備も進めることを主張し、そのあいだで、ニコライ二世自身は確固たる方針を決められずにいた。が、一九〇三年に入ると、ベゾブラーゾフ・グループが唱える、極東におけるロシア軍のプレゼンスを維持して一切の譲歩をしないことこそ、列国の非難を撥ね返せる道とする強硬路線に傾き、ウィッテを左遷するなど、方針転換が露わになった。そこで日本では一九〇三年七月に、再び、近衛篤麿を中心に対露同志会が結成された。

戦争機運

一九〇三年四月二一日、山縣有朋は京都・南禅寺参道の東側に造った別邸、無鄰菴《むりんあん》に、伊藤博文、桂太郎、小村壽太郎を招いて非公式の会合をもった。無鄰菴は、維新の廃仏毀釈で、国家が南禅寺から召し上げた境内を別荘地に開発する京都府の計画に沿ったものだった。琵琶湖疏水を引き込んだ庭の全体は回遊式の大名庭園を小さくしたような様式だが、東山の借景を樅の木越しに眺め、池のほとりに芝を張り、庭石を立てることなく横に寝かせている。山縣が好んだスコットランドの丘陵地帯を写した趣向で、かなり新奇な造作である（七代目小川治兵衛の作庭）。煉瓦づくりの洋館も一見、土蔵風で、その二階をしばしば密談に用いたという。

世にいう無鄰菴会議も、そこで行われた。朝鮮における日本の優越権をロシアに認めさせ、満洲におけるロシアの優越権を日本が認めるという方針が確認された。伊藤博文が唱えてきた「満韓交換」論と同一線上にあるが、ロシアと通商関係を結ぶという前提がカットされている。

日英同盟締結前、一九〇一年九月、伊藤博文はイエール大学から名誉博士号を受けるためアメリカに赴いたが、桂首相にイギリスとの交渉を延期させ、その間ロシアとの交渉を進めるため、フランス経由でロシアに渡ったものの交渉は進展を見ず、打ち切っていた。そして、ロシアが遼東半島の関東州、つまりは旅順を租借したときから「満韓交換」論は消えていた。満洲でロシアの優越権を認めることは、日英同盟や列国間で合意された満洲における清国の領土保全と門戸開放に抵触しよう。

だが、無鄰菴会議では伊藤の顔を立てたというところではないか。というのは、この会合にはもう一つ、財政問題で行き詰まった政局運営を打開するため、桂がこれまでの伊藤との対立を解消し、その力を借りる手打ち式的な意味があったとされている。のちに、その密約が伊藤の口から明かされるので、まちがいないだろう。

そのころ、ロシアが清国に対して、満洲からの撤兵条件として、遼東湾で唯一の貿易港として機能していた営口と満洲南部を流れる大河である遼河水域を他国に売り渡したり租借地として提供しないこと、新たな港を開いたりしないことなどを突きつけていた。また鴨緑江の森林資源についてもロシアが手を出していることを日本の新聞が非難するキャンペーンを張り、ロシアの満洲撤退と韓国利権への侵略に対する疑惑が米英にも拡がりはじめていた。[*1]

一九〇三年六月八日、大山巌参謀総長は、陸軍参謀本部の部長会議を召集した。今後、シベリア鉄道の便が向上すれば、ロシアの軍事力が増大する、この機を逃せば、満洲からロシアを撤兵させることは不可能になろう、彼我の軍事力を勘案すれば、開戦するなら今しかない、との意見が具申された。が、参謀総長は、それを聴き置くにとどめたという。まだ、部長クラスの意向調べというところだったようだ。

六月一〇日付で、東京帝国大学教授の戸水寛人《ひろんど》・富井政章《まさあきら》・小野塚喜平次・高橋作衛・金井延《のぶる》・寺尾亨に学習院教授の中村進午《しんご》を加えた七博士が、満洲からロシア軍を一掃すべしとの建議書を内閣に提出し、新聞紙上でも意見を開陳した。〈今日満洲問題ヲ解決セザレバ、朝鮮空《ムナ》シカルベク、朝鮮空シケレバ日本ノ防御ハ得テ望ムベカラズ〉。ロシア軍の極東支配への動きが進展している危急の事態を訴え、「撃つなら、いま」が強調されている。その文言のなかに「満韓交換論はロシアの詐術で、やがては韓国も獲るつもりだから、のってはならない」という意味のことばが出てくる。日清戦争時にも、朝鮮の利害が日本の死活にかかわるといわれたが、今回は、満洲にロシア軍を置いたままロシアの特権を認めることは日本の存立そのものにかかわるという主張である。こうして戦争へ向かう機運が醸成されていった。

七月、満洲では、シベリア鉄道の南に、清朝領土を通って東西に結ぶ東清鉄道および、その途中、ハルビンから旅順までを南北に結ぶ南満洲支線が全線開通した。これはロシアの軍および兵站《へいたん》の輸送に大きな変化をもたらすことになる。ロシアの極東に関する総てを統括する権限が極東総督（太守）に与えられ、エヴゲーニイ・アレクセーエフが任命されるなど、行政組織も大幅に組み換えられた。東に軍備を集中させたいベゾブラーゾフら一派と、日本とは戦争にはなるまいという構えのクロパトキンとのあいだの駆け引きもつづいた。ニコライ二世が日本との戦争を避けようと、ベゾブラーゾフに命じたこともあった。[*2]いずれにせよ、ロシアの方針は依然として定まらなかった。

対露交渉

一九〇三年八月一二日、桂内閣の方から協定案をロシアに提示し、交渉にかかった。無論、交渉は秘密裏に行われた。残存するメモや書簡などから推定される限りでは、日本側は、いわゆる「満韓交換」論の立場は見せていない。小村壽太郎の交渉の大筋は、韓国と清国の領土保全と門戸開放を前提に、韓国における日本の鉄道の権益と商工活動、満洲におけるロシアの鉄道権益と今後の商工活動を認めあうというものである。韓国を日本の保護国化することはありえても、ロシア軍の満洲駐留は絶対に認めまいとする姿勢は一貫していた。

それに対して、アレクセーエフ極東総督は、韓国と清国の領土保全と門戸開放を認めた上で、韓国における日本の優越権と商工活動、また緊急時の軍隊の派遣をロシアが認め、鴨緑江の両岸を中立地帯とし、日本は満洲におけるロシアの行動の自由を認めるという提案を突きつけてきた。かつての伊藤博文による「満韓交換」論を具体化したようなもので、満洲からロシア軍を撤退することにはふれていない。

小村は、鴨緑江の伐採問題にはふれずに、緊急時において日本が韓国の北へ、ロシアが満洲へ、軍を派遣することを互いに認め、また満洲での日本の商工活動の権利を認めることを逆提案している。ロシア軍は引き下がることなく、ほとんど互いに譲歩する余地のない交渉は行き詰まるしかなかった。バルト海に展開する艦隊から新鋭艦が極東に配備される動きも見えた。

なお、日本もアルゼンチンが発注した軍艦二隻を建造中のイタリアから買い付け[*3]、開戦直後に横須賀に入港させて点検整備を終え、春日、日進と名づけて旅順港閉塞作戦に加えた。軍艦は総じて、ロシアより新しい装備を備えたものが揃っていたが、日英同盟の裏で結ばれた秘密協定により、イギリスは最新式の重火器や良質の石炭の提供に便宜をはかった。

日露開戦が迫っていることを最も敏感に察知したのは、大韓帝国の高宗だった。日本による保護国化の圧力から逃れるために、一九〇四年一月二一日に中立宣言を発した。清国は東三省防衛の立場から、日露の調停や自力防衛を模索したものの、日英のはたらきかけに従い、二月一二日に中立宣言を発した。イギリスは、戦争には中立の立場を押し出し、イギリスの管理下に置いていたインド洋などの港湾で、日本海（対馬沖）海戦に向かうロシアのバルチック艦隊（新編制した第二・第三太平洋艦隊）に良質の石炭を売らないなどの措置に出た。ロシアと同盟を結んでいたフランスの他、アメリカやドイツも中立を表明した。

一九〇四年二月三日、日露協定案の交渉は決裂し、元老、閣僚間で開戦に合意、四日の御前会議を経て、六日、ロシア政府に国交断絶を通達した。

なお、前年一二月五日に第一九回帝国議会が召集されたが、一〇日、議会開会に際して開院の勅語に応える奉答文に、衆議院議長・河野広中が対露強硬派の立場から桂太郎内閣を弾劾する文言を織り込んでいた。これを通常の儀礼的な運営と見て、一旦、満場一致で可決したのち、内閣弾劾の文言に気づいて紛糾したため、衆議院は解散させられていた。

総力戦への道

日露戦争に向かう機運には、日清戦争で勝ち戦さの旨味を知った産業界にも期待感が拡がっていたといわれてきた。明治維新後、お雇い外国人技術者により、鉱山の排水設備などに次々と蒸気機関が導入され、一八八一年からの松方デフレにより低金利となっていたところに、一八八六年に銀本位制に移行、それを契機に民間に起業と投資ブームが起こった。それが生糸生産や綿糸紡績業に及び、かつ一八九〇年の金融恐慌による糸価の低落と新しい機械技術の導入により、軽工業が競合しながら発展し、ともに輸出産業になっていった。

簡単に見ておくと、生糸は政府主導で富岡にフランスからのお雇い外国人技術者によって機械化の模範がもたらされた。群馬などでは在来の座繰りにも改良がなされ、日清・日露戦争期を跨ぐ一八九〇〜一九〇〇年代にかけて、とりわけ諏訪地方にフランス式を簡易化した器械製糸工場が林立した。その煙突は諏訪千本の異名をとった。「諏訪のスズメは黒い」ともいわれた。

生糸の輸出先がアメリカなどであるのに対して、綿糸は太い低価格のものが中国を中心にアジア諸国に向けて輸出された。日清戦争後の不況期から賠償金の還流による回復期に、鉄道・紡績に企業熱が興り、綿糸にも新式機械化（リング精紡機）が拡大し、一八九七年には輸出量が輸入量を上まわるに至る。が、原料の綿花の大量輸入に走ったため、一九〇〇年には正貨が流出し、恐慌を招いていた。これが資本集中＝大工場化への動きとなり、その結果、とくに大阪の西の工場地帯では煤煙が小学校の机の上に降り積もるほどで、一九〇二年には府議会が煤煙防止対策を知事に訴えている。このような負の面を抱えながらも、景気の回復にかけて戦争待望論が湧き出ていた。

一般会計歳出決算額で見るなら、日清戦争開戦前の一八九三年度は八五〇〇万円弱、戦後の一八九六年度は一億七〇〇〇万円弱に、ほぼ倍増している（軍事費の伸びが大きく、国債費は逆に低減）。そして、一八九七年に金本位制に移行し、一九〇一年に官営八幡製鉄所を創業、国家主導で重化学工業化に着手していた。

運送業、とくにその主力を担う海運も、日清戦争期に飛躍的に拡大し、それを基礎に、戦後には造船奨励法が制定され、鉄製船・鋼製船および蒸気機関の国産に向けて補助金などの支援策がとられ、遠洋航路も発展した。鉄道は一八九二年に鉄道敷設法により、官営を基本とすることを決定し、日露戦争後の一九〇六年、鉄道国有法により私設鉄道の買収が実施されていくことになる（なお、民間に鉄鋼業や機械工業が発展しはじめるのも同じころで、織物業にも力織機《りきしょっき》が導入され、手織機《ておりき》を圧倒するのは一九〇七年ころといわれている）。

ジャーナリズムも、日清戦争によって大きく様変わりした。新聞は欧米と同様、地方都市ごとに刊行され、東京では政論を主体とする大新聞と庶民向け娯楽記事を主とする小新聞とに分かれていた（大と小のちがいは紙面の大きさによる）。大新聞でも『東京日日』を率いていた福地源一郎（桜痴）が西南戦争の実況報告的記事で人気を博したことが先鞭をつけ、日清戦争で小新聞にも報道記事があふれるようになり、全体にいわば中新聞化したといわれる。日露戦争に向かっては、報道合戦が激しく、センセーショナルなスクープに走りがちで、ロシアの動きを誇張して報道する記事が入り乱れた。

日清戦争の細部にわたる読み物は、博文館が『日清戦争実記』を一八九四年八月から九六年一月まで五〇篇を刊行し、いわば独占した。その利益を基礎に資本規模を一挙に拡大し、海外の商業総合雑誌を参考にして、一八九五年一月から、思想上偏らないように一流大家に執筆を依頼し、いわば「在野の公器」としての性格を備えた総合雑誌『太陽』を創刊した。以後しばしば臨時増刊を刊行し、民法や商法が改正されれば一冊にまとめるなど、一家に一冊的に購読されるような必要記事を掲載して、たちまち巨大総合出版社としての地位を築いた。[*4] ロイター通信社と契約を結ぶなど周辺事業にも手を拡げていった。

日露戦争に際しても『日露戦争実記』を一九〇四年二月〜〇五年一二月、第三編からほぼ月三冊の旬刊ペースで刊行、田山花袋ら従軍記者による記事や軍隊生活の紹介等を重ね、増刷もかなり数えられる。また『日露戦争 写真画報』を月一冊ペースで四〇冊刊行、合計一一〇冊を数える。一九〇六年には再編集して『日露戦史』全一六巻を刊行。たいへんな稼ぎだったにちがいない。出版関係全般と海外通信の一大コングロマリットの盤石の基礎が築かれた。[*5]

これに続いて、冨山房が〇四年二月から『日露戦報』（旬刊）を刊行、翌年、『軍国画報』に改題、グラフ雑誌化して〇五年一〇月まで全三五輯、また実業之日本社が〇四年八月から『征露戦報』三三輯、『征露写真画帖』二四輯を刊行した。矢野龍溪が社長、国木田哲夫（独歩）が編集長を務める近事画報社も『近事画報』（〇三年九月創刊）を〇四年二月に（最初は臨時増刊）大判の旬刊誌『戦時画報』に切り換え、七五輯を刊行した（戦後には、日比谷焼き討ち事件の詳報を特別号『東京騒擾画報』に特集。九月一八日奥付）。

吹き出る非戦論

日清戦争に際しては、横浜で活動していた非暴力主義のクエーカー派宣教師と、その活動を手伝っていた北村透谷が戦争反対を表明したくらいで、反対運動といえるほどのものはなかった。それに対し、大国・ロシアを敵にまわして予断が許されない日露戦争には開戦前から非戦論が出ていた。

いわゆる元勲のなかでも、第四次伊藤博文内閣が議院内閣制への移行などに行き詰まったのち、大命拝受したものの後輩の桂太郎を首相に推薦して第一次桂内閣を成立させた井上馨は、日露戦争直前まで開戦反対を唱えていた。財界の大立者、渋沢栄一も開戦を望まない意向だった。が、参謀本部次長についた児玉源太郎の説得に応じて開戦やむなしと判断し、財界を勢いづかせたといわれる。児玉は、陸軍参謀本部次長だった田村怡与造《いよぞう》が急死したため、開戦に備えて、参謀総長・大山巌から請われ、桂内閣の内務大臣から二階級降格を受け入れていた。日本の官僚にはまず見られない、その自己犠牲的な姿勢に感じ入ったというところだろう。

帝大など七博士の建議書に対して、無教会派のキリスト者として活動していた内村鑑三は、足尾銅山鉱毒反対運動などで一時期、英文欄主筆を務めた新聞『萬朝報《よろずちょうほう》』（朝報社）に「戦争廃止論」を発表した（六月三〇日）。内村は、かつて日清戦争に際しては、徳富蘇峰の率いる『国民之友』（一八九四年九月号）に「日清戦争の義」を寄せ、「欲の戦争」ではなく「正義の戦争」であると主張していた。が、彼は戦禍を見、また勝ち戦さに人々の欲望が増大するさまを見るうち、キリスト教会と距離をとり、無教会派の立場を歩みはじめたと推測されている。

キリスト教は「カエサルのものはカエサルに、神のものは神に」（『マタイ伝』〔二二〕）というイエスの言葉で知られるように、政治や経済に関与しないことによって勢力を拡大してきたので、元来、戦争に反対する姿勢はない。そのうち、非暴力主義をとる教派だけが兵役を拒否する。内村の場合には、戦争に反対しないロシア正教を非難し、教会から排除されたレフ・トルストイの無抵抗主義の影響が推測される。トルストイは強制移住させられた少数民族を国外に移住させたりしたが、内村の無抵抗主義は、国家の徴兵には応じて兵士として戦場に赴き、死ぬことをも受け入れるという独特のものだった。

黒岩涙香《るいこう》が率いる『萬朝報』は非戦論の立場をとっていたが、一九〇三年一〇月八日、世の不評に耐えきれず、主戦論に転じた。内村は幸徳秋水、堺枯川《こせん》（利彦）とともに『萬朝報』を離れ、『聖書之研究』で非戦の論陣を張った。幸徳秋水と堺枯川らは一一月一五日、自由・平等・博愛をうたう『平民新聞』（週刊）を刊行し、平民主義、社会主義、平和主義を訴え、世間から、ときに社屋に投石を受けるなど排撃されながらも、一九〇五年一月二九日発行の第六四号まで刊行を続けた。

開戦後の非戦論についても、ここで追っておく。『平民新聞』は一九〇四年八月七日に、レフ・トルストイが人道主義の立場から『ロンドン・タイムズ』（六月二七日）に寄せた「汝、悔い改めよ」（"Bethink Yourselves!"、幸徳・堺訳）を全文掲載した。それに先立つ八月二日には『平民新聞』編集部経由で、その〔第一章〕が杉村楚人冠の訳で『東京朝日新聞』に連載を開始している（〜二〇日。『大阪朝日』は一挙掲載）。『東京朝日』は、関西で売り上げ一位を競っていた『大阪朝日』から異動し、主筆となった池辺三山が政治家と親しく接し、先頭を切って対露戦争を煽っていた。非戦論を掲載するのは矛盾するようだが、トルストイは国際的に知られる文豪で、その宗教思想は日本でも『我が懺悔』（*A Confession*, 1887、加藤直士訳、警醒社、一九〇二）、『人生観』（*On life*, 1887、加藤直士訳、救済新報社、一九〇三）が注目を集めていたし、またロシア内部の戦争に同調しない動きとして報道価値が認められたのだろう。日本人の非戦論も世の戦争ムードに水を差すほどの高まりを見せたわけではなかった。

そのトルストィの声明に刺激されたのだろう、中里介山は、八月七日、『平民新聞』三九号に漢語調の新体詩「乱調激韵」を掲げた。家郷を出でて出征から戦場への行程を辿る四連三八行からなり、四連のいずれも「国の為なり、君の為なり」の二句で、思いはすべて無念に帰すというアイロニーで結ぶもの。終わりの一連を引く。

落日斜めなる荒原の夕べ、
満目に横《よこた》う伏屍を見よ、
夕陽を受けて色暗澹。
夏草の闇を縫うて流る
其腥《なまぐさ》き人の子の血を見よ。
敵、味方、彼も人なり、我も人也。
人、人を殺さしむるの権威ありや。
人、人を殺すべきの義務ありや。
あー言ふこと勿《なか》れ。
国の為なり、君の為なり。

与謝野晶子は『明星』九月号に「君死に給ぶこと勿《なか》れ（旅順の攻囲軍にある弟宗吉を歎きて）」を寄せた。

君死にたまふことなかれ、
すめらみことは、戦ひに
おほみづからは出でまさね、
かたみに人の血を流し、
獣の道に死ねよとは、
死ぬるを人のほまれとは、
大みこゝろの深ければ、
もとよりいかで思《おぼ》されむ。

〈弟宗吉〉とあるのは、堺で老舗の和菓子屋・駿河屋を営む晶子の実家・鳳《ほう》家の三男で、もと籌三郎《ちゅうさぶろう》。一九〇三年に歿した父親の名と店を継いで、当時は宗七。数え二四歳。長男・秀太郎は帝大工科大学で電気工学に打ち込み、次男は早逝していた。一家の柱となる男子は普段の徴兵は免れえたが、日露戦争では一家に一人は戦場に赴かなくてはならなかった。
なお、副題の旅順攻囲戦は陸軍第三軍による八月一九日からの第一次総攻撃を指していようが、宗七の所属は歩兵第八連隊（大阪）で第四師団に属し、日露戦争では第二軍。一九〇四年は五月の南山の戦い、八月の遼陽会戦に参加しており、旅順攻囲戦には加わっていない。旅順攻囲戦第一次総攻撃の苦戦はニュースで伝わっており、晶子がそれに仮託したと思われる。宗七は晶子とは親しく、リテラシーも高く、部隊では書記的任務を与えられたという。無事生還して駿河屋店主として寿命をまっとうした。

一九〇五年『太陽』新年号（第一一巻一号）には、歌人で作家の大塚楠緒子《くすをこ》の三連の新体詩「お百度詣」が掲載された。祈願成就をかけて、一夜に百度、神社の拝殿に参る行にも、戦争の勝利より、夫の無事を願う心が先に立つ女心に罪があろうか、とうたう。

ひとあし踏みて夫《つま》思ひ、
ふたあし国を思へども、
三足ふたゝび夫おもふ、
女心に咎《とが》ありや。

日清戦争期には、国威と戦争気分を鼓舞する歌謡が多くつくられ、それまで政治や世相の諷刺を得意とした演歌師が一転して巷に流行らせた。日露戦争期もそれは同じだったが、類型化が激しく質が落ちるとされる。ただし、戦闘中に傷つき倒れた戦友を軍規を犯して応急手当し、だが、見捨ててその場を去らなければならなかった悲しみを哀愁に満ちた言文一致体でつづった唱歌「戦友」（真下飛泉作詞、三善和気作曲）は、大阪から拡がり、たちまち人口に膾炙したといわれる。のち、日中戦争期からタテマエ上、禁止されたが、のちのちまでうたわれた。

　明治期の言論弾圧は、いきなり発行停止処分が下されるもので、のちの発売頒布禁止（発禁）に比べて、その厳しさは比べものにならない。が、日露戦争後の大逆事件のように、警察権力が社会主義者を「大逆」の犯罪者として裁く姿勢はとらなかった。言い換えると、日露戦争期の国内統治には民間の不満や怨嗟を力で圧《お》さえつけるよりも、比較的穏便に包摂する態度がとられた。列強監視のなかで文明国としてのふるまいがとられたともいわれるが、戦争があくまでも行政執行部としての内閣の責任において行われ、かつ、反対運動が直接行動主義をとらなかったためだろう。

注

＊1　和田春樹『日露戦争 起源と開戦』〔下〕、前掲書、「ロシア非難の高まり」を参照。

＊2　和田春樹『日露戦争 起源と開戦』〔上〕、前掲書、第七章「ロシア政府の対応」を参照。

＊3　第一章注5を参照。

＊4　しばしば「巨大雑誌」と称される。警視庁への届出数字では創刊から一〇年ほど一〇万部弱だか、実数はその半分と判明している（届出数字と刷り部数の比率は版元により異なり、また博文館の他の雑誌とも一律ではない）。この文芸欄で尾崎紅葉が活躍したことが硯友社の勢力を拡大するのに、また、「俳諧」欄を担当した紅葉に代わって新進の正岡子規が「俳句」欄を担当したことが「俳句」の語が広く定着するのに一役かった。
なお、一九〇二年、教科書採用を巡る贈収賄が問題になり、検定教科書から国定教科書に切り替わる際に、博文館は、総元締めとなり、出版界に不動の地位を築いた。

＊5　『日露戦争実記』は、同題名のシリーズが他に育英社からも出ている。総花的な『太陽』は、大正期に入り、多彩な記事を歓ぶ新中間層が分厚い層をなすに至ると陰りが見えはじめるが、博文館そのものの座は揺るがなかった。第二次世界大戦後、出版界で唯一、財閥解体にあい、三社に分裂した。

その他参考文献

猪木正道『軍国日本の興亡』中公新書、一九九五。

第五章　日露開戦から韓国併合まで

開戦

一九〇四年二月八日、日本軍は旅順港外でロシア艦隊を急襲し、翌日には仁川沖で海戦が行われ、一〇日に相互に宣戦布告となった。翌日、宮中に大本営を設置。桂内閣は一七日、ロンドン市場で、英貨で公債を募集することを決定し、日銀副総裁・高橋是清を帝国特派財務委員として派遣、二三日には、日韓議定書を締結し、朝鮮半島への航路を確保した。

高橋是清は翌年一二月まで、前後五回にわたって外債募集のため、イギリス、アメリカ等を歴訪したが、当初は日本の勝利を信じる者が少なく、苦心を重ねた。イギリスには、ケンブリッジ大学留学中に日本ブームを起こして知名度の高い末松謙澄を派遣。伊藤博文内閣の秘書官として帝国憲法や皇室典範の起草に携わった金子賢太郎も開戦後、かつてハーバード大学留学時に知己の間柄だったセオドア・ローズベルト大統領に接触し、アメリカ各地を講演してまわった。

ローズベルトは、日露開戦の当初から、日本を支持すると表明していた。アメリカは従来のモンロー主義すなわち非同盟国際戦略を崩していた。共和党のウィリアム・マッキンリー大統領が帝国主義政策に転じて対スペイン戦争によって、キューバとフィリピンなどを獲得したが、一九〇一年九月に暗殺され、その後を承けたローズベルトは強圧的な姿勢で中南米諸国に臨み（棍棒〔big stick〕外交）、パナマを独立させ、パナマ運河開通の後ろ盾となった。

ローズベルトは新渡戸稲造 *Bushido: The Soul of Japan*（1900）に感銘を受け、『忠臣蔵』の英訳本[*1]も読むほど日本贔屓だった。が、極東で日露の勢力が均衡すれば、アメリカが介入する機会があると睨んでもいた。全米のユダヤ人協会会長で銀行家のヤコブ・シフと鉄道王のエドワード・ヘンリー・ハリマンが先頭に立って日本の国債を買い支えるなど、極東の権益に介入するために日本を支援していた。

戦況の進展に伴い、投資に勢いがつき、四回の発行で二〇〇〇万ポンド、〇七年にかけて計六回、総額一億三〇〇〇万ポンド（約一三億円弱）の外貨公債が発行された。開戦前年の一九〇三年の一般会計歳入は二六億円。いかに膨大な資金調達だったかがわかる。のちの二回は、鉄道国有法を制定し、国鉄を担保に好条件に切り替えて発行したものだったが、これらの公債は第一次世界大戦後まで支払いが残った。

兵站の輸送を支えた海運は、軍の輸送船のみならず、民間の会社も大阪、神戸、また新潟港からフル稼働し、戦局に応じて船舶の購入も大幅に拡大していった。戦費といい、先に見た民間のジャーナリズムや海運の動きといい、日露戦争が日本にとっては官民一体となった、まさに総力戦の様相を呈していたことを如実に語っていよう。

当初、戦局の焦点となった旅順口は、遼東半島の西端、旅順湾に開いた港湾市街で、一八七八年、清の北洋艦隊の根拠地として形成されたが、日清戦争期の一八九五年には日本陸軍が占領した。そののち、ロシアが租借し、沿岸には砲台を揃え、港湾を見下ろす丘陵には塹壕式にコンクリート製の堡塁を巡らし、海からの攻撃に備えて強固な防御線が構築されていた。

日本の連合艦隊（司令官・東郷平八郎）は、ロシアの旅順艦隊（帝国海軍第一太平洋艦隊）と接触しても、旅順港内に逃げ込まれ、有効な攻撃をなしえないため、かねて用意してあった輸送船を自沈させて湾口を封鎖する作戦を、二月一八日、三月二七日、五月二日の夜間に、三度にわたって試みた。が、いずれもロシア軍に察知され、船団は湾口に至るまでに沈められるなど、作戦は失敗に終わった。

第二回の作戦で、閉塞船「福井丸」を指揮した広瀬武夫少佐（歿後、中佐に特進）が部下の杉野孫七上等兵曹（歿後、兵曹長）の安否を気遣い、船内を探索、帰るときに砲弾を受けて戦死した。軍人の鑑とうたわれ、軍神と崇められる最初の人となった。博文館『日露戦争実記』は、第九編を臨時増刊「軍神廣瀬中佐」としている。ただし、旅順港閉塞作戦は、第三回が最も規模が大きく戦死者も多かった。

旅順港封鎖に失敗したため、海軍は陸軍に旅順要塞を攻撃し、占領してロシアの艦隊を攻撃することを要請。陸軍は乃木希典《まれすけ》大将を司令官とする第三軍がこれにあたることにした。

陸軍第一軍は四月末から五月にかけて、韓国側から攻めて、鴨緑江を守備するロシア軍の砲火をかいくぐって架橋し、撃破、九連城に進軍した。ロシア軍を相手に日本軍が果たしてよく戦うことができるか、と懐疑的なのが国際的な大方の見方だった。それを一変させる目覚ましい戦いぶりが『ロンドン・タイムズ』などで報じられた。

第二軍は五月に、遼東半島の付け根にあたる最狭部の南山でロシア軍の機関銃による頑強な防御と激戦を演じ、かなりの犠牲者を出したが、海軍の艦隊からの砲撃に助けられて突破口を開いて撃破、六月には得利寺で南下してきたロシア軍を退却させた。その管理部長は石光真清《まきよ》。開戦直前まで、ハルビンに潜ってロシアの鉄道敷設の様子を探っていた。軍医部長は森林太郎（鷗外）。脚気の原因は病原菌による感染との説にこだわり、海軍の麦飯による予防可能説を受けつけなかった。日露戦争では二万八〇〇〇人以上の陸軍兵士が脚気で死亡したといわれる。鈴木梅太郎によるオリザニンの発見は一九一一年、翌年、栄養素・ヴィタミンの効用がポーランドの医学者により、広く国際的に認知された。

それはともかく、日本軍はかなりの損害を受けながらも、北の遼陽・奉天付近に集中するロシア軍部隊に迫っていった。第三軍は、六月四日に遼東半島に上陸し、旅順要塞を包囲する布陣をとった。

六月二〇日、陸軍の現地総司令部として満洲軍を設置、大本営で参謀総長だった大山巌元帥が総司令官に、参謀本部次長だった児玉源太郎大将が総参謀長となった。参謀総長は山縣有朋元帥。

八月一〇日、日本艦隊とロシア旅順艦隊の主力艦同士が黄海で交戦。また、八月一四日、日本艦隊が兵站輸送を妨害するロシアのウラジオストック艦隊を朝鮮半島南部、蔚山《ウルサン》沖で破った。これらの日本軍の勢いは当初の予想を覆すものであり、各国から派遣された観戦武官から国際的に伝えられ、外国債の売れ行きにも影響を与えた。

旅順要塞攻囲戦

ところが、海軍の最初の旅順港封鎖が失敗し、陸軍による旅順要塞攻撃も順調にはいかなかった。乃木希典を司令官とする第三軍は、要塞正面の松樹山、二龍山、東鶏冠山などに設置されたロシアの砲台や塹壕状の堡塁を攻撃目標に八月下旬から第一次攻略を開始したが(八月一九～二四日)、中小口径の火砲では先制攻撃が効かず、高台に突撃する歩兵部隊は、山頂付近からの速射式の野砲や性能を高めた全自動型マキシム機関銃の十字砲火(クロスファイア)を受けて、多くの犠牲者を出して撤退するしかなかった。防衛戦に工夫を重ねたロシア軍に応じうるだけの性能をもつ速射砲も、機関銃や砲弾の量が準備できていなかった。それゆえ、第三軍は当初予定していた日露両軍の総力がぶつかる遼陽での会戦に兵を進めることができなかった。

八月末から九月初めにかけて行われた遼陽の会戦は、日露双方の軍ともに二万名以上の損害を出すすさまじい激戦となった。日本軍は深刻な打撃を被りながらもロシア軍を後退させることができた。

第三軍の旅順要塞攻撃は、第二次も失敗に終わった（一〇月二六～三一日）。今度は、もともと東京湾など沿岸防備用としてコンクリート製の砲台に備え付けられていた二八珊《サンチ》榴弾砲を運んで木造の土台に据えて砲撃し、ロシアの要塞の防衛能力をある程度削ぐことができるようになった。だが、鉄条網で囲われた塹壕の突入口は限られ、歩兵部隊が突入しても坑道は幾重にも折れ曲がって続く。犠牲者が相次ぎ、撤退するしかなかった。

一〇月半ば、ロシアのバルト海沿岸にあるリバウ港（現・ラトビア、リエパーヤ）から、世界最強を誇るバルチック艦隊（第二太平洋艦隊）がウラジオストックに向けて出港したとの報が届いた。この艦隊が日本近海に到着する前に、旅順艦隊を壊滅させることが至上命令となった。

第三次総攻撃（一一月二六日～一二月五日）には、松樹山第四砲台に夜襲をかけるため、白襷をかけた特別支隊三一〇〇余名が組織された。乃木希典は兵士たちに死地に赴くよう訓示を垂れたという。文字通りの決死隊である。ところが、白襷はサーチライトに照らし出され、かえって機関銃の砲火を浴びた。白襷隊敗北の報を受け、一一月二八日に乃木は方針を大本営から要請されていた二〇三高地の攻略に転じたという。どういうことか？

二〇三高地は、要塞の西側に位置し、旅順港を見下ろす観測点、したがって陸上から旅順艦隊を砲撃するための重要地点として、港湾閉塞作戦に失敗して以降、海軍の要請を受けて大本営が占拠方針を立てていた。が、満洲軍現地総司令部はこれを無視して、要塞攻撃に傾注していた。ロシア旅順艦隊は、先の黄海海戦で打撃を受け、旅順港にドックがないため修復できず、ほとんどが戦闘不能に陥ったままで、わざわざ射撃する意味がない、要塞に立て籠るロシア軍を殲滅するのが先決、という理由である。

二〇三高地の頂の取り合いは、一進一退を繰り返し、熾烈をきわめた。第七師団（旭川）の約一万五〇〇〇人の兵力は五日間で八割が傷つき倒れ、三〇〇〇人に減少したという。それでも一二月五日に日本軍が占領し、旅順艦隊への観測射撃を開始した。が、実際たいした意味はなかった。港外へ脱出しえたのは、戦艦セヴァストポリだけで、これは日本海軍の水雷艇の攻撃で大破し、自沈した。

だが、二〇三高地をめぐる消耗戦はロシア軍にも大きな損害を与え、東鶏冠山・二龍山・松樹山の防御堡塁が次々に陥落、一九〇五年一月一日、旅順市街のロシア軍司令部に白旗があがった。

翌二日、ロシア関東軍司令官、アナトーリイ・ステッセリ中将は、旅順港より北へ五キロの海軍駐屯地・水師営で降伏と開城を調印。五日には水師営で、乃木大将と会見した。

水師営の会見

乃木は明治天皇からの指示を受け、ステッセリに帯剣も許すなど武人として待遇、酒を酌み交わして互いの武勇を称えあった。ステッセリはサンクトペテルブルクのドイツ系男爵家の出身で、プライドが高く、この待遇に感謝をもって応えた。のち、ロシアの軍事裁判では降伏が早すぎたとされ、死刑の判決を受けた。が、乃木の嘆願が容れられ減刑され、余命を全うした。

乃木は、台湾征討戦ののち、台湾総督を務め、教育勅語を漢訳して住民に配布などした。官吏の綱紀粛正に厳しかったため、部下と対立、総督を辞して児玉源太郎にバトンタッチした。要塞攻撃にも正攻法を貫いた。一九〇四年五月二七日、第二軍の歩兵小隊長を務めていた長男・勝典を南山の戦で失い、一一月三〇日には、旅順第三回総攻撃で次男・保典を失っていた。

この近代兵器を備えた塹壕をめぐる攻防は、日露両軍にとって初めての経験だった。日本軍は戦死者一万五〇〇〇人、戦傷者の数は六万名近かった。欧州大戦（第一次世界大戦）で塹壕はしきりに用いられ、この攻撃に一九一六年、ドイツ軍が初めて火炎放射器を用いた。

だが、旅順要塞をめぐる攻防が残したのは、多くの戦死者への思いだけではなかった。ロシア軍の激しい反撃に対し、白兵戦で打ち勝った経験は、歩兵の突撃力こそが最終的に勝敗を決するという考えを日本軍に植え付けた。第二次世界大戦期には、それにすがって、武器や兵站の不足を顧みない作戦さえ生んだ。

ロシアでは、旅順要塞をめぐるロシア軍の敗北が帝国の威信を失墜させた。たとえばロシアの革命家、ウラジーミル・レーニンは、それを確信していた。なぜなら、水師営の会見から一七日後の一月二二日、サンクトペテルブルクで血の日曜日事件が起こったからである。ロシア正教の司祭が呼びかけた、憲法制定や労働者の諸権利、日露戦争の中止などを皇帝に請願するデモが異様に膨れ上がり、これを制止しようと軍隊が市内各所で発砲、おびただしい死傷者を出し、激昂した群衆が暴動に走った事件である。これを機に、ロシア皇帝の支配体制への幻滅が国内各地に拡がり、この年、全国で暴動が勃発、内乱に発展した（第一革命）。これがロシアが日本との講和に応じる大きな理由となった。

奉天会戦

一九〇五年二月二〇日から三月一〇日にかけて、奉天（現・瀋陽）で日露両軍が激突した（奉天会戦）。日本軍は大山巌満洲軍総司令官が二五万人の兵力を率いて、アレクセイ・クロパトキン大将の率いるロシア軍三五万人を両翼から包囲する作戦に出て、奉天城を占拠したものの、ロシア軍二六万人は北方に脱出した。死傷者は日本軍七万五〇〇〇人、ロシア軍は捕虜を含めて八万人に上った。

第三軍の陣容が整うのを待って行われたものだが、ここでも乃木希典の活躍は特筆されるものだった。奉天会戦の勝利に内地ジャーナリズムは湧き、大本営も沿海州の占領を射程に入れはじめた。だが、奉天会戦の結果は、満洲の交通の要地、四平街を挟んで両軍が対峙したまま、戦線は膠着、すでにどちらも新たな作戦を立てられる状態ではなかった。

ここでロシア軍が敗走したことも、ロシア帝政の威信の失墜に拍車をかけた。ニコライ二世は、ロシア満洲軍総司令官を慎重派のクロパトキンから猛将として知られていたニコライ・リネウィッチに入れ替えた。

大山巌元帥は三月、明治天皇に奉天会戦の戦況報告を上奏するため、満洲軍総参謀長・児玉源太郎を東京へ派遣、政府首脳に戦闘継続不能を訴え、戦争終結に向けて意見を集約するよう働きかけた。児玉の調整と周旋により、アメリカを仲介役として講和に向けて動くことで意見がまとまった。このとき児玉は、講和を促進するための軍事作戦として、樺太や満洲に攻勢をかけることを国策として認めさせてもいる。

アメリカ大統領、ローズベルトはロシアに和平交渉を打診したが、ロシア側はこれを拒否した。ロシア軍にとって奉天からの撤退は、あくまで戦略的撤退であった。まだバルチック艦隊が到着していなかったからである。

日本海海戦

ほぼ一年前の五月、ロシア海軍は、日本海軍の拡張計画に対抗して、最新鋭の戦艦四隻を主力とする新艦隊を編成し、「第二太平洋艦隊」と名づけ、極東海域への増派を発表していた。一〇月にバルチック海に臨むリバウ港を出港したが、北海でイギリス漁船団を日本海軍と誤認して爆撃し、日本との同盟関係を強めていたイギリスと険悪な関係に陥った（ドッガーバンク事件）。大型艦の一部はスエズ運河の通航ができず、第二太平洋艦隊は二手に分かれ、その大部分はアフリカ大陸南端の喜望峰を回り、マダガスカル島で合流したが、駆逐艦など小艦艇は遠洋航海に向いていない。スエズ運河をはじめ極東までの制海権はイギリスが握っており、中立国の港での補給や修理は困難を極め、半年間の南洋航海で多数の乗組員が死亡したり、寄港地で逃亡したりしたという。

一九〇五年一月に旅順艦隊が壊滅したため、ロシアは急遽、残りの主力艦隊で第三太平洋艦隊を編成し、極東へ派遣、三月二六日にスエズ運河を通過して、五月九日にロシアの同盟国、フランスの植民地インドシナ（現・ベトナム）で第二太平洋艦隊と合流し、ウラジオストックを目指した。

その両軍からなるバルチック艦隊の動きを五月二七日早朝、東郷平八郎率いる海軍連合艦隊の哨戒網は、五島列島沖で確実に捕らえ、無線電信で旗艦・三笠に連絡、三笠は大本営に戦闘に入ることを連絡した。無線はイタリア人、グリエルモ・マルコーニが発明してからほぼ一〇年後、これが国際戦争で用いられた最初だった。そして連合艦隊は、対馬沖でバルチック艦隊を迎え撃った。

東郷平八郎は、戦艦が単独で戦うのではなく、戦隊を組んで共同して戦う動きを周到に演習し、決戦に備えていた。その日は波が高かったため、魚雷は用いず、艦砲射撃で敵艦に損傷を与える作戦に出た。最初の三〇分間の砲戦で、バルチック艦隊に著しく攻撃力を失わせ、丸二日間にわたる追撃戦でバルチック艦隊に及ぼした損害は、沈没二一隻（戦艦六隻、他一五隻、捕獲を避けた自沈を含む）、ウラジオストックに逃げ込めた駆逐艦以上の艦艇はたった三隻だった。被拿捕六隻、中立国に抑留されたもの六隻。兵員の損害は戦死四八三〇名、捕虜六一〇六名。捕虜にはジノヴィー・ロジェストヴェンスキー司令長官（第二・第三太平洋艦隊）、ニコライ・ネボガトフ（第三太平洋艦隊）の両提督が含まれていた。

日本側は駆逐艦一隻が大破、水雷艇が三隻沈没したが、主力艦は軽微な損傷で済んだ。戦死一一七名、戦傷五八三名。海戦史上、稀に見るほどの完全に近い勝利だった。この海戦の結果、ロシア側も和平に向けて動き出した。

この日本海（対馬沖）海戦の勝因は、相手の戦艦の性能を見極め、敵艦隊の先頭に出て、船首を正対させせて攻撃にかかる「敵前大回頭」と呼ばれる戦術や、戦艦同士がよく連携した戦隊での活動、東郷平八郎の旗艦・三笠での沈着冷静な指揮、また無煙火薬や甲板など木部に火災を起こさせやすい火薬の改良などがあげられている。またすでに述べたように、イギリスとの同盟が日本の戦艦に良質な石炭を供給するなど、軍事的側面をもっていたこと、逆にロシアのバルチック艦隊の遠洋航海を圧迫しつづけたことなどもあげられよう。

だが、日本海軍の勝利が稀に見るほどのものになったのは、丸二日間で追撃戦を完遂しえたからだろう。朝靄も濃く、夜霧も深い日本海でそれが可能だったのは、哨戒艇、各戦隊と旗艦との無線連絡が有効にはたらいたからではないか。

わたしは一九九〇年代末、ウラジオストックのロシア連邦極東大学でのシンポジウムで、日露戦争の軍事専門家とディスカッションする機会を得て、ロシア側の無線について質問したことがある。イタリアで大出力の最新型の無線電信機を積み込んだのは確実だが、たしかに海戦には使用していない。故障し、最新機ゆえに修理ができなかったのかもしれないと推測を交えた返答だった。だが、わたしは軍規に厳格だったロジェストヴェンスキーが従来どおり、旗艦の旗による指揮を好んだのではないか、と推測している。

ロジェストヴェンスキーは捕虜になったとき、負傷しており、博多の病院に入院し、東郷の丁重な見舞いを受けて、東郷に尊敬の念を抱いたという。帰国後、その負傷がもとで病死した。

外交の進展と樺太占領

日本海海戦勝利後、五月三一日、外務大臣・小村壽太郎は駐米公使・高平小五郎に、米大統領、ローズベルトに対して日露講和を友誼的に斡旋してほしいと申し入れるよう命じた。六月一日、高平はこの訓令を大統領に伝え、六月六日、ローズベルトは日露双方に対し「日露両国のみならず文明世界全体の利益のため、講和会議の開始を切望する」という内容の公文書を渡した。翌七日、ロシア皇帝からこの停戦勧告を受け入れるとの返事があった。ローズベルトは九日、日露両国に対し講和交渉の開催を正式に提案し、日本は一〇日、ロシアは一二日に受諾した。

ローズベルトが親日家であったのは紛れもない事実だが、日露講和の仲介役を果たすことにより、太平洋にも睨みを利かせるアメリカの国際的地位を確保しようとしたのである。彼はその役割を果たしたことにより、一九〇六年、ノーベル平和賞を受賞する。が、実際、一九〇五年夏には、すでにアメリカによるフィリピン支配と日本による韓国保護国化の合意へ向けた意向が交換されていた（七月二九日、桂-タフト協定）。

イギリスもまた日本の軍事力を見て、現行の日英同盟を、インド以東における攻守をともにする軍事同盟に強化拡大することを打診してきていた。日本は、これを韓国保護国化の承認と引き換えに受け入れていくことになる（八月一二日、第二次日英同盟調印、九月二七日公表）。

戦線は膠着したまま、外交が講和へ向けて動きだしていたが、日本軍は、ここでもう一つの動きを起こした。かねてより樺太占領を考えていた長岡外史《がいし》参謀次長は、講和交渉前に樺太の占領に出るよう軍首脳に上申した。が、海軍は不賛成、陸軍参謀総長の山縣有朋も同意しなかった。そこで、長岡は、満洲軍総参謀長の児玉源太郎や小村壽太郎に協力を依頼、賛同を得て説得工作を進め、ローズベルトの同調も得て、六月一五日、政府・統帥部の協議で樺太作戦を決定。一七日に明治天皇の裁可が下りて、新設の独立第一三師団に出動命令が下された。

これは、必ずしも講和促進のための軍事作戦とはいえまい。むしろ、日清戦争の折、講和の交渉に入ってから、澎湖列島を占領し、台湾を割譲させたのに似ている。実際のところ、樺太では日露戦争のあいだ、在留邦人の安全は保障され、日露両国民の関係は良好だった。戦争は軍隊同士のもので、一般国民は無関係という関係が維持されていた。

だが、それとは無関係に作戦は遂行され、七月七日、日本軍は樺太南部に上陸、さしたる抵抗も受けずに侵攻し、七月末にはロシア軍を降伏させ、全島を占領した。実際、講和交渉では樺太の割譲範囲が妥協点になった。

講和への動きが伝わると、内地の緊張は一挙に緩み、七月に入ると、戦争に倦み疲れた人々は海水浴などに繰り出しはじめた。

ポーツマス講和条約

日露講和会議は、一九〇五年八月、アメリカ・ニューハンプシャー州の海岸、ポーツマスの近郊において、日本側は小村壽太郎（外務大臣）と高平小五郎（駐米公使）、ロシア側はセルゲイ・ウィッテ（元蔵相）とロマン・ローゼン（駐米大使）を全権委員として開催された。アメリカ海軍造船所で行われた本会議は、一〇日から二九日まで全一〇回（途中、秘密会議四回）。九月一日に日露休戦協定を締結し、一日、二日に都合四回の非正式会見を開き、講和条約の調印は九月五日になされた（すべて日本時間。秘密会議と日本の正式会見は、両国代表団の宿泊施設、隣町・ニューキャッスルのホテル・ウエントウオルス）。なお、途中、一二日には、第二次日英同盟が成立している（前述）。

そもそもロシア軍が満洲から撤退せず、また韓国に利権を求める動きを見せたことに対して日本軍が戦闘をしかけ、日本軍はロシア軍との会戦には勝利をおさめて後退させたものの、圧倒的に打ち破ったというわけではない。戦闘が膠着状態に入り、日本、ロシアともに戦争継続が不能と判断したところから、講和のテーブルについたのであってみれば、賠償金、休戦ラインなど妥結点をめぐる双方の思惑がかけちがうのは当然で、交渉は難航した。

ウィッテは当初より、戦争の継続を辞さない姿勢で臨み、賠償金の支払いは交渉の項目に上らせない態度で押しまくった。途中、これを『大阪朝日新聞』が検閲をかいくぐってスクープし、国民の憤激を煽ったため、内地では譲歩反対の動きが起こった。

第七回本会議まで角突きあいが続いたが、ローズベルトがロシア皇帝ニコライ二世に軟化を呼びかけるとともに、日本にも賠償金要求放棄を勧告し、樺太の割譲に妥結の道を探るように水を向けた。だが、樺太の割譲もロシア側は認めようとせず、結局、南半分の割譲で妥結した。日本は賠償金目当ての戦争ではなかったことと、極東の平和実現という大義を押し立てて引き下がるかたちになった。

この経緯だけ見ていると、講和会議は、ウィッテに押しまくられて終わったように見える。が、ウィッテが長けていたのは国際舞台、しかも親日的なアメリカで、何を焦点にするか、といういわば会議運営におけるパフォーマンスである。韓国における日本の権益、および満洲で日本軍が占領した地域の権益は、最初から日本の懐に入るものと覚悟して議論に上らせることなく、僅かに樺太の、ロシア国民と日本国民が共存していた地域の南半分を譲ったかたちにおさめてロシアの面子《メンツ》を保ったのである。ロシアの敗け戦さを外交で救ったに等しかった。彼はロシアで、あたかも凱旋将軍なみに歓迎された。実際のところ、ウィッテにしてみれば、南満洲鉄道の利権を日本と分け合えればそれでよかったのだろう。

そして帰国後、〇五年のうちに、ウィッテは革命勢力の拡大を背景に、ロシア帝政下に議会主義に立つ初めての内閣を組織した。が、それによって革命派の勢力拡大を抑えることはできず、ニコライ二世はウィッテの内閣を押しつぶした。彼は、一九一七年、帝政ロシアが潰え去る前に歿した。

日比谷焼き討ち事件

九月五日午後、講和問題同志連合会が東京・日比谷公園での講和反対の国民大会を計画した。政府は事前にこれを禁止し、実行委員を検束《けんそく》し、公園を封鎖した。が、集まった数万人の民衆は大会を強行した。終了後、街頭に出て取り囲む警官隊に投石を行い、国民新聞社や内相官邸を包囲し、警官隊と衝突、抜剣した警官により多数の負傷者が出た。夕刻には東京市内の二つの警察署及び六つの警察分署、二〇三にのぼる派出所・交番を襲い焼き討ちした。翌六日にも、警察署や交番の襲撃が続き、一三のキリスト教会、電車一五台が焼かれた。このため、政府は東京市および府下五郡に緊急勅令による、いわゆる「行政戒厳」を宣告し、九月七日には新聞・雑誌を発行停止に追い込んだ（一一月二九日に戒厳令とともに解除）。この間、市内約七割の交番・派出所が焼かれ、負傷者二〇〇〇人、死者一七人、検束者二〇〇〇人（うち三一一人を兇徒聚衆罪〔現在の騒乱罪にあたる〕で起訴、八七人が有罪）。そのほとんどは職工、職人、人足などの未組織労働者で、戦争のしわ寄せを受けて鬱屈した不満を、新聞論調に煽られ、権力末端に向けて爆発させたものだった。この反講和運動は全国に波及し、約一ヵ月間、一六五件以上にわたる集会が開催され、神戸・横浜等で騒擾事件を起こしたが、一〇月四日に講和条約が枢密院で可決されると鎮静化に向かった。

だが、翌年の東京市電の運賃値上げに対する反対運動も暴徒化した。また足尾銅山鉱毒事件に対する「押し出し」と呼ばれる東京での抗議デモもしばしば荒れた。その後の大正政変（一九一二～一三年）から一九一八年の米騒動などまで、都市騒擾が頻発することになる。

なお、長野県松本でキリスト教社会主義の立場から『信府日報』（のち『信濃日報』に改題）主筆として廃娼運動や普通選挙法運動に活躍した木下尚江は、一八九九年、東京の『毎日新聞』（旧横浜毎日新聞系、島田三郎が社長）に移り、一九〇一年に幸徳秋水、片山潜、堺利彦らの社会民主党の結成に参加、日露戦争前夜には非戦論の論者として活躍し、一九〇四年に『毎日新聞』に非戦論を盛り込んだ小説「火の柱」を連載した。だが、天皇制即時撤廃論を掲げていたこともあり、日露戦争後の民衆暴動の容疑者にされると刑死は免れまいと感じて、彼は社会主義運動から身を引き、宗教色を強めていった。

小村壽太郎の帰国

途中、何度もふれたが、日露戦争は激戦がつづいた。兵器も重火器が投入され、双方が機関銃を用いた。戦死者は約八万四〇〇〇人。戦傷者は一四万三〇〇〇人（アジア歴史資料センターによる）。失明や手足を失うなど重度の障害を負った傷病兵も続々と内地に帰還していた。日清戦争のときから傷病兵の療養地に指定されていた湯河原、また箱根などが保養地にあてられた。戦後には廃兵院（のち、傷兵院）が東京の病院、のち豊多摩郡に移され、さらに転地を重ねた。最初の収容者数は三万七〇〇〇人余とされる。その生活保障に政府は月一〇円の恩給を出したが、家族まで生計を維持できる額ではなく、社会問題化した。重工業化を進める政策にとっても男性の働き手の不足が懸念された。

小村壽太郎は、ポーツマスでの講和会議ののち、ニューヨークで体調を崩して休養していた。すぐに内地に帰っても非難の渦に巻き込まれるだけだっただろう。九月二七日にアメリカを発ってバンクーバー経由で一〇月一六日、横浜港に帰った。留守中、外相官邸にも危険が感じられるようなことがあり、小村の家族は避難し、また帰国する小村を家族そろって横浜に迎えにいくことは控えさせられたようだが、このころには、日本は大国ロシアに打ち勝って世界の一等国に仲間入りしたという評判が浸透しはじめていたから、小村が直接被害にあうことはなかった。

帰国後の小村に待っていた最初の仕事は、その年の八月にアメリカの鉄道王エドワード・ヘンリー・ハリマンが来日し南満洲鉄道の経営を共同事業化することを桂首相らに提案、仮契約まで進んでいた件を破棄することだった。ハリマンは、日本の戦時公債五〇〇万ドル分を引き受けた実業家で、アメリカの鉄道をアラスカからベーリング海峡を渡ってシベリア鉄道に繋げるという遠大な計画の一環として、朝鮮と南満洲鉄道を繋ぐ計画を資金繰りなども含め、好条件で持ちかけていた。とにかく資金に困窮していた桂内閣は乗る気だった。が、小村の帰国を待つだけの配慮はなされていた。

小村は、東清鉄道南満洲支線の譲渡には清国の同意が必要なこと、日露戦争の成果を外資に明け渡すような真似はしにくいこと、もっと有利な出資がアメリカ資本からありうることなどを述べて、桂や元老らを説得し、一〇月二三日の閣議において破棄が決定した。

小村は、帰国直後にハリマンの満洲進出の考えを知ると、即座にそれを阻止する意向を示したといわれる。その理由の一つは、井上馨などと違って、満洲での鉄道経営は日本の国益につながると考えていたからである。もう一つ、金子堅太郎の情報によって、ハリマンのライバルであるモルガン商会系の企業から多額の融資を受ける目途が立っていたためともいわれる。だが、アメリカの金融を独占するモルガン商会の名は、その後、登場することはない。後者は、財務上のいわば「当て馬」に近く、当初より専ら前者に狙いがあったと見てよいだろう。というのも、小村はアメリカから帰国してわずか三週間後の一一月六日には北京に向かい、一七日からの北京会議に臨んで、南満洲における鉄道経営を日本と清国とで分け合うかたちに運んだからである。

満洲善後協定と満鉄の成立

その北京会議は、ポーツマス条約を批准するために、その条件を日清両国間で整えるためのものだった。日本側全権は小村と駐清公使・内田康哉、清国側は欽差全権大臣・慶親王奕劻を首席全権とし、全権に外務部尚書の瞿鴻禨《グコウキ》と直隷総督・袁世凱が連なった。清国は日露開戦直後、内田駐清公使からの勧告を受けたこともあり、一九〇四年五月一三日、一八九六年露清密約（李鴻章－ロバノフ協定）すなわち清国が東清鉄道の南満洲支線をロシアとの共同事業とし、その利権を互いに保証するとした協定を慶親王が暴露し、一八日にこれを破棄して中立を表明していた。それゆえ清国は、ポーツマスで頭越しにロシア利権の日本への譲渡が決められたことに反撥し、交渉は難航した。

だが、小村は、南満洲におけるロシアの権益を日本が引き継ぐことを清国側が承認せざるをえないような手を持ち出したのである。清国が破棄したはずの露清協定まで、日本とのあいだに引き継がれるべきだという論理は、いささかトリッキイといえるだろう。だが、列強の浸食から清国を守るためには、それしか手がないと押しまくったのである。

東清鉄道の南部支線、その長春から旅順までは戦時に日本の車両が運転できるように軌道の幅を狭くしていたが、それはもとより、南部支線の長春から吉林までの延伸を想定したもので、関東省の二五年租借期限もそのままロシアから引き継ぐかたちに整え、さらに沿線鉱山の採掘権の保障と、鉄道沿線および関東州の守備隊を常駐させることまで取り付けた（のちの関東軍）。さらに日露戦争時に日本軍が安東－奉天間に結んだ軽便鉄道、安奉線の使用を継続し、これを日清共同事業とすること、南満洲支線の利益を損ねる併行線を敷設しないこと（密約）、南満洲支線の沿線以外に、営口・安東・奉天における日本人居留地の設置の許可、鴨緑江右岸の森林伐採を清との共同事業とすることなども加えた。当初はイギリスがかかわって敷設された北京－奉天間の鉄道経営にもイギリスの関与を拒むなど、これ以上、満洲を西洋列強に蚕食させることなく、日本と清国の共益をはかる姿勢に貫かれている。いわば日本による満洲地域の保護国化ともいうべき内容である。のちの満洲経営の土台が築かれたに等しい。この満洲善後条約（日清間の「満洲ニ関スル条約」）が結ばれたのは、一二月二二日だった。

一重に小村の外交手腕の賜物といってよい。交渉がまとまると、小村は北京で病で倒れた。内地では桂太郎が内閣を総辞職し、西園寺公望に交替、いわゆる桂園時代が幕を開けた。小村も外相を辞し、翌一九〇六年一月九日、枢密顧問官に任じられた。

ところが、一九〇六年三月、日清間の「満洲ニ関スル条約」へのリアクションがイギリス、アメリカから相次いで起こった。日本は満洲で門戸開放を実行していない、ロシアの占領期よりむしろ閉鎖されている、という抗議が公式になされた。

伊藤博文は英米との関係悪化を憂慮し、五月二二日、元老・閣僚・軍部首脳を集めて首相官邸で「満洲問題に関する協議会」を開催し、関東州租借地を清国に返還し、軍政を早期に廃止する旨を唱えた。それに対して、この年四月まで台湾総督を兼任していた児玉源太郎は、このときには参謀総長に就任していたが、ロシア軍の報復戦に備え、「兵力の運用上の便を謀り陰に戦争の準備」を行うだけでなく、「鉄道経営の中に種々なる手段を講ずる」という満洲経営に積極的に乗り出す構えを見せた。韓国を保護国化したことにより、ことが治まるとするか、あくまでも満韓は切り離せないとするか、が依然として問われていたのである。英米からの抗議に対しては一九〇六年九月に関東州を民政に移管し、ひとまず緊張を解いた。

児玉源太郎には、一八九五年の下関条約によって日本が領有した台湾を、その一〇年後に本国からの補充金なしで運営可能にした実績があった。彼は、その台湾総督を兼任したまま、満洲軍参謀長を務め、そして、イギリスのインド経営をモデルに満洲を一大植民地にすることを検討していた。彼が策定した「満洲経営策梗概」には〈戦後満洲経営唯一ノ要訣ハ、陽ニ鉄道経営ノ仮面ヲ装ヒ、陰ニ百般ノ施設ヲ実行スルニアリ〉とある。だが児玉は、この年七月に脳溢血で急逝してしまう。

西園寺公望首相の下で、児玉の台湾経営を支えてきた後藤新平によって計画された満鉄（南満洲鉄道株式会社）が一九〇六年一一月、特別法による特殊会社として設立された。鉄道施設を国家資本とし、民間から株式を公募する半官半民方式である。さらに膨大な調査費を含む事業費は、外資を募る方式が整えられていた。

なお、西園寺公望は首相就任後、お忍びで満洲を訪れていた。児玉の勧めによるという。この経緯をつぶさに眺めてみるなら、小村が清国とのあいだに、いささか強引な論理で満洲善後条約を取りつけていった裏には、児玉の後ろ盾があったことが見えてこよう。小村壽太郎がポーツマスから帰国後、内閣とハリマンとの仮契約を退け、満洲善後協定に向けて動いたときから、児玉源太郎と連携をとり、桂太郎を挟んで元老たちを向こうにまわして、ことを運んでいたにちがいない。そう感じるのは、わたしだけではないだろう。

韓国併合へ

先にふれたが、一九〇五年八月、ポーツマス講和会議に先立ち、イギリスとのあいだで、第二次日英同盟が締結された。イギリスのインドにおける特権と、清国に対する列国の商業の機会均等を認めること、締結国が他国と交戦した場合は、同盟国はこれを助けて参戦することを義務付けた攻防同盟に強化されている。イギリスが戦端を開けば、日本は参戦しなくてはならない。イギリスが日本の大韓帝国の保護国化を承認する条件で妥結した。これによって日本は欧州大戦に協商国側に立って参戦する義務が生じていたのである。

アメリカとのあいだでは、一九〇五年七月の桂－タフト協定ののち、一九〇八年、駐米大使となった高平小五郎が一一月末にアメリカの国務長官エリフ・ルートと交渉し、高平－ルート協定を結んだ。アメリカによるハワイ王国併合およびフィリピン統治を日本が認め、満洲における日本の地位をアメリカが承認するものである。同時に、アメリカは日本の韓国保護国化を、日本はアメリカによるカリフォルニアへの移民制限を、それぞれ黙認する関係が築かれた。

帝政ロシアとの関係は、一九一七年のロシア革命まできわめて良好に進んだ。日本側は、本野一郎駐ロシア大使が全権となり、一九〇七年に第一次、一九一〇年に第二次、一二年に第三次、一六年に第四次と、満洲における互いの権益を認めあう協定が重ねられていった。一九〇七年には、フランスも韓国に対する日本の優越権を認めることになる。なお、第二次のときには、アメリカがドルの力による外交政策の一貫として、国務長官フィランダー・チェイス・ノックスが満洲の鉄道のすべてを中立化する提案をしたが、これを拒否し、東清鉄道南満洲支線を日露で南北を繋いで共同経営するかたちを維持した（一九一七年、革命ロシアが成立し、一九三二年に「満洲国」が成立したのち、三五年、長春－ハルビン間がソ連から譲渡された）。

このようにして日露戦争後、列強とのあいだはほぼ順調に運んでいったが、韓国とのあいだはぎくしゃくした状態が続いた。日露戦争で朝鮮半島を軍事的に制圧した日本は、一九〇四年八月に第一次日韓協約を結んで、韓国政府の財政・外交の顧問に日本政府が推薦する日本人一名、外国人一名を任命することをとりつけ、外国人顧問にはアメリカの駐日大使を送った。が、韓国皇帝高宗はこれを不服とし、諸外国に密使を送っていたため、一九〇五年四月、第一次桂太郎内閣は「韓国保護権確立の件」を閣議決定し、大韓帝国の外交権を奪うことを決め、一一月には第二次日韓協約を結んで、これを承認させ、事実上の保護国とした。一二月には伊藤博文が初代韓国統監に就き、翌年一九〇六年二月には日本大使館を統監府に改め、全国一二ヵ所に理事庁を置いた。

いよいよ不満を募らせた高宗は六月、オランダ・ハーグの第二回万国平和会議に密使を送り、外交権の回復を訴えた（ハーグ密使事件）。が、紛争を引き起こすもととされ、無視された。しかし、その責任を問われた伊藤博文は七月に高宗を退位させ、第二子の純宗《スンジョン》が皇帝に即位すると、第三次日韓協約を結んで、内政を日本に委ねさせ、八月には軍隊を解散させた。抵抗は強権的に弾圧し、ほぼ完全に韓国を支配下においたことになる。

だが、伊藤は韓国併合の意思なしを表明、一九〇九年には韓国銀行（第一銀行から中央銀行業務を移管。一九一一年八月に朝鮮銀行に改称）を設立して経済的支配を強めながら、翌年九月には漢城府に朝鮮皇室博物館を造営するなどした。小学校でも皇帝の写真を拝ませていた。伊藤は、いわば韓国の「国体」を変革せずに服属させる方策を進めていたのである。

しかし、日本の国内世論は、日本の国体と矛盾するとして、それに反撥を示した。一九〇九年三月末、外務大臣・小村壽太郎は、日韓併合を断行する意見書を内閣総理大臣・桂太郎に提出し、桂内閣は、これを承認した。これに伊藤も同意しつつ、なお韓国とは互いに協働して進むと表明している。伊藤の真意は周辺もなかなかつかめなかったようだ。

伊藤博文の暗殺と韓国併合

一九〇九年一〇月二六日、日露関係の調整のため、清国内のハルビンを訪れていた伊藤博文は、白昼、ハルビン駅構内でロシア軍の閲兵を行っているさなかに拳銃で撃たれた。伊藤は、三発被弾し、うち、二発が致命傷となり、間もなく歿した。

ロシア側は関わりを否定し、隊列の陰から拳銃を発射した韓国人・安重根《アン・ジュングン》らを逮捕、日本側に引き渡した。ロシアが利権を持つ東清鉄道の付属地は治外法権だったため、清国は関与できなかった。関東都督府の管理地である旅順での取り調べに対し、安重根は犯行を自供、裁判でも「愛国主義の義兵」を名のり、東洋平和を害する張本人として伊藤博文を射殺したと主張し、一九一〇年三月、死刑に服した。[*2]

この事件でロシアは韓国を完全に見放し、日本国内では軍閥が台頭、伊藤の後を継いだ曾禰荒助《そねあらすけ》が病で退任後、寺内正毅《てらうちまさたけ》が韓国統監となり、韓国併合への動きが促進された。韓国の李完用《イワニョン》首相は、日本に併合されることは覚悟した。韓国という国号と皇帝に王の尊号を残すことを条件にあげた。寺内正毅は皇帝の尊号については妥協の姿勢を示しつつ、韓国皇帝が統治権を日本の天皇に譲るという旨の勅諭を用意し（勅諭の印は統監府の管理）、その勅諭と併合条約とを韓国の要人たちに認めさせるようにことを運んだ。この外形を整えたのは寺内正毅の独断専行による。[*3]

こうして一九一〇年八月二二日、韓国皇帝が李完用に全権を委任する詔書を発表し、同日、漢城府で併合条約が寺内統監と李完用首相とのあいだで調印された。二九日には、皇帝の勅諭と天皇の詔書が発表され、寺内の諭告も出された。列強諸国も承認したかたちになり、日本は大韓帝国を「朝鮮」として併合した。日本軍が戒厳状態に置いたため、表向きは平穏に進んだ。が、母国喪失を嘆いて自決した人が二八人にのぼったとされる。[*4]

「併合」は、アメリカ合衆国がテキサスやカリフォルニアを併合したのと同じ"annexation"の語が用いられた。が、それなりの自治権を認めて州として併合するのと、保護国よりもさらに独立性を奪い、日本の領土として組み入れるのとでは相当の差がある。のち三五年にわたる植民地支配がつづくことになった。足掛けで「日帝支配三六年」といわれる。

台湾の日本領土への組み入れのときと同じく、武断政治を断行してゆくが、台湾では現地民の少数民族のなかから協力者を採用し、いわば間接統治方式をとったのとは異なり、警察官も現地採用で日本人を雇った。サーベルを下げて威圧する取り締まりが行われた。

タテマエ上は「対等の合併」がうたわれたが、それは皇族や協力者への待遇に限られよう。明治天皇は韓国の皇族を日本の皇族に準じる王公族とし、大韓帝国最後の皇太子・李《イ》垠《ウン》に梨本宮方子《なしもとのみやまさこ》が降嫁、皇族同士の縁戚関係が結ばれ、韓国併合に貢献した朝鮮人には、子爵の地位が与えられた。

なお、韓国併合を機に、俄かに日鮮同祖論が盛んになった。『日本書紀』『古事記』『風土記』などの神話やヤマト朝廷が朝鮮半島の一部を支配していたこと、朝鮮半島からの渡来系の人々が多かったことを併せて、江戸時代から唱えられていた説を復活させたものだが、さらに、鳥居龍蔵による北アジア一帯の民族・民俗学などの調査結果が結びつけられ、流布したのだった。

朝鮮半島では、稲作の推進が図られた。とくに第一次世界大戦の影響による好景気（大戦景気）は、日本の内地に米消費量の増大をもたらした。日本の農産物は農村人口の都市への流出により、伸び悩んでいた。それに対応するため、自作農の育成が課題にのぼった。また、医療では西洋医学への反撥が強く、中国の伝統的医療への見直し策もとられた。

のち、欧州大戦後の一九一九年二月八日、韓国から日本への留学生たちが東京神田のYMCAで「独立宣言書」を採択したことが発端となって、民族自決権の獲得を目指す運動が起こり、韓国全土に叛乱が拡がった（三・一独立運動）。これは、その年、中国の五・四運動を呼び起こした。

その圧力を受け、また一九二〇年に国際協調路線に切り替えたことにより、日本は武断政治を文治政治に転換し、民族独立志向の文化人を親日家として育成する政策に切り替えていった。

だが、その間、朝鮮から流入する人々も多かった。一九二三年九月の関東大震災時には「不逞鮮人」の流言飛語に躍らされた自警団により、多くの韓国人が虐殺された。官憲による策謀がいわれるが、朝鮮支配の仕方への反撥を怖れる気持ちが内地に蓄積していたことが、その遠因としてはたらいたことは否めないだろう。

注

＊1　井上十吉による英訳 *Chushingura or the Loyal Retainers of Akao* が博文館から一八九四年に刊行されていた。

＊2　伊藤博文の遭難当時、随行していた貴族院議員・室田義文が最晩年の談話で、伊藤が受けた銃弾は拳銃のものではなく、フランス製のカービン銃の弾で、しかも駅の二階の食堂から発砲されたものだったと語っていたことが、一九三八年の逝去後に明らかにされた（『室田義文翁譚』一九三九）。そのため、今日まで真犯人について諸説が入り乱れている。

＊3　和田春樹『韓国併合 一一〇年後の真実——条約による併合という欺瞞』岩波ブックレット No.1014、二〇一九を参照。

＊4　朴殷植『朝鮮独立運動の血史』1、平凡社、一九七二、七〇頁。寺内正毅「韓国併合始末」（一九一〇）『韓国併合関係始末資料』不二出版、一九九八。

その他の参考文献

・李泰鎮・李相燦編『条約で見る韓国併合——不法性の証拠』（ハングル）東北亜歴史財団、二〇一〇

・李建志『李氏朝鮮 最後の王 李垠評伝』一～三巻、作品社、二〇一九～二〇二二

第六章　明治の終焉と大正デモクラシー

大逆事件

一九〇九年一一月三日、長野県東筑摩郡中川手村明科（現・安曇野市）の山中で、宮下太吉が爆裂弾の爆破実験を行い、翌年五月に逮捕され、宮下と管野スガほか二名の社会主義者が明治天皇の暗殺を計画していたことが発覚した。検察は大逆罪にあたるとし、警察は宮下や管野が事前に平民社を訪ねて幸徳秋水と接触していたことをつかんでいたため、秋水を首謀者に仕立てて、彼と連絡のあった社会主義者・無政府主義者、数百人を一網打尽に逮捕・検挙し、紀州・熊本・大阪などの活動家、二六名を起訴。審議もなしに一九一一年一月一八日に、死刑二四名、有期刑二名の判決が言い渡された。「大逆」は、古代中国の律で、皇帝とその妃、一族への謀反や墓を暴く行為をいい、ヤマト朝廷もそれに準じて、極刑をもって処した。近代日本では、一八八〇年、刑法典に「大逆罪」を定めた。未遂でも死刑、控訴なしの規定だった。

このフレーム・アップは、元老・山縣有朋の指揮により、司法と一体になって第二次桂太郎内閣が行った無政府主義硬派（直接行動派）への強権的弾圧にほかならない。この年八月二日には、文部次官・岡田良平により各地方長官に向けて、図書館から風俗紊乱《びんらん》、安寧秩序紊乱図書を撤去するよう通牒が出されている。

これに抗議するアナーキスト系の集会が一一月にニューヨーク、ロンドン、一二月六日にはパリで開かれた。二〇世紀への転換期には、国際的にアナーキズム（国家や政府を認めない無政府主義）が拡がり、サンディカリズム（工場労働者の組合の闘争により社会変革を目指す思想）やギルド社会主義（職能団体の結束を重視するもの）、社会主義（市民社会の利害を第一とする思想）の境界はあいまいになっていた。

幸徳秋水は、一九〇一年、いち早く『廿世紀之怪物帝国主義』（内村鑑三序文）を刊行、また一九〇六年にはマルクス・エンゲルスによる『共産党宣言』（*Manifest der Kommunistischen Partei*, 1848）を堺利彦と翻訳（英訳からの重訳）、ドイツ社会主義のフェルディナント・ラッサールやピョートル・クロポトキンの相互扶助思想、またアメリカの社会ダーウィニズムなどを広く学んでいたが、日露戦争後には、議会への請願ではなく、直接行動の必要を訴えていた。それが官憲に狙われたのである。

一九〇六年一月、桂太郎に代わって第一次西園寺内閣が発足。西園寺は国際情勢を見て、社会主義でも穏健派は容認する方針を打ち出した。一月のうちに初の合法的社会主義政党「日本社会党」が結成された。が、幸徳秋水ら「直接行動派（硬派）」と、議会を通じた合法的政権奪取を主張する「議会政策派（軟派）」に分裂。硬派が危険視され、結党から一年で治安警察法違反により、結社禁止命令が下された。

だが、一九〇八年六月、新聞紙条例違反で禁錮刑に処せられていた山口孤剣（義三）の出獄歓迎会が東京・神田の映画館・錦輝館で開催され、久々に硬派・軟派あわせて数十名の社会主義者が集った。荒畑寒村ら硬派は、散会間際に「無政府共産」などと白文字で書いた赤旗を掲げ、革命歌を歌って、軟派に示威行動したのち、街頭に出ようとし、その際、警官隊ともみあいになり、女性四名を含む党員一二名が検挙された（赤旗事件）。八月には、大杉栄を筆頭に幹部らが禁錮刑を受けた。硬派は政府への復讐を喧伝した。

何本かの赤旗をめぐる警官との小競り合いが、大きな犯罪のように扱われたのは、山縣有朋がこの事件を西園寺内閣の社会主義との融和政策の失敗として描き出したからである。西園寺は事件後、辞表を提出、七月には内閣を解散し、第二次桂太郎内閣と交代していた。民衆暴動が相次ぐ時節を迎え、権力はいわば台風の目になりそうな無政府主義運動を潰しにかかっていたのである。そこへロシア虚無党のテロリズムに煽られた管野スガや宮下太吉らは飛び込んでいったのと同然だった。厳しい言い方になるが、幸徳秋水には革命家として警戒心が足らなかったところもあろう。

大逆事件は「偉大なるアナーキスト」、レフ・トルストイに心酔する徳冨蘆花を奮い立たせた。秋水らの死刑を阻止するため、兄・蘇峰を通じて首相・桂太郎へ嘆願したりした。一九一一年一月に秋水らが処刑された翌月の二月、第一高等学校生徒に共鳴者を得て「謀叛論」を講演した。激越なアジテーションである。最後を〈謀叛せよ！　謀叛せよ！　謀叛せよ！〉と結ぶ。

講演を許可した校長・新渡戸稲造は文部省に呼びつけられ、口頭で辞任伺いを出す騒動になった。結果は譴責処分。また、石川啄木はアナーキズムへの関心を深め、「時代閉塞の現状――強権、純粋自然主義の最後および明日の考察」（一九一〇、生前未発表）で、文芸は混乱を深めている自然主義から国家権力との対決へ向かうべきときだと記した。

大逆事件をめぐって閉塞感が拡がっていた。内務省は一九一二年二月二五日、教派神道・仏教・キリスト教の三教を華族会館に招集し、宗教的精神の涵養を通して〈皇運ヲ翼賛シ国民道徳ノ振興ヲ図ランコト〉を要請した（三教会同）。内務次官の床次《とこなみ》竹二郎が計画し、内務大臣・原敬が挨拶した。仏教界、キリスト教界それぞれに反撥をはらみつつも、教派神道（一三人）、仏教（五一人）、キリスト教（七人）の代表、計七一人が一堂に会した。[*1]

赤旗事件で有罪判決を受け、獄中にいた大杉栄、荒畑寒村、堺利彦、山川均は大逆事件の連座を免れ、いわゆる「社会主義の冬の時代」に耐えてゆくことになる。一九一七年、ロシアでボルシェビキ革命が成り、一九一九年、コミンテルンの日本支部を山川均は秘密裡に引き受けていた。一人、大杉栄はボルシェビキ革命の本質を権力独裁と看破し、それを訴えて国際労働運動に波紋を広げ、国内では戦闘的労働者のなかに飛び込んでいった。その人気は一九二〇年、官営八幡製鉄所（現業二万三〇〇〇人）のストライキなどに火を点けた。

一九二〇年、日本はＩＬＯ（国際労働機関）を傘下に抱える国際連盟の常任理事国につき、国内労働運動を一定程度、解禁した。欧州大戦後、不況の波が押し寄せるなか、一九二一年には、神戸で川崎造船所と三菱系三社が賃上げ等の要求を掲げ、神戸で消費者運動などに活躍していたキリスト教社会主義の運動家、賀川豊彦を担いで約三万人規模の未曽有の大ストライキが数ヵ月にわたって打たれた（途中、指導組合の交替や断続がある）。八幡製鉄所とともに、大量の解雇者を出して収束したが、八時間労働制の要求は容れられた。

南北朝正閏論争

明治末に戻る。一九一一年一月、第二次桂内閣のとき、南北朝正閏《せいじゅん》論争が政治問題化した。前年から国定教科書に、帝大国史学科が採用していた南北朝併立説が採用されつづけていることが検定で問題になっていた。[*2] 併立説、北朝正統説、南朝正統説がそれぞれ、三上参次、吉田東伍、黒板勝美らによって唱えられてはいたが、幸徳秋水が法廷で「いまの天子は、南朝の天子を暗殺して三種の神器をうばいとった北朝の天子ではないか」と発言したことが外部へ漏れたことも政治問題化にはたらいたらしい。

『読売新聞』がとりあげ（一月一九日、社説）、二月四日、帝国議会に藤沢元造代議士が国定教科書における併立説を非難する質問書を提出、二月二七日に南朝を正統と決議し、教科書執筆責任者の喜田貞吉が休職処分を受けた。文部省は北朝天皇を削除し、「南北朝」の呼称を排する通牒を出した（三月四日）。翌年から国定教科書は、水戸藩の『大日本史』を根拠に、三種の神器を所有していた「吉野朝」（南朝）を正統とした。[*3]

これは、はたして帝国議会で決議するような問題だろうか。犬養毅が率いる野党・立憲国民党の政府攻撃の意図が露骨で、かつ元老・山縣有朋が背後で南朝正統説に与したことが絡んで、政治決着したと見てよい。最終的には、明治天皇が三種の神器の保有を根拠に「南朝が正統」と裁定した。が、皇室は従来通り、北朝系天皇も祀りつづけた。

天皇機関説論争

一九一一年一二月には、東京帝大法科大学助教授（翌年教授）・上杉慎吉が『帝国憲法講義：国民教育』（有斐閣）で「天皇即国家」、国家の主権は天皇にあると主張、翌一九一二年三月に東京帝大法科大学教授・美濃部達吉が『憲法講話』（有斐閣）で、天皇機関説（法人としての国家が権力主体であり、天皇はその最高執行者）に立ち、議会と地方自治を重んじる内容を主張し、論争になった。美濃部の説は、前年、文部省が開催した中等教員夏期講習会（師範学校・中学校の校長や教員を対象とした講習会）における講義をまとめたものので、当然、当時の文部省の意向と合致していた。彼は一九一二年に、穂積八束の次の法科大学長に就任する。

総合雑誌『太陽』一〇月号（第一八巻一四号）に穂積八束は「国体の異説と人心の傾向」を寄稿し、美濃部の天皇機関説は、最近のドイツ流の君主機関論によるとし、憲法制定時に、イギリスの立憲君主制にならわず、一八八二年に伊藤博文がプロイセンの憲法のみ調査したのは、国家統治の主権が天皇にあることが自明であったからだ、と論じている。『太陽』には、その他、アジア主義者で社会主義寄りの田岡嶺雲が主権は国家にあるという意見を寄せてもいる。

この美濃部の論議は、一九世紀ドイツの公法学者・ゲオルグ・イェリネックが、君主に絶対的権力があるとする説に反対して、人権と市民権を唱えた『人権宣言論』(*Die Erklärung der Menschen und Bürgerrechte*, 1895、美濃部達吉訳、有斐閣、一九〇六)および、国家の執行権は法によって拘束されるとする『国家法人説』(*Allgemeine Staatslehre*, 1900)にもとづき、天皇の主権は法によって制限されるとする説に立つもので、帝国憲法制定後、法科大学教授・一木喜徳郎が『日本法令予算論』(哲学書院、一八九二)で唱えていた天皇機関説を、より議会主義や人民主権説に近づけるものだった。[*4] これが官僚層、知識層に公認されたかたちになったことが大正デモクラシーの波を支え、政界は政党中心、普通選挙の実施へ向かった。

官僚層が天皇機関説に馴染んでいたのは、一九世紀ドイツ語圏の代表的法学者であったヨハン・カスパル・ブルンチュリの主著『一般国法学』(*Allgemeines Staatsrecht*, 1851-52)を加藤弘之が『国法汎論』(一八七二)として文部省から翻訳、刊行し、これを教科書のように受け止めていたからだろう。ドイツにおける国家有機体論の代表的著作である。なお、そこには世界帝国論、あるいはヨーロッパ共同体の理想も述べられている。[*5]

上杉慎吉は、イェリネックの国家法人説から出発し（『帝国憲法』一九〇五、『比較各国憲法論』一九〇六）、一九〇六〜〇九年、ドイツに留学してイェリネックのもとで学んだにもかかわらず、天皇を絶対君主のように見なす穂積八束の後継者の位置についたことになる。一九一三年、『国家学会雑誌』（二七巻一号）に掲載した「皇道概説」には〈神とすべきは唯一天皇〉〈天皇は絶対無限〉〈現人神〉などの言辞が見え、伝統的国体論に急速に寄っていったことがうかがえる（ただし、そののちには国家社会主義を研究しており、神がかった観念に心酔していたとは思えない）。

ここには美濃部達吉と同期で帝大法科大学を卒業し、六年間ドイツに留学して、オットー・フォン・ギールケらゲルマニステン（民族主義法学派）のもとで学んで帰った筧克彦に接近したことがはたらいたと推測される。筧は、法科大学内の論争がドイツの国法論の両派を映しているだけだと揶揄していたという。というのも、筧克彦は、帰国後、伝統的「法」概念を仏教哲学に探って、大作『佛教哲理』（有斐閣、一九一一）を上梓しており、本来、独立した物は存在せず、すべてが関連し合っているとする仏説（本来無一物）に立ち、国家・天皇・臣民は、本来〈一心同体〉〈普遍我の表現としての皇国体〉であるという説を提出していた。そして、それによって『古神道大義 皇國之根柢萬邦之精華』（清水書店、一九一二）で、江戸時代の平田篤胤の復古神道とも異なる、高天原の本来あるべき神統譜を組んでみせた。さらに、それを補訂した『続古神道大義』上下巻（清水書店、一九一四

〜一五）の〔下〕では、天皇を普遍的な「宇宙大生命の表れ」とし、それゆえ儒教も仏教も日本化しえた、キリスト教をも同化しうると展開している。

筧克彦は教室で黒板に向かって柏手を打ち、また「日本体操《やまとばたらき》」なるものを考案するなど、知識層には一風変わった学者と思われていたが、大正天皇の妃・貞明皇后の信任篤く、一九二五年春に行った進講をまとめた『神ながらの道』（内務省神社局、一九二四／岩波書店、一九二六）を刊行。のち、一般向けに説いた『皇国精神講話』（春陽堂書店、一九三〇）は、皇道主義に立つ将校たちの教科書のように扱われた。目次からして「宇宙大生命」の文字が躍る。

そののち、一九三五（昭和一〇）年に国体明徴運動が帝国議会に持ち込まれ、内閣決議で天皇主権論が公認され、美濃部達吉の天皇機関説論は発売頒布禁止処分を受けることになる。[*6]

明治の終焉

明治天皇は、一九一二年七月一〇日ころから持病の糖尿病が悪化し、尿毒症を併発、二〇日に宮内省は重態を発表した。公式には三〇日午前零時四三分崩御と発表され、これに伴い、皇太子・嘉仁親王が皇位継承し、第一二三代天皇（大正天皇）として践祚、七月三〇日より大正元年となった。

九月一三日午後八時、東京・青山の大日本帝国陸軍練兵場（現在の神宮外苑）において明治天皇の大喪の礼が執り行われた。遺言に従い、柩は伏見桃山陵に移され、翌一四日に埋葬された。

なお、一九二〇（大正九）年一一月一日、東京渋谷区代々木に御霊を祀る明治神宮が創建されるが、それ以前に昭憲皇太后も崩御したため（一九一四年四月一一日）、合祀された。葬場殿の跡地は神宮外苑とされ、神宮創建前に聖徳記念絵画館をはじめ、各種の文化・体育施設が建てられて今日に至る。

境内の造苑は一九一九年からはじまり、そのほとんどが全国青年団の勤労奉仕により整備された。現在の深い杜《もり》の木々は全国からの献木が植樹されたものである。

二〇世紀に入る頃から、江戸時代に各地に培われてきた若者組がYMCAなどに刺戟を受けながら、各地で勤労奉仕を旨とする青年団に改組され、一九一〇年ころからボーイ・スカウト運動が紹介されるなどして、青少年の団体活動が活発化していた。これは高等小学校や中等学校の教育が順調に展開しはじめ、新中間層が拡大してゆくにつれて、思春期ないし青年期が社会的に、いわばモラトリアム期間として定着してきたことと表裏する現象であろうが、明治神宮の造園は、それを国家レヴェルで集約するものだった。勤労奉仕の人数は、一九二二年末の時点で一〇万人を超えたとされる。

後に、この勤労奉仕の功績を皇太子・裕仁親王（昭和天皇）が称えたことを記念し、青年団の寄付により隣接地に日本青年館が建設された。

明治天皇の大喪の礼に戻る。総合雑誌『太陽』は総力をあげて臨時増刊「明治聖天子」(第一八巻 第一三号、九月一〇日)と「御大葬記念号」(第一八巻 第一四号)を編集し、明治の終焉を彩った。前者には、明治後半期に各界の中堅以上に躍り出た人々によって明治文化が総覧されている。巻頭の三上参次論文をはじめ、こぞって明治天皇を、日本を世界の大国に押しあげた君主、建国の神武天皇に次ぐ天皇と称えている。初めは欧化の行き過ぎ(鹿鳴館政策など)もあったが、途中で路線を切り替え、西洋の美点を選択して日本の風土に同化せしめ(帝国憲法、教育勅語など)、それこそが日本の躍進の原動力であり、今後も東西文明の調和ないし融合をもって国是とすべしと論じている。またたとえば、美術史においては西洋人が浮世絵に熱中し、相当の量が海外に流れたこと、円山応挙派は、鳥瞰と陰影による東洋的遠近法と幾何学的な西洋的遠近法の両方を駆使してきたため、洋画にひけをとることがないなども、多々記されている。

後者は、明治天皇は東洋の老大国・中国との戦争を、また大英帝国と覇を競うロシアとの戦争を勝利に導き、日本の威信を高め、一九一〇年の韓国併合により北海道を含めると領土を二倍に拡大した、とその功績を称え、日本を建国した神武に次ぐ「史上」第二の天皇と崇め立てている。ともに記事を寄せている人々の時代に対する思い入れと重なっていよう。

　この二つの特集には、明治後期に在野の公器ともいうべき役割をはたした巨大総合雑誌『太陽』の最後の光芒を見る思いがする。後発の『中央公論』[*7]が多様化する新中間層の関心の向きをとらえて話題設定し、次代を担う言論人や文芸家を次つぎに発掘してゆくのに比して、よく似たテーマを設定しても、『太陽』の目次には、明治期の大御所たちの、いわば大所高所からの発言が並び、明治の名残を追う感が否めない。『太陽』は新中間層の台頭と大正デモクラシーの波を摑みそこね、昔日の面影を失っていった（一九二三年廃刊）[*8]。

乃木希典の自刃

　大葬礼の日の午後八時過ぎ、弔砲の合図とともに寺の鐘が鳴り響いた。その音を聞きながら、乃木希典は東京・赤坂の自邸の居室で明治天皇のあとを追うように自刃した。享年六四。妻・静子も、その傍らでほぼ同時に自殺したと推察されている。自殺を報じるジャーナリズムには「殉死」の文字も躍った。

　乃木希典は、日露戦争の勝敗を決した将軍として国際的に称賛を集めた。が、彼自身は多くの将兵を死なせたことに対して、自責の念が深く、帰還したのち、天皇に死を賜りたいと願い出たものの許されなかった。天皇は「朕が世を去りたる後にせよ」と言ったと伝えられていた。乃木はまた、自分が率いた部隊の所在地、長野県で講演する機会に、演台に就くことなく、遺族たちに深い陳謝の言葉を残しもした。一九〇六年より軍事参議官、一九〇七年より学習院院長を兼任したが、日露戦争の悲傷の影を一身に引き受けて生きてきたところがあった。生涯を明治天皇に捧げてきたという思いを示さずにはおれなかったのだろうと多くの人は想った。

自分此度御跡ヲ追ヒ奉リ自殺候段恐入候儀其罪ハ不軽存候然ル処明治十年之役ニ於テ軍旗ヲ失ヒ其後死処得度心掛侯モ其機ヲ得ズ皇恩ノ厚ニ浴シ今日迄過分ノ御優遇ヲ蒙追々老衰最早御役ニ立候時モ余日候折柄此度ノ御大変何共恐入候次第[*9]

前日から認《したた》めた遺書は何通かあったが、追い腹を切ることなど、江戸時代さえ前期のうちに許されなくなっていた。それを犯す罪は軽くないことなどよく承知している、だが、西南戦争時に連隊旗を奪われたことを償うために、というのが乃木が自ら書き残した自裁の理由である。

西南戦争のときには、敵方が奪った連隊旗を翻して愚弄された。乃木は実際に切腹を図ろうとし、熊本鎮台参謀副長だった児玉源太郎に止められ、諫められたという。その後の幾多の戦争でも死に場所を得られなかった。乃木にしてみれば、帝国軍人として、明治天皇に預けておいた命が、いわば自分のもとに帰された晩に、ようやく「軍人勅諭」に代表される規範を全うすることができた、という思いを伝えたかったようだ。大葬を待たずにことに及ぶなら、世間を混乱させ、天皇の死を汚す行為ともいわれよう。[*10] それで大葬の晩を待った、とほとんどの人は思ったにちがいない。

乃木の「殉死」には当時、賛否、かまびすしかった。乃木の自刃の理由が解せないという評も多かったが、これらは「殉死」を非難するのと同じ意味だろう。とくに若い世代、たとえば学習院から帝大文科大学に進学し、一九一〇年に武者小路実篤らと『白樺』を創刊した志賀直哉は、日記にただ愚劣なことと感想を書きつけていた。賛否のどちらも当時の新聞に躍った「殉死」の文字に引きずられ、主君の病死や衰弱死にも従う類の——精確には、江戸時代初期の——武士の殉死と同一視しているようだ。したがって、一つ一つの感想を点検してもたいした意味はないだろう。

ただ、反骨の社会批評で鳴らした内田魯庵が『太陽』連載中の「気紛れ日記」（一一月）で、乃木希典の思想にも武士道にも感心しない、といいながら、なお〈ある種の感動〉を覚えたと記し、乃木の葬儀を〈権威の命令なくして行はれたる国民葬〉と評したことは、素直に受け止めてよいように思う。ひたすら国家のために一身を捧げる軍人像に接してきた人々が、その自罰の厳粛さに打たれたのである。あるいは、かつて日露戦争で実弟を失い、一九〇九年に学習院教授を務めた折、乃木を見知っていた西田幾多郎が「理屈を超えたことで、とやかくいってもはじまらない」という意味のことを知人に宛てた手紙に書いたのも（九月一七日、田部隆次宛）、一人の傑物が自身の始末をつけたことに他人が嘴を入れるものではない、という限りの意見であろう。

二つの遺書

九月一三日、乃木の自刃を聞かされた夜、森鷗外は日記に〈予半信半疑す〉と記していた。乃木とは若き日、ドイツ留学中に気心が通じて、かなり遊んだ仲だったらしいし、日露戦争の戦場でも言葉を交わしていた。一四日に乃木邸を訪問し、一五日午後の納棺式に列席した。一六日、『中央公論』より一〇月号の追悼特集に執筆を依頼されたと推測されている。それには「考えておく」くらいの返事をしたのではないか。

数え一四歳になる息子・於菟《おと》には「将軍の死はそのすべてを捧げた帝への真の殉死である。外国人には決してその心持は解せられぬだろう」と語って、殉死の日の写真の載った新聞（だろう）を買い求めて手渡したという（森於菟「乃木将軍と父鷗外」『森鷗外』養徳社、一九四六）。乃木の遺書も載っていたのなら、一七日の朝刊であろう。教育上の配慮から息子に嘘をいったわけではあるまい。

が、鷗外は、乃木の遺書に目を通して、違和を禁じえなかった。若き日にドイツで一緒に遊んだときにも、それ以降も乃木が西南戦争で連隊旗を奪われたことに自責の念を抱きつづけていたなどと感じたことはない。乃木が自決したのは、やはり日露戦争の旅順要塞攻略戦で夥しい兵士に犠牲を強いた責任をとろうと明治天皇に願い出たが自裁は許されず、そのときから預けておいた命がようやく自分のもとに帰ってきたゆえのこと。ただ主君に殉じたというのとは異なろう。

だが、それを遺書に残して、どうなるか。乃木は、天皇に自裁を許されなかった恨みを抱いていたのか、と思う輩もいるかもしれない。そうは思わせないように、三五年も前の「失態」を持ち出したのか。いよいよ奇妙な殉死だと考え、もう一つ老衰への恐れが書きつけられていたことから、思い当たったのだ。興津弥五右衛門の奇妙な「殉死」に。主君の十三回忌に至っての「追い腹」など例もない。鷗外は「興津弥五右衛門の遺書」の最後の方に次のように記している。

殉死は国家の御制禁なること、篤《とく》と承知候へ共《ども》壮年の頃相役を討ちし某《それがし》が死に遅れ候迄《まで》なれば、御咎《とがめ》も無之歟《これなきか》と存じ候。

かつて若き日に、争った同輩を討ち果たしてしまった罪を償わなくてはならなかった自分が、その「死に遅れ」を挽回して、ここに自裁することとゆえ、お咎めに及ぶような疑いは起こるまい、というのだ。

乃木の自刃は、興津弥五右衛門が「死に遅れた」恥をすすぐために晩年になって自裁したのと似たようなこと、いわば一生抱えた課題を果たすような「殉死」もあるのだ、ということを鷗外は小説にして提出した。原稿は『中央公論』に一八日夕刻に手渡したとされる。[*11]

さらに一歩、踏み込んで推測するなら次のようになろう。乃木の遺書の文面に目を通すうち、鷗外は、江戸中期の神沢杜口《かんざわとこう》の随筆『翁草《おきなぐさ》』(一七七二年自序)に載る、興津弥五右衛門が最期の「殉死」の場所をよく整えて自裁したことを述べた一段を乃木が読んでいたにちがいないと直感した。日露戦争後、池辺義象《よしかた》校訂になる活字本『校訂翁草』(五車楼書店、一九〇五~〇六)が刊行されていたからである。

だが、乃木が『翁草』を読んで、大葬の後の殉死を思いついたというのは憶測にすぎない。その憶測を追悼文に書けば、乃木の殉死は興津の真似か、という感想を誘発しかねない。そこで鷗外は、小説を差し出すことにした。人々は、二〇世紀に至って殉死などということが行われたこと自体に驚き、襟を正してみたり、時代錯誤と罵ったりがせいぜいで、乃木自身の心境に思いを巡らす人は少なかった。まして、ふつうにいう殉死とはちがう、ということをいおうとした鷗外の意図まで読み取った人はいなかった。おそらく今日に至るまで。

だが、鷗外が息子に語ったようなことを追悼文に記す代わりに「興津弥五右衛門の遺書」なるものを慌ただしくも虚構して見せたのはなぜか。乃木と鷗外の関係が世間に知られていたことを考えてみれば、これこそ尋常なことではあるまい。

一言でいえば、乃木希典の自決を追悼すべきことばが見つからなかったからである。それに自ら愕然としたと言い換えてもよい。希典は、日本は何もかもが「普請中」と思い定め、帝国軍医の職業を全うすることで世間を取り繕ってきた自分とはよほどちがっていた。

一九一一年から一二年にかけては、鈴木梅太郎が国内の化学の学会で、糠《ぬか》の有効成分についての報告を重ねていた。すでにオリザニンをめぐる彼の報告は、ヴィタミンの概念に接近していた。森林太郎が脚気菌にこだわって、いわば陸軍に大きな犠牲を払わせた張本人であることがいよいよ明るみに出ていたのである。それは、むろん乃木の「失態」とは性格が異なる。病の原因を病原菌に求めるのは、近代医学の、そして近代科学の還元主義の弊ともいえる。森林太郎一人の責任ではない。が、米飯の消化吸収率や栄養素を詳しく調べ、もって麦飯より優れていることを主張した「日本兵食論大意」（一八八五）をドイツから提出したのは、海軍から出ていた麦飯の効用の報告を無視する陸軍の方針を強力に支持するためだった。小倉左遷くらいで済むはずのない自責を感じ、抱いていた慚愧に堪えない思いが乃木の遺書に接して、じわじわ疼きだしたにちがいないと、わたしは思う。

森林太郎は、すでに麦飯の効用を認めていた。鷗外も、かつて言文一致体排斥の論陣を張ったことを実際上、撤回し、短篇「半日」（一九〇九年『昴』第三号）から自作の小説に口語常体を用いはじめていた。転換すべきは転換し、現実的に対処する態度に、はばかるところはない。大逆事件の弁護人・平出修に裁判への対処法を示して見せてもいた。だが、乃木の自裁に接して鷗外は、大逆事件からこの方、たとえば短篇「食堂」（一九一〇年一二月）で、晴天を映すはずの窓ガラスが曇っていることを示したり、明滅する内景を次々に短篇中の人物に託してきたりしたのは、時代閉塞への鬱憤晴らしにすぎなかったと気づかされたというべきか。

『ヰタ・セクスアリス』（『スバル』一九〇九年七月号）が発売頒布禁止処分を受けたことについて、文学者の鷗外と軍医として世に処している林太郎との乖離を三宅雪嶺から鋭く指摘されてもいた（『太陽』一九一〇年七月号「文壇の近況」）。一九一一年には天皇機関説が取沙汰され、南北朝正閏論は桂太郎内閣への攻撃に向けられ、世は天皇を担いだ国家体制をめぐってかまびすしかったが、一九一二年七月半ばを過ぎて天皇の御不例が告げられ、明治が終焉に向かう動きは、鷗外をして自らの境涯を振り返らずにおかないところに向かわしめたというべきかもしれない。とにもかくにも乃木の自刃が、鷗外の心のうちに自らを裁く心への関心を芽生えさせたことはまちがいない。

作家・森鷗外は次に、興津弥五右衛門とは逆に、殉死が許されないまま意地を通して切腹した阿部弥一右衛門のケースを見つけ、その息子たちが藩の仕打ちに憤り、叛旗を翻し、皆討ち死にした悲劇の実際を探る「阿部一族」を書いた。そうしてみると、『中央公論』に寄稿した「興津弥五右衛門の遺書」は、いかにも性急にストーリーを追うことに終始したことが見えてきて、明和版『翁草』を辿って、史実を探りなおし、初稿を二倍ほどの分量に仕立てなおした。さらにもう一篇、家康の命に従い、恩愛を受けてきた人物を殺害し恩賞を受けたものの、家康のもとから去った佐橋甚五郎という人物について短篇をつくった。のち、佐橋甚五郎が朝鮮通信使に混じって家康のもとに参上する場面からストーリーを起こし、彼がかつて家康のもとから去ったのは、家康の命に従ったことを家康が「むごいことをする奴」と評したゆえ、と解釈を加えた。テーマは武士の自裁から主君の命に従うことが生み出すディレンマへと横滑りし、作家の興趣の中心は、小説の運びの工夫に向かっている。

そして、その三作を単行本『意地』（籾山書店、一九一三）に並べた。『意地』は、書肆の勧めによるタイトルという。鷗外自身は「軼事《いつじ》篇」とするつもりだった。すなわち世に隠れた出来事を掘り起こし、主君の命に対する武士の意地の張り方の三通りを相対化する趣向である。

同じ一九一三（大正二）年の「護持院原の敵討」（『ホトトギス』一〇月）も江戸後期の巷説を拾いあげて小説化したもの。天保四（一八三三）年の暮、姫路の城主、酒井家の江戸屋敷に押し入った強盗に殺害された家臣・山本三右衛門の仇討ちを、その娘・りよと叔父・九郎右衛門、家来・文吉の三人が一年半、相手の行方を追い、捕らえて神田橋外護持院原で本懐を遂げ、称賛を受けるまでの顛末を、まるで現場を見てきたかのように再現してゆく。その意味では講談に近い。当初、仇討ちに勢い込んだ三右衛門の倅・宇平が敵を見つけるあてもないことから途中で脱落したことを明示し、最後に、その仇討ちを称賛する国学者、屋代弘賢《やしろひろたか》の和歌を置いて〈幸《さいわい》に太田七左衛門が死んでから十二年程立つてゐるので、もうパロディを作つて屋代を揶揄《からか》ふものもなかつた〉と結んでいる。太田七左衛門は太田南畝《なんぽ》のこと。天明狂歌に活躍後、御家人となって出世したが、密かに狂歌も続けていた。寛政の改革で朱子学が復興し、忠孝が礼賛された世相と同時に明治末の世相をも相対化してみせている。

とうてい「軼事」とはいえない大塩平八郎（中斎）の乱を扱った「大塩平八郎」（『中央公論』一九一四年一月号）には、史学者、幸田成友の詳しい評伝『大塩平八郎』（一九一〇）を読み込んで、天保八（一八三七）年二月一九日の乱当日の出来事に仕立てるところに腕の振るいどころを見つけている（陽明学に傾倒した大塩中斎の思想とその鷗外の解釈について議論があるが、幕藩二重権力の揺るがない天保期の大坂の町方の与力に、全国規模の革命思想など宿るはずがないことを考えてみるべきだろう）。

このころの鷗外は、個人においても人々との関係性においても、大きな観念やその制度とそれに支配される人間のディレンマを構図におさめるところに腐心している。あるいは乃木希典の自裁に対して、「普請中」の日本に生き続ける己れの背負ったディレンマを、そっくり現実として受け止める姿勢を貫くことで応じようとしたのか、と思いもする。が、その鷗外の営みが江戸の巷説や奇談類を小説に転じる新しい動きを拓くことにもなった。時代小説の流れである。

いま、試みにその隣に、夏目漱石を並べてみるが、こちらは、凡庸な感想しか浮かばない。漱石は、乃木希典の自刃を、君主ならぬ「時代精神」に殉じたと読み替えて感慨を覚えた。それゆえ『こころ』の先生に、自身の倫理観に照らして自己処罰を与える自裁を選ばせた。漱石が考える「明治の精神」とは、彼が講演「私の個人主義」（一九一四）でいうように、自分の行いに倫理的な自己責任をとる態度だったからである。

民本主義の拡がり

大正期に入って「デモクラシー」の語がジャーナリズムで流行語のようになった。それは確かである。その現象をとらえて第二次世界大戦後、戦後民主主義が盛んになったころ、「大正デモクラシー」と呼ぶようになった。[*12] 論者により、その評価にかなりの幅が見られるが、一九一三年、三年間の欧米留学を終えて東京帝大法科大学政治学科助教授として活躍しはじめた吉野作造の「民本主義」の主張を中心にとらえるのが主流だろう。

増大する新中間層の多彩な読書欲を摑んで、編集長・滝田樗陰は、『中央公論』を総合雑誌の主役に押し上げてゆく。東京帝大法科大学助教授、吉野作造の寄稿も、彼の依頼を受けてはじまった。一九一四年四月号に寄せた「民衆的示威運動を論ず」で、デモンストレーションを「民衆の自覚」の表現と論じ、一九一六年一月号に寄せた「憲政の本義を説いて其有終の美を済《な》すの途を論ず」で民本主義を鼓吹し、当代の論客の第一線に躍り出た。

吉野作造のいう「民本主義」は、日本的な立憲君主制の下で、政体をめぐる論議は避け、「政治の目的は一般民衆の利福にあり」を旗印に、民衆の民主主義的諸権利の要求を伸ばし、その実現を目指してゆくところに特色があった。民主主義の実現は「最終目的」に置かれているため、社会主義者からは微温的ともブルジョワ的とも、その限界が指摘される。しかし、彼が『中央公論』に寄せた評論は、ときに伏字部分（××などの記号を用いず空白）が二頁近くにわたるようなこともある。彼の真意が表に出ているとは限らない。いや、真意を表に出そうという気があったとも限らない。

この時期、安寧秩序の壊乱、風紀紊乱と目される書物が大量に出まわり[13]、それらに対する内務省の検閲基準がかなり不安定で、出版界は苦慮していた。が、吉野作造の記事ほど大幅な白地は他に見られない。内務省の削除命令に従い、版の組み換えが間にあわなかったのか、あるいはわざと検閲の跡を残すためにそうしたのか。後者の目的で、当初より滝田樗陰が、検閲に通らないと判断した部分を吉野と相談の上で伏字にしたとも推測されよう。[14]明治四二年制定の新聞紙法第四二条には〈皇室ノ尊厳ヲ冒瀆シ政体ヲ変改シ又ハ朝憲ヲ紊乱セムトスルノ事項〉を掲載するなら、〈発行人、編集人、印刷人ヲ三年以下ノ禁錮及三百円以下ノ罰金ニ処ス〉と明記されていた。

米騒動と白虹事件

一九一四年、欧州大戦の勃発により、低落していた米価をはじめとする物価が上がり、下層民が困窮、社会不安が拡がっていたが、一九一六年に組閣した寺内正毅内閣はこれを強権的に抑えこもうとした。さらに一九一八年八月二日にはシベリア出兵を宣言、これは物価が暴騰する引き金を引いたかたちになった。七月下旬に富山県の港町からの米の移出を懸念する細民主婦らの騒動が起こり、これが見る見る全国に拡がり、各地で米問屋等が襲われるなどした。いわゆる米騒動である。八月一〇日、名古屋では二万人規模の集会がもたれ、各地で打ちこわし的な騒ぎが頻発した。とくに東京では都市暴動的な様相を呈し、八月半ばには軍が出動している。山口や福岡では炭鉱労働者の賃上げ運動に飛び火して、こちらも軍と対峙する場面を生んだ。こうして全国で約五〇日に及ぶ争乱的な状況が続き、参加者は数百万人に及ぶとされる。

なお、この米騒動でもう一つ特徴的なのは、近畿地方での検挙者に被差別部落民が多かったことである。一九二〇年、原敬内閣は部落改善に乗り出し、内務省は社会局を設けた。一九二二年には全国水平社が結成され、その初期の運動は戦闘的な姿勢を強くもった。

この騒然たる情勢のなかで、一九一八年八月二五日、大阪の新聞各社が集まり、寺内内閣への批判をする大会を開いた。その先頭に立ったのが、自由主義で知られる長谷川如是閑が社会部長を務める『大阪朝日新聞』だった。その大会を報じる記事中（二五日午後版）に、〈我大日本帝国は今や恐ろしい最後の裁判の日に近づいているのではなかろうか。「白虹日を貫けり」と昔の人が呟いた不吉な兆が（中略）人々の頭に雷のように響く〉という一節があった。その大会の雰囲気を映していたのだろうが、「白虹日を貫けり」は『戦国策』〔魏策〕に引く李白「擬恨賦」にいう天子暗殺の謀《はかりごと》、すなわち内乱の予兆を示す語である。新聞社幹部が不穏当な文言と気づいたときには、すでに一万部ほどが配達されていたという。

この記事は、不買運動を呼んだといわれる。右翼・黒龍会を刺戟し、『大阪朝日新聞』の社主・村山龍平が襲われ、辱めを受ける事件が起こった。この世にいう白虹事件に際して、吉野作造は俄然、言論の自由を擁護する先頭に立った。黒龍会と立会演説会を開いて、圧倒したという。演説会に集まるような人々は吉野の側についていた。

内務省は、全国でも常にトップ部数を誇ってきた『大阪朝日』を発行停止に追い込む姿勢を見せ、『大阪朝日』は村山社長が退陣した。人事を刷新し、「不偏不党」をうたう編集綱領を発表して、社告で、これまでの「偏向」を認め、発行停止は免れた。のち、リベラリズムに肩入れをしなくなった。

吉野作造は、この事件をきっかけに福田徳三・大山郁夫らと「頑迷思想の撲滅」を目指す黎明会を結成、一九一九年六月に総合雑誌『解放』（大鐙閣）を創刊、吉野に傾倒していた東京帝大の新人会から、赤松克麿・佐野学・宮崎龍介ら中心メンバーが編集に参加し、次第に左傾して荒畑寒村や堺利彦らの執筆がふえていった。文芸欄の顧問には島崎藤村を迎え、永井荷風・谷崎潤一郎・佐藤春夫・小川未明ら既成作家が寄稿したほか、宮地嘉六・金子洋文ら前期プロレタリア文芸にも門戸を開いていった。

『解放』創刊に先立ち、一九一九年四月、山本実彦が改造社を起こし、総合雑誌『改造』を創刊、労働問題、社会問題をとりあげて耳目を引き、階級的社会観を浸透させていった。欧州大戦に反戦の姿勢をとって投獄されたイギリスの哲学者、バートランド・ラッセル、アメリカでバース・コントロール運動を進めていたマーガレット・サンガー、アイザック・ニュートンの万有引力論を成り立たせている時間・空間の概念を、慣性運動する観察者の視点を導入して転換し、相対性理論を提出したアメリカの理論物理学者、アルベルト・アインシュタインを相次いで日本に招いて話題を集めた。また永井荷風に師事して、この時期、みるみる頭角を現した佐藤春夫に活躍の場を与え、キリスト教社会主義の立場から消費者運動・労働運動に活躍する賀川豊彦、京都帝大教授で社会主義を研究する河上肇、マルクス主義者の山川均の論文を掲載し、世が「改造」の時代であることを強く印象づけ、『中央公論』と肩を並べる存在となった。

一九二一年七月一七日正午前、神戸港についていたバートランド・ラッセルは一〇〇人近い労働者が掲げる赤旗の波に迎えられた。三ヵ月、中国で病苦を癒していたというが、この夜、彼は二〇〇〇人の労働者の前でスピーチもしている。司会・通訳は賀川豊彦が務めた。というのは、賀川が友愛会の幹部として活動していた神戸造船所の大ストライキの最中で、その人々が神戸港近くの阿弥陀寺に集結していたのだった。

また、この時期の群衆の争乱に同調するもう一つの動きがあったことにもふれておかなくてはならない。神道系新宗教・大本を率いる出口王仁三郎《おにさぶろう》は「鎮魂帰神法」という独特のパフォーマンスで終末論的世界観と心霊世界への信仰を集め、知識人や元海軍機関学校教官・浅野和三郎ら軍人などを巻き込んで「皇道大本」を名乗り、天皇親政・私有財産廃止などの過激なスローガンを含む「大正維新」を唱え、信徒三〇万人を呼号するに至っていた。この騒然たる世の中を一層騒然とさせる運動に対して、政府は一九二一年二月一二日、不敬罪・新聞紙法違反の容疑で幹部を逮捕・起訴し、綾部の教団本部を破壊するなど大弾圧を加えた（第一次大本事件）。

注

*1　権力は、二〇世紀初頭に神社の整理に一段落つけたが、その時点で出雲大社教や黒住教、また天理教など新宗教を加えた教派神道が一三派あった。一八九八年に出口なおと王仁三郎が教団を組織した大本（教）は、神道を中心教義とするが、教派神道に加わるのは第二次世界大戦後の一九五六年。

＊2　久米邦武筆禍事件の影響で、一八九三年、重野安繹が国史学科教授を辞任、修史事業も中止されたのち、国史学科と修史事業の担当者が再編されたことが絡んでいた。

＊3　岩城之徳「啄木と南北朝正閏論問題」（近藤典彦編『石川啄木と幸徳秋水事件』吉川弘文館、一九九六）を参照。むろん南北朝時代に限ってのことである。足利義満による南北朝合体後は、三種の神器は北朝系に渡された。なお、頼山陽『日本外史』の刊本は、巻頭の参考書目の筆頭に『神皇正統記』をあげている。

＊4　一木喜徳郎は文部大臣、内務大臣、宮内大臣を歴任、一九三四年に枢密院議長に就任、憲法解釈を司る位置にあり、昭和天皇の相談役でもあった。一九三五年の天皇機関説問題ののち、二・二六事件の収束を待って一九三八年、枢密院議長を辞し、社団法人・大日本報徳社の社長におさまった。

＊5　加藤弘之はこのドイツ語版を、まずは天皇に対するご進講用のテキストとして選び、ご進講中に明六社時代から唱えていた天賦人権思想に疑問を感じたといい、そして、一八七四年一月の板垣退助らの民撰議院設立建議に対して、時期尚早と非難し、「国権論」者になったと、みずから回想している。

＊6　その時期の知識層の反応については、鈴木貞美『歴史と生命　西田幾多郎の苦闘』作品社、二〇二〇）〔序章6節〕を参照。

＊7　一八八七年浄土真宗本願寺派（西本願寺）の学生たちによる禁酒・禁煙の反省会の機関誌『反省会雑誌』に出発し、一八九二年五月、東京に本部を移して『反省雑誌』に改題、総合雑誌化に向けて一八九九年一月、『中央公論』と改題、その間、編集主幹を務めた桜井義肇が法主・大谷

光瑞と反りが合わずに退社して一九〇四年一月、『新公論』を創刊。その年、『中央公論』は一月を休刊して二月号より麻田駒之助の編集となったが、しばらくは『新公論』の後塵を拝した。明治末に入社した滝田樗陰が一九〇五年に文芸欄を刷新、部数を伸ばし、一九一二年に編集主幹となって手腕を揮った。

＊8　一九〇二年に教科書販売をめぐる贈収賄事件が起こり、国定教科書に切り替わったとき、博文館は明治の創業期から中学校生徒向けの参考書などで実績を重ね、教科書にはタッチしていなかったことが幸いして、その総元締めの位置を占めた。出版界の一大コンツェルンは揺らぐことなく、一九一八年一二月に法人化、株式会社博文館になっていた。

一九二〇年に国際連盟の時代の幕開けを狙って農村青年向けの総合雑誌『新青年』を企画、一九一九年に博文館に入社し、『冒険世界』の編集に携わっていた森下岩太郎（雨村、満三〇歳）が編集人に起用された。彼は一九一〇年、早稲田大学を卒業後、娯楽色の強い東京の小新聞『やまと新聞』の記者時代に、再編期の農村に活発化した勤労奉仕などを行う青少年団運動を取材して、『少年団と青年団』（文会堂書店、一九一六）を著していたので、その実績が買われたのだろう。が、森下は探偵小説の趣味を生かしてミステリーの翻訳や江戸川乱歩らの登場に道を拓き、『新青年』は怪奇趣味や都会のモダン・ボーイたちに向けた雑誌になっていった。

＊9　学習院輔仁会編『乃木院長記念写真帖』（審美書院、一九一三）より。

＊10　佐々木充「『興津弥五右衛門の遺書』論」（『国語国文研究』六〇号、一九七八年七月）は、乃木の内に、軍旗喪失の処罰を求める「待罪書」がわだかまっており、それを鷗外が映し出したという見解を示している。乃木があるべきと考えた帝国軍人の規範のことだろう。

＊11　勝倉壽一「初稿「興津弥五右衛門の遺書」の位置――「死遅れ」を視点として」『福島大学教育学部論集』第六五号（一九九八年一二月）を参照。

＊12　ちなみに「大正教養主義」という語も、戦後、大学に教養課程が導入されたことを背景に用いられるようになった。大正期に「教養主義」という語はまず見られない。「教養」の語は、一九〇六年、第一次西園寺内閣の内務大臣に就任した原敬が、おそらくは「修養」に対して、ハイカラな教導の意味で用いたことがあったが、ジャーナリズムには拡がらず、原敬が一九一八年に内閣総理大臣に就任後、一九二〇年を前後して教育界を中心に用いられた感が強い。阿部次郎、和辻哲郎、安倍能成らを「教養派」と呼ぶことがある程度だろう。

＊13　新聞・雑誌等、定期出版物のうち、時事に関する事項を掲載するものは、定額の保証金を納め、発行と同時に納本して内務省検閲局の検閲を受けなくてはならず、「安寧秩序ヲ紊シ又ハ風俗ヲ害スル」と認められれば、発売頒布禁止命令（ないし掲載差し止め命令）を受け、差し押さえると規定されており（明治四二年五月、法律第四一号、新聞紙法）、世間に出回っている分は回収しなくてはならなかった（明治四三年四月、内務省令一五号）。

＊14　ややのち、一九一九年、検閲処分を避けるため、『改造』は事前検閲を内務省に申し込み、翌年にかけてその申し込みが増えたとされる。日本近代文学館編『日本近代文学大事典』〔第六巻〕講談社、一九七八、一六九頁を参照。

その他参考文献

・金炳辰《キムビョンジン》『革命的サンディカリスト大杉栄――「生の創造」に基づいた革命展望』総合研究大学

院大学文化科学研究科、二〇一三年博士学位申請論文
・大濱徹也『乃木希典』講談社学術文庫、二〇一〇
・佐々木英昭『乃木希典　余は諸君の子弟を殺したり』〔ミネルヴァ日本評伝選〕ミネルヴァ書房、二〇〇五

第七章　修養と情緒耽美

日露戦争後も知的青年の煩悶は続いた。というより、より根本的な問題が噴き出してきたというべきかもしれない。故郷渋民村に帰って代用教員をしていた石川啄木の日記を覗いてみよう。日露戦争終結後、半年ほどした一九〇六年三月四日の記事を引く。

〈文明の暴力はその発明したる利器を利用して駸々《しんしん》として自然を圧倒して行くのだ〉と文明批判が覗き、そして〈持つて生れた自然の心〉や〈自然という永劫真美の存在〉を尊ぶ姿勢を示し、また〈芸術は人間最高の声である。直ちに宇宙の内在に肉薄した利那の声である〉とも書いている。三月一九日の記事には、朝から泥酔してやってきた〈放漫な若旦那育ち〉の従兄弟の人生を持て余した態度を指して、〈所謂「生命の倦怠疲労」を感じて〉とある。日記のなかでは彼を〈憐れむべき小フォーマ、ゴルヂエフ〉と呼んでいる。ロシアの作家、マキシム・ゴーリキーの長篇小説『フォマ・ゴルデーエフ』（*Фома Гордеев*, 1899）を踏まえた語だろう。「生命の倦怠」が知的青年層には流行語のようになっていた。

それから一〇日後、三月二九日の日記には〈人間は自己の利益のために生きるものなのか、他者あるいは社会のために生きるものか、自分にはそのどちらの傾向もある〉という一節が見える。そして、次のように記している。

然し、この二つの矛盾は余一人の性情ではない。一般人類に共通なる永劫不易の性情である。自己発展と自他融合と、この二つは宇宙の二大根本原理である。宇宙の根本を絶対意志に帰したショウペンハウアーの世界観は、実に十九世紀に於ける最大発見の一つであつた。

「宇宙意志」が「生の盲目的意志」としてはたらくゆえに、人間は苦悩すると説くショーペンハウアーの哲学は、国際的に厭世主義のように受け取られていたが、実際は、古代インド哲学のラテン語訳を参照し、解脱《げだつ》を説くものだった。自殺も一種の自己救済と説く。人間の本性は霊（精神）か、肉（肉体）かという論議が盛んになっていた。その「肉」すなわち性欲に人間の本性を見、それに悶えて生きることが人生観上の「自然主義」のようにいわれるようにもなった（片上天弦「人生観上の自然主義」〔『早稲田文学』一九〇七年一二月号〕が田山花袋『蒲団』をそう論じた）。むろん、文芸上の「自然主義」ではなく、という含意である。

実際、日露戦争後の都会の変貌は著しかった。信用第一に暖簾《のれん》を守る商売に代わって、生き馬の目を抜くような競争社会が到来した。実利主義、功利主義が大手を振ってまかりとおる世になったと嘆く声が飛び交った。最も顕著なのは、商業の方式が改まったことである。

ややのちだが、幸田露伴が『実業之世界』に一九一二年から連載した『修省論』（東亜堂書房、一九一四）中「商人気質の今昔」の章で、江戸時代から信用第一をモットーにしてきた商売が、日露戦争後に様がわりし、何よりも「手腕」が第一になり、競争が激しくなっていると指摘し、それを商業道の混乱と難じている。実際、江戸時代から現金取引してきたのはごく少数の商店だけだったが、俸給生活者が拡大する一方であれば現金取引が当然になる。百貨店などが集客のための各種イベントを仕掛け、小商店も宣伝ビラなどに工夫を重ねるようになっていった。露伴はしかし、それは「進歩発展」の途上で、やがては落ち着くだろうと楽観している。

なお、明治期の文芸界に尾崎紅葉と並んで紅露時代を築いた幸田露伴は、日露戦争後には修養論の筆もとった。なかでも『努力論』（東亜堂書房、一九一二）は、生活のことこまかな点に気をつかう「気ばたらき」などを説いてベストセラーにしてロングセラーになった。露伴は独学で儒学、とりわけ陽明学を学んだのち、電信技師になるための学校に通い、お雇い外国人技師から英語で自然科学や数学の基礎教育を受けていた。それを活かして、『努力論』刊行に際して書き下ろした「進潮退潮」の章では、東洋の「気」をエネルギー論的に解釈し、しかしエネルギー不滅説には反対する独自の宇宙論を展開している。[*1]

また『修省論』中「使用する者の苦楽、使用さるる者の苦楽」の章では〈利福の比例の不一致〉を指摘し、〈互扶互持の対等関係〉を説き、私有財産は本来、野蛮思想と言い切って、労働者の生きる権利を守るストライキは正当な権利であり、「大逆」にはあたらないと論陣を張った。いわば生存権（第二次世界大戦後の基本的人権）の主張である。三宅雪嶺も『日本及日本人』で生存権を巡って大部の論議を繰り広げた。

日清戦争を契機として、軍需産業をはじめとする各種工業が発展し、工場労働者の数も飛躍的に増加、一八九七年には鉄工、鉄道、活版を中心に労働組合期成会が設立された。職業別組合の結成を促し、いわゆる労使協調により雇用条件を守り、組合員の相互扶助をはかるものだった。そのため、一九〇〇年に治安警察法が施行され、使用者側が攻撃に出ると、労働組合期成会は財政難から解散を余儀なくされた。

この年、入れ替わるように、キリスト教人道主義の立場から安部磯雄らが研究会的な社会主義協会を結成し、一九〇一年五月には安部磯雄、片山潜、幸徳秋水ら六名を発起人とする日本初の社会主義政党「社会民主党」を結成したが、第四次伊藤内閣は直ちにこれを禁止した。一九〇四年、第一次桂太郎内閣は、社会主義協会も解散させた。

政府も議会も、基幹産業を育成するためには必要な工場法の制定を試みていた。とくに就業年齢の制限や女子の夜間労働禁止については、繊維産業や中小企業の反対が強く、結局、ようやく成立を見たのは日露戦争後、一九一一年三月のこと。小工場は適用外とされ、いわばザル法だった。しかも施行にはなお五年を要し、一九一六年九月一日に勅令により施行された。

その間、重化学工業における男性の肉体労働者の身体は傷み、生糸や紡績工場における若年女性労働者は、とくに結核の蔓延により離職し、命を落とすケースも多かった。賃金も低下の一途をたどる一方だった。細井和喜蔵著のルポルタージュ『女工哀史』(改造社、一九二五)の世界へと近づいていった。それゆえ男女ともに、賃上げだけでなく、保障されていない団結権や闘争権を求める闘争がしばしば過激化することになった。

「大正デモクラシー」については、普通選挙の実施、政党政治の実現、民主主義的諸権利など政治・社会にわたって位相の異なる民衆の欲求が噴出したため、さまざまに規定されるが、各種の生活防衛や労働争議が頻発したことに下支えされており、その根柢に生存権をめぐる闘争、生命本位の思想が渦巻いていたことを見逃すべきではない。だが、いわゆる文明論では、民衆の生命本位の欲求と世の実利主義の風潮とは、しばしば混同されたこともあった。

漱石の文明論

たとえば夏目漱石『それから』(春陽堂、一九〇九)〔九〕には、日露戦争後の社会変化について、主人公「代助」の考えを語らせているところがある。

代助は人類の一人として、互いを腹の中で侮辱することなしには、互いに接触を敢えてし得ぬ、現代社会を、二〇世紀の堕落と呼んでいた。そうして、これを、近来急に膨張した生活慾の高圧力が道義慾の崩壊を促したものと解釈していた。又これをこれ等新旧両慾の衝突と見做していた。最後に、この生活慾の目覚ましい発展を、欧州から押し寄せた海嘯《つなみ》と心得ていた。

旧道徳と西洋起源の生活欲とが葛藤を起こしているというのは、漱石自身の時代認識と見てよい。その前の〔六〕には、こうある。

何故働かないって、そりゃ僕が悪いんじゃない。つまり世の中が悪いのだ。もっと、大袈裟に云うと、日本対西洋の関係が駄目だから働かないのだ。第一、日本程借金を拵らえて、貧乏震いをしている国はありゃしない。この借金が君、何時になったら返せると思うか。そりゃ外債位は返せるだろう。けれども、そればかりが借金じゃありゃしない。日本は西洋から借金でもしなければ、到底立ち行かない国だ。それでいて、一等国を以て任じている。そうして、無理にも一等国の仲間入をしようとする。だから、あらゆる方面に向って、奥行を削って、一等国だけの間口を張っちまった。なまじい張れるから、なお悲惨なものだ。牛と競争をする蛙と同じ事で、もう君、腹が裂けるよ。その影響はみんな我々個人の上に反射しているから見給え。こう西洋の圧迫を受けている国民は、頭に余裕がないから、碌な仕事は出来ない。

ここも漱石自身が日本の外発的開化の無理を説いたところとして、しばしば引用されるが、小説中では、代助が職に就かずにいることの自己弁護にすぎない。米英との関係で日本が無理をしていると考えても、それが代助が就職しないでブラブラしている理由にはならない。

代助は人妻の三千代に対する「自然」の感情を貫こうとしている。題材が三角関係というだけでなく、小説の全体が、道義と生活と個人の「自然」の三つの欲望の交叉するところに展開し、そして最後は、代助が巷《ちまた》に職探しに出るところで終わっている。代助は自分の「自然」を貫き、三千代と暮らすために高等遊民として生きる個人の「自然」を捨てる決意をしたのである。

漱石の講演「現代日本の開化」（一九一一年八月）は、日本の文明開化は内発的開化ではない、だが〈皮相上滑りでも涙を呑んで上滑りに滑って行かなければならない〉というのが結論だった。

一九一〇年四月創刊の同人雑誌『白樺』は、一一月に当初から念願だった「ロダン号」を刊行。二〇世紀に入り、俄然勢いをもったオーギュスト・ロダンの彫刻を多彩な批評を添えて紹介。新しい生の息吹は、世を騒がせた。一九一一年九月には、平塚らいてうが主宰する女性だけの手による婦人月刊誌『青鞜』が創刊される。

先にふれた漱石の講演「私の個人主義」（一九一四）では、自分が煩悶を抜けられたのは「自己本位」の姿勢を打ち立てられたゆえとし、個性を伸ばすことを尊重している。が、それはしかし、〈自分の性にあう〉こと、自分の「自然」（自ずから然り）を選ぶという意味である。そして漱石が求めたのは、己れの「生活慾」から自由になり、道義を守り、責任をとりうる主体だった。それが〈道義上の個人主義〉の意味である。

漱石が座右の銘とした「則天去私」も、私欲を断って天の道義につくことであり、儒学や道家思想にもとづくものだった。国家権力に対しては個人の尊重をいい、個人には社会的道義を求めるというのが『東京朝日新聞』に勤め、修養の季節に向けて小説を発信しつづけた漱石の考えだった。

元禄風の流行

その漱石に勧められ、永井荷風は『東京朝日新聞』に一九〇九年一二月から翌年二月まで長篇『冷笑』を連載した。荷風は、一九〇九年九月刊行の短篇集『歓楽』（易風社）が風俗壊乱により発売頒布を禁止され、翌月には『帰朝者の日記』（一九〇九年一〇月、のち『新帰朝者日記』）を刊行していた。

中篇「歓楽」に登場する老学者は、かつて自分が〈父母親戚の目からは言語道断の無頼漢になつた〉と思い出を語る。〈私は世のあらゆる動くもの、匂うもの、色あるもの、響くものに対して、無限の感動を覚え、無限の快楽を以て其れ等を歌つて居たいのだ〉と。官能の輝きを至上のものとする耽美主義が世の道徳から非難されるデカダンスに陥ることを告げ、燃え盛る恋の炎が消えはてたのちの現実の苦味も添えられる。『歓楽』中の随筆的な短篇には官憲の言論取り締まりを非難する行文も見えている。

そして、『帰朝者の日記』では、洋行した音楽家が当時、国際的に盛んになっていた国民音楽の日本での創生を志し、三味線の世界に惹かれていく姿を垣間見せていた。これはロシア国民楽派などに刺戟を受け、新たな「国民音楽を起こせ」という声が起こったことを受けていよう。「国画」「国劇」などと同様、平民主義による新たな文化ナショナリズムの波である。

荷風が江戸情緒に郷愁を感じたことには、日清戦争期に病を得て江戸戯作に耽ったこと、外遊前に歌舞伎座の座付き作者を志し、また噺家に弟子入りしたことなどが下地としてはたらいただろう。

そして日露戦争後、一九〇五年暮ころから、ジャーナリズムに「元禄風」流行を告げる記事が散見される。人々は太平楽の世を思い描き、着物に江戸小紋が流行するなど、民衆の生活文化に江戸リヴァイバルの風潮があった。いわゆる耽美派の集まりである「パンの会」でも浮世絵の原色嗜好に関心が向けられたにちがいない。「パン」はギリシャ神話に登場する半獣神、ニンフをかどわかして戯れる淫蕩な、いたずらものである。

江戸小紋の流行は、植物紋様のアール・ヌーボーの導入と重なった。江戸時代の小紋は、ジャカルタから輸入されたジャワ更紗《さらさ》のプリント・デザインから生まれたもので、インドや北欧などからも多く植物模様が集められたという。そう考えると、日露戦争後の江戸小紋のリヴァイバルとアール・ヌーボーの流行は、その根をひとつにしていたことになる。東西文化の交流が反復し、複合して展開する一例である。江戸浮世絵のデザイン優先や原色嗜好が西欧世紀末美術に刺戟を与えたことは今日では常識に属しよう。

民謡への関心

とくにドイツで民謡（Volkslieder, folksong）や、グリム兄弟による民話（Volksmärchen, folk tale）などの収集が盛んなことが伝えられ、この声に応えて、上田敏が講演「民謡」（一九〇六）で〈西洋の良い所を取り、日本の国民的音楽を土台にして、是から本当の音楽を作るべき〉と唱えた。「節」も「踊」も集めたいという。

そして一九一〇年前後から文部省が採譜もふくめ、「俚謡」の収集に乗りだしていった。上田敏は江戸時代の俗謡集『小歌惣まくり』（文政年間版）なども参照していた（のち、『小唄』阿蘭陀書房、一九一五に収録）。最初の動機は、民謡（chanson populaire）調を取り入れたフランスの詩を翻訳するためだったと思われる。

このころには、すでに詩誌『文庫』に、民謡調の詩を発表していた横瀬夜雨が詩集『花守』（一九〇五）を刊行していた。詩誌『白百合』の編集同人の前田林外《りんがい》は『日本民謡全集』（一九〇七）を編み、その流れは、北原白秋や野口雨情らの「新民謡」の作詞を生み、一九二〇年代にはレコード文化の波に乗って「〜小唄」「〜音頭」の大流行となっていく。

ここで中国と日本における民間歌謡の収集についてふれておきたい。「民謡」の語は中国宋代の文献に見えるが、日本では幕末まで見られないという。日本の場合、農村の「俚謡」と都会の「俗謡」を呼び分けていた。農村の俚謡が遊里で一定程度洗練され、それが都会調の小唄・端唄や新内、都都逸など多岐に分かれて流行した。それらの呼称が「民謡」に統一されるのは、第二次世界大戦後、一九四六年に放送開始された「ＮＨＫのど自慢」によるようだ。

そもそも中国では、古代から「歌」は広く民間の歌謡全般を指し、「風」（国風）、すなわち地方色を尊重し、方言で記す習慣だった。中国では古代から『詩経』『楚辞』が知られ、前漢に民間歌謡の収集は楽府の仕事とされた。のち北宋時代には、郭茂倩《かくもせん》により『楽府詩集』に集大成された。

日本の場合、『古事記』『日本書紀』『万葉集』に「万葉仮名」方式で民間歌謡の収載が見られ、中世には後白河院の撰になる『梁塵秘抄』（一一七九年までには成立。完本は残っていない）、また僧侶の撰で『詩経』大序を踏まえた真名序・仮名序つき『閑吟集』（一五一八）が編まれた。江戸時代にも『山家鳥蟲歌』（天中原長常南山編、一七七二）が知られ、これを再編した『諸国盆踊唱歌』も流通した。一八二五年刊行の版本に付した柳亭種彦の〔序〕に後水尾院が全国に命じて集めさせたとしているが、室町時代に編まれた第二一代集以降の和歌を集成、部立てした『類題和歌集』（一七〇三〔元禄一六〕年刊）の編纂を命じた天皇に仮託したものか。

本居宣長『石上《いそのかみの》私淑言《ささめごと》』（一七六三〔宝暦一三〕）が冒頭で、「和歌」として〈神楽歌・催馬楽、連歌・今様・風俗、平家物語・猿楽のうたひもの、今の世の狂歌・浄瑠璃、童べのうたふはやり歌、臼づき歌・木びき歌のたぐひ〉をあげているのも、この伝統を受けついだものだった。儒者では、荻生徂徠あたりから関心が見られ、菅江《すがえ》真澄《ますみ》の東北地方などの探訪記、『遊覧記』なども、民謡を書きとめていることが知られる。

明治期には一八七二年の学制で、小学校の教科名に「唱歌」が取り入れられ、『小学唱歌集』初篇（一八八一）にスコットランド民謡「Auld lang syne」を翻訳した「蛍」（のち「蛍の光」）が登場する。「唱歌」は、もと雅楽の用語で、節《ふし》をつけて楽曲を口ずさむことをいい、のち、ひろく音曲に乗せてうたうことや歌そのものを指すようになった。他方、明治中期に新体詩に活躍し、「鉄道唱歌」（一九〇〇）など唱歌の作詞で知られる大和田建《たけ》樹《き》も都都逸など「俗謡」の翻刻に取り組み、編著『日本歌謡類聚』上下巻（続帝国文庫、一八九八）などがある。

すれちがう軌跡——上田敏と永井荷風

上田敏は、「民謡」の収集を提案したあと、一九〇八年、パリへ出かけ、コンセル・ルージュという演芸場で、すでに五年間をアメリカとフランスで過ごしてリヨンからパリへ出てきた永井荷風と偶然、顔をあわせた。荷風は銀行員を辞めるつもりになっていた。上田敏は荷風より五歳ほど上だが二人は意気投合するところがあったはずだ。

帰国後、上田敏は一九〇八年暮から『東京朝日新聞』に長篇『うづまき』を連載した。「勢力《せいりき》」（エネルギー）の自由な発現をモットーとする主人公が、一方で江戸の町人文化の名残りを惜しみながら、他方で、音楽会で官能の愉悦にひたり、洋行帰りの若き知識人たちとスタンダール『恋愛論』（*De l'Amour*, 1822）を巡る議論を繰り広げる。ここには陰りも反抗も自嘲もない。そして「新道徳説」（一九一〇）は、〈内部生命を形成する大法則〉を「道徳」と呼び、本能に発する利己心が〈正義と愛との強い観念〉に発展しうるのは〈個人の生命よりも遥《はるか》に力強い心中の種《しゅ》の生命〉、各人の心の底に生物の種属維持の本能が潜んでいるからだと説く。生物学的生命主義の典型である。渡欧前、上田敏はすでにメーテルランクのエッセイ集『埋宮』（*Le Temple enseveli*, 1902）中のやや長い「正義」（Le Justice）を「正義の不可思議」と題して翻訳していた（『藝苑』一九〇六年三、九月）。ヨーロッパの危機を前に民衆の「種の本能」「生活欲」こそ「人類の運命」を救う力、「神」から下され、人類の内に潜む「正義」と説くものである。

永井荷風は『冷笑』では、壮年の小説家と実業家、外国航路の客船の事務長ら外国体験をもつ人々が実利一点張りになった世の中とは距離を置き、半ば世捨て人的な会話を交わす。小説家・紅雨には、荷風の思想の投影が見られる。明治期をただ混乱の過渡期にすぎないと見ている。若いときには西欧の文芸に憧れ、渡仏して自然主義、象徴主義、陶酔に向かうデカダンス趣味などをつかんで帰国し、だが、精神文化に変革の起こらない日本を冷たく突き放して見るうち、江戸文化に惹かれるようになったことなどが語られる。彼は、日本文化の底に仏教的厭世観ないしニヒリズムがあると思ってもいる。ただ、一方で都会の雨や庭木の情趣、他方で下町の祭礼の賑わいなどの情調、また市電の車掌の間抜けた言葉づかいなどまで小説・随筆の描写に活かしている。

荷風の随筆「流竄《るざん》の楽土」（一九一〇年九月）に〈一国の民族より発生する光栄ある大芸術は（中略）無論社会一般の生活と一致して行かねばならぬ。けれども若し其れに反して社会諸方面の事情が、芸術と称する優しい花の蕾の綻《ほころ》びるに不便であると思われる場合、芸術は社会に向って分離の態度を取るこそ却《かえっ》て幸福であろう〉と述べている。ここには大逆事件の影が落ちていよう。

たぶん、これに応えて上田敏は「思想界と其問題」（一九一一）を書いている。冒頭、思想界の不活発を嘆き、実際の生活が直面する困難な問題をあげ、学問、芸術、道徳、社会、宗教を関連させる必要を説き、日本の「自然主義」が〈僅《わず》かに芸術の天地に自由の活動を試みる〉だけのものになり下がっているという。荷風の態度を念頭に置いていよう。そして、フランスとドイツの間に緊張が高まった時局を背景にした「戦争と文芸」（一九一一）では「武装平和」の状態に対して、〈進化論に所謂生存競争と並んで人生に福利を与える相互扶助即ち共存（ソリダリテ）の事実〉と〈生命の根本から湧き出た道徳上の価値観念〉を主張している。

一九一四年の「人生派」では、フランスの文壇に現れた新しい動きとして、〈今の生命派は主観客観の綜合に対《むか》って努力し、両者の渾然たる調和融合を覘《ねら》って、完《まつた》き生と交渉のある創作を望んでいる〉といい、先駆者としてモーリス・バレスをあげる。バレスは『国民的エネルギー小説』（*Le Roman de l'énergie nationale*）という総タイトルのもとに展開する三部作（一八九七–一九〇二）で、ロレーヌ州出身の理想に燃える七人の青年がパリに出て、現実と格闘する様子を追いながら、正義と人間愛との葛藤を克服する道として、民衆の生きんとする本能への崇拝をモットーに掲げていた。ついでポール・クローデル、ロマン・ロラン、フランシス・ジャム、アンドレ・ジィドらを紹介している。

荷風は、明治が終わったのち、一九一四年夏から一年余り、『三田文学』に『日和下駄 一名 東京散策記』（一九一五）を書きついだ。東京の地形まで変える開発に憤り、庶民の暮らしに活きてきた信仰を淫祠邪教と罵る支配側の近代主義を呪詛し、路地裏に流れるうら寂しい三味線の音に情緒を求め、都市細民の哀歓に美を求めた。

同じ頃の永井荷風の随筆「矢はずぐさ」（一九一六）には、日本の「私小説」の淵源のことが綴られてもいるが、芸妓・八重次と結婚して暮らした日々を回想し、父親の遺した江戸中後期の和文漢文の書物をあげ、八重次がそれらを読んで、いかに身の回りの家具や工芸品を整えたかが語られ、また家の庭木の様子を語るところがある。日本の生活芸術の豊かさを開陳しているように読める。『日和下駄』とは表裏の関係にあろう。

わたしは、そういう荷風の姿勢に、庶民の生活のなかに芸術を導きいれようと訴え、社会主義の道を歩んだイギリスのウィリアム・モリスの思想の遠い谺《こだま》を聴く思いがする。

日本画家たちが、江戸の風情の残るのは、上野・不忍の池付近だけと嘆いたころのことである（『中央美術』一九一七年二月号、小特集「名勝地保護問題」）。

ちなみに、不忍の池付近は、もと東叡山寛永寺（一六二五年創建）の境内で、人が散策や行楽に行き交う場所だった。維新の上野の戦争で幕府軍が立てこもり、討幕軍が大砲を撃ち込んで伽藍のほとんどが焼失。神仏分離令に伴い、敷地を国家が召し上げて公園にし（一八七三〜七五年）、一八八二年に博物館が開館し（のち東京帝室博物館）、付属動物園も開園、一八八七年に東京美術学校（のち東京藝大美術部）、一八九七年に帝国図書館が設立、一九一四年には東京大正博覧会が開催された。

なお、今日、地方都市では、戊辰戦争で破壊された城址が多く公園になっているが、存城していた場合も、一八七三年、全国的に軍の兵営地とするため、取り壊すかどうかが決められた。ただし、金沢の兼六園のように加賀藩の庭園を一八七四年に市民に開放した例もある。徳川幕府との距離を微妙に維持してきた加賀藩は大政奉還の折、急遽、方針を転換、一八八七年の華族令で旧藩主前田家は侯爵家となった。維新の際の藩の動向が、その後の城跡や公園にも影を落としつづけたのである。

情緒耽美への傾斜

一九一二年、『早稲田文学』二月号、相馬御風《ぎょふう》「生を味わう心」は〈此頃の文壇でよく生活の芸術化と云う事が云われて居る。「自己の生活そのものを芸術品とすること」が新らしい文芸の行き方であるように云われて居る。それと同時に「自分の気分のうちに此の現実を浸潤せしめ、自分の気分のままに現実を支配せんと欲する一念」が、それ等の文芸を産むもののように云われて居る〉と述べている。

イギリスでクラフト運動を領導したウィリアム・モリスが唱えた庶民の「生活のなかに芸術を」という思想の紹介は、堺利彦によって明治後期に先鞭がつけられていた。相馬御風は、それに気分や情緒、雰囲気を醸し出す表現が尊重されていく動きを重ねているが、この二つの結びつきにはなかなか微妙なところがある。

情調に浸って現実を離れることは、地域・時代を問わず一般的に見られようが、日清・

日露戦争間の特徴としては、歌人で国文学者の武島羽衣《はごろも》の詩に田中穂積が日本で初めて三拍子のワルツの曲をつけた「美しき天然」は、一九〇二年に譜面が売り出されると、瞬く間に女学校の生徒のあいだに拡がったといわれる。

一番は「空にさえずる鳥の声、峰より落つる滝の音」とはじまり、「調べ自在に弾き給う、神の御手の尊しや」で終わる。二〜四番も自然を織物、絵画、建築にたとえるが、ただ自然美を称えるというより、どの宗教のものともつかない「造化の神」を称えるもので、日露戦争後に大流行し、植民地にも拡がったが、国内の女学校の生徒の場合、賛美歌も好んで合唱していた。崇高なもの、神聖なものへの憧れが強かった。これは宗教新時代ともいうべき風潮とよく同調する時代の雰囲気というべきものだろう。

モリスは、下層民の生活にも都市景観にも美を見出し、田園の美を保存するためにも社会主義の実現が必要と説き、イギリスで初めてマルクス主義を名乗ったためもあろう、大逆事件以降、その名をジャーナリズムに見なくなる（そののち、日本が国際連盟の常任理事国となり、抑え込んでいた社会主義思想が一定程度解禁になる一九二〇年頃から、また堺利彦らによって盛んに喧伝されるようになる）。

象徴詩の展開のなかで、煩悶からの解脱を官能の陶酔に求める傾向も顕著になる。木下杢太郎の詩「春朝」（一九一一）を引く。

雨の降る春の朝、／にがい酸《すつ》ぱい生の味、／解脱もならぬ苦しさは、／どうせままよと、巻きかかるふてくされたる幻影の／かの波頭、ビヤズレエ、ギユスタヴモロオ、我国は／鶴屋南北、喜多川の／痛ましくも美しきその妖艶の神のすむ／海の底へと祈願する

オーブリー・ビアズリーは日本の浮世絵版画に学んで、大胆にデフォルメした線画で神秘的なエロティシズムを醸しだし、ギュスターヴ・モローはインドの神秘主義をも取りこんだオリエンタリズムに彩られた絢爛たる象徴主義の油絵で人々を魅了した。四世鶴屋南北は凄惨な殺しや濡れ場、観客の意表に出る奇想に満ちた歌舞伎を展開、歌麿は後期の肉感的描写の浮世絵を念頭においたものだろう。〈解脱もならぬ苦しさ〉を逃れる手だてを身を焼くような凄艶な美に求めた〈にがい酸ぱい生の味〉、近代都市生活にまといつく倦怠が日露戦争後の文芸に満ちている。

木下杢太郎とともに歩んだ北原白秋の第一詩集『邪宗門』（一九〇九）の「例言」には〈予が象徴詩は情緒の諧楽《シムフオニイ》と感覚の印象とを主とす。故に、凡て予が拠る所は僅かなれども生れて享け得たる自己の感覚と刺戟苦き神経の悦楽とにして〉云々とある。〈諧楽〉は、情緒の流れを音楽の調べに、その調和を和音や和声《ハーモニー》にたとえるもの。日本の文芸は感覚や印象に関心を集めていたが、白秋のいう象徴は「情緒の諧楽」に重きを置いている。

われは思ふ、末世の邪宗、切支丹《きりしたん》でうすの魔法。／黒船の加比丹《かぴたん》を、紅毛の不可思議国を、／色赤きびいどろを、匂《にほひ》鋭《と》きあんじやべいいる、／南蛮の桟留縞《さんとめじま》を、はた、阿刺吉《あらき》、珍酡《ちんた》の酒を

この「邪宗門秘曲」は、ヨーロッパの象徴主義に学び、日本において「異教」、秘教的雰囲気をもつキリシタン・バテレンの世界が選ばれた。

この詩を巻頭に置く『邪宗門』と幼少時の官能の世界をうたう『思ひ出』（一九一一）の白秋の両詩集、「かにかくに祇園は恋し寐《ぬ》るときも枕の下を水の流るる」と祇園情緒を流麗な調べで歌い、人々を魅了した吉井勇の歌集『酒ほがひ』（一九一〇）が大ヒットし、「気分情調」を醸しだす詩や散文が盛んになる。が、吉井勇は伯爵家の跡取り息子であり、そのうたには、デカダンスと自嘲も色濃い。

すてばちの身をたはれ女のまへに投ぐわが世のすべて終りたるごと

『酒ほがひ』と同じ年、東京・日本橋に育った谷崎潤一郎は出世作「刺青」（一九一〇）を次のようにはじめている。〈其れはまだ人々が「愚《おろか》」と云う貴い徳を持って居て、世の

中が今のやうに激しく軋《きし》み合わない時分であった〉と。そして、女の肌を美しく飾ることに文字通り「懸命」になり、女の犠牲になっても悔いることのない入れ墨師の〈「愚」と云ふ貴い徳〉を繰り広げて見せる。享楽に打ちこみ、世の倫理秩序から脱落することをよしとする、これもデカダンスの姿勢である。

そののち散文では、長田幹彦が北海道を渡り歩く、うら寂しい旅芸人一座を書く小説『零落』（一九一二）でデビューし、祇園情緒にいたる随筆・短篇小説集が一世を風靡した。木下杢太郎、北原白秋、吉井勇とともに『スバル』から出たひとである。その随筆「祇園」（のち『祇園』一九二二に収録）は、京都の街の音に独特の「律《リズム》」や「諧調《ハーモニー》」を聴いている。

〈群蜂の喚くような取留めのないどよみは四辺《あたり》から断絶《しつきり》なしに湧き起つて処々にひき残された日覆いの下で渦巻きながら軽い律を作つてゐる。見た眼だけでは、さして、浅草辺《あたり》と違はなくても、五感に触れるその内容は全部違つてゐる〉、また〈縁端の簾超しに影絵のやうな女の姿がみえてゐる家もあれば、ひそひそと忍ぶやうな笑ひ声のしてゐる家もある。低いせせらぎの音は眼にみえぬ川の面から静かに湧き起つて、それに不思議な位ふさわしい諧調を与へてゐる〉。そして〈私は我を忘れてあらゆる情趣を酒と一緒に盃へ注《つ》いで、飽くことも知らぬやうに干しては飲み、ほしては飲みした〉とある。「夕すずみ」（一九一三年七月）では、情趣に溺れることに至上の歓びを覚える自分を〈芸術的な感激が私を単に感傷にのみ生き得る盲目の耽美家〉と称している。まさに耽美駘蕩、デカダンスである。

この一九一三年には風俗壊乱で処分された出版件数が一〇九六件におよぶという。翌一四年は七割以下に減少。[*2] ややのち、夏目漱石門下から出た赤木桁平が「『遊蕩文学』の撲滅」（一九一六）で、近松秋江《しゅうこう》の情痴小説を主な標的に、長田幹彦、吉井勇、久保田万太郎らによる花柳界を舞台にとる文芸を道徳の立場から弾劾し、劇作家で批評家の小山内薫と論争になった。小山内薫は翻訳劇を中心にリアリズム演劇の確立に力を注いでいた。風紀の取り締まりと情緒・耽美とリアリズムは交錯しながら展開していった。

注

*1　鈴木貞美「『努力論』とその時代」（井波律子・井上章一編『幸田露伴の世界』思文閣出版、二〇〇九）などを参照。

*2　日本近代文学館編『日本近代文学大事典』第六巻、講談社、一九七八、〈近代出版側面史〉一六七頁を参照。『内務省統計報告』によると思われる。関連して、一九一七年の項に〈谷崎潤一郎『人魚の歎き』（春陽堂刊）が名越国三郎の挿絵のため発禁となる（五月）〉（一六八頁）とあるが、これは挿絵二枚を削除し、発売頒布禁止処分を逃れているはずだ。

第八章　日本の人文学——その出発

帝国大学という装置

日本の高等教育は、当初、一八七二（明治五）年八月二日、日本の学校制度の大綱を示した学制（太政官布告第二一四号）では、最高学府たる大学校は、教科・法・医・理・文科の五学部を置くことが予定されていた。これは西欧の伝統的な総合大学の学部編制を参照したもので、「教科」は、西欧では「神学部」にあたり、皇学と漢学で構成されていた。発足当初の文部省内で、その二派が競い合っていたからである。「皇学」は、江戸時代の「国学」（大教などさまざまに呼ばれており、「国学」の名称は一八八〇年代に定着）が重んじた各種神道書や『万葉集』や『源氏物語』などの古代の古典を内容とするものだった。

学制ではまた、エリート養成のためと位置づけられた中等学校の「国語」に漢文が組み入れられており、その他、外国語が必修とされていた。つまり知識層には、日本語以外に最低二ヵ国語が必修で、これは第二次世界大戦期まで変わらなかった（戦後もタテマエとしては存続）。

明治期の知識層には漢詩が流行し、歴史上、最も盛んな時期である。初学者は手本の語句を入れ替えて作詩するので、巧拙を別にすれば誰でもつくれる。和臭（中国人には通じない日本流の癖）を厭わない第一線の漢詩人もいた。

だが、江戸幕府の学問所を再編成し、一八七七年、東京大学が発足したときには、「教科」は設けられていなかった。文部省内で皇学・漢学両派の隙を突いて洋学派が台頭し、大学教育はお雇い外国人の教授を主力にしていた。ただし、加藤弘之が医学部を除く三学部の綜理を務めていたとき、「古典講習科」（漢学もふくみ和漢古典講習科とも）の設立を建議し、一八八二年、文学部の付属機関として創設された。いわば「教科」の復活を狙ったものだった。国家事業の『古事類苑』編纂に従事していた小中村清矩《きよのり》が主導し、史学・文献学にも道を拓くものだった。第一期生に落合直文・池辺義象・萩野由之《よしゆき》がおり、卒業後、国文学界をリードしてゆくことになる。なお、同じ年、政府は神職養成・皇道の教化活動を行う中央機関として皇典講究所を開設していた（一八九〇年に教育機関として國學院を設置、一九〇六年に私立の専門学校に）。

一八八六年に発足した帝国大学も、「教科」を欠いていた。「古典講習科」も帝国大学の発足後、数年で解消される。それまで文学部が抱えていた政治学及理財学を法科大学に移管し、文科大学は哲学・史学・文学の三学科で編成され、漢学・和学の古典籍の研究教育もそのなかで行われることになった。

そのころから、日本と中国の古典への関心が高まってゆく。博文館は中学校生徒（および中学に行きたくてもいけない人）向けに、一八九〇年に注釈つきの学習書シリーズ「日本文学全書」（全二四巻）、「日本歌学全書」（全一二巻）、一八九二年に「支那文学全書」（全二〇巻）を刊行開始している。『博文館五十年史』（一九三七）の編者・坪谷善四郎は、そのころ、それぞれの学習機運が相次いで訪れたと述べている。

日清戦争期に中等学校は、漢文の時間数を増やした。が、暗誦と作文を必修科目から外したため、日露戦争後には、書く力は各段に落ちた。漢詩もあらたまったときに限られるようになる。『太陽』は漢詩欄を長く常設していたが、『中央公論』は、一八八七年の創刊号を除けば漢詩欄を設けていない。

日清戦争後、中国市場が開けたが、清朝口語の学習は、高等商業学校附属外国語学校（のち、東京外国語学校）や大阪商業講習所（のち、大阪市立大学）などが受け持ち、また東京専門学校（のち、早稲田大学）・同志社（のちの同志社大学）などでも行われていた。

基礎科学の軽視

日本の高等学問制度は、一八七七年に設置された東京大学より、一八八六年にそれを改称した帝国大学の方がインパクトがはるかに大きかった。序章で述べたように、工科大学・農科大学を具えていた反面、基礎科学（fundamental science）を軽視しがちな跛行《はこう》性が甚しかった。一九世紀後期に飛躍的に発展した軍事技術には、イギリスとの同盟の助けもあり、日本が国際水準にキャッチ・アップしえたことも見てきたとおりだが、ロシア軍の強固な塹壕戦に遭遇し、将兵に多大な犠牲を強いる作戦を重ねたことは、陸軍が組織的に解決すべき戦術問題だったはずだ。が、逆に、命懸けの白兵戦による困難の突破こそが

「大和魂」であるかのような「伝統」が残されたのだった。

あるいは一九世紀後半に発展した熱力学の基礎の上に、二〇世紀前半、エネルギー工学が展開した時期に、日本では地形・気候を活かした水力発電を発展させることができた。だが、湯川秀樹や朝永振一郎らが理論物理学（素粒子論）に貢献するのは、二〇世紀後半に入ってからである。

基礎科学を軽視した結果は、これら見えやすい事象に限らない。生物の生態観察を欠いたまま、チャールズ・ダーウィンの唱えた自然選択（natural selection）説中心の生物進化論が一八九〇年前後に俄かに流行した。ダーウィンは生存闘争（struggle for existence）と競争（competition）を、ウサギとオオカミは食うか食われるかの「闘争」、ウサギを追うオオカミとキツネは「競争」関係と分けていたが、日本では、「弱肉強食」と「生存競争」が区別なく用いられた。そのどちらも個体間の関係として論じられているにもかかわらず、先に見たように、外山正一も丘浅次郎（第二章）も北村透谷（第三章）も、集団間、民族間の関係ととらえていた。

列強が鎬《しのぎ》を削る世界情勢のなかへ独立国家として名のりをあげた日本は、徳川幕府が結んだ不平等条約により、各地に治外法権の外国人居留地を抱えていた。集団間の生存闘争が実感されても致し方あるまい、という向きもあろう。北村透谷は独学ゆえ、しかたないところがあるかもしれないが、外山正一は英米に留学して主にスペンサー哲学を学び、丘浅次郎はドイツに留学し、生物進化論と取り組んだアウグスト・ヴァイスマンに学んで、仮説の重要性などよく承知していた。それなのに、ともに生物進化論の原理的構成を自己流に解釈していたのである。

自然科学における基礎科学は、一般に「理学」(science, natural science)と呼ばれ、物理学、化学、生物学、地球科学、天文学など自然科学全体の基礎となる理論的研究をする部門を指す。が、それらの分野のすべてを個々人が身につけることが要請されるわけではない。外山正一や丘浅次郎らの進化論理解に日本的バイアスが見られたのは、ダーウィニズムの原理をつくっている自然選択の概念関係、いわゆる形式科学、数学の集合論や論理学の基礎にあたるところの把握が弱かったと考えるよりなさそうだ。

ちなみに一般向けの本で、生物進化論にふれていてもその弊を免れているのは、管見の限り、ドイツで生理学を学び、東京帝大医科大学で生理学を担当した永井潜による『生命論』(洛陽堂、一九一三)が最初である。そこでは二〇世紀初頭にオランダの植物学者、ユーゴー・ド・フリースらによって進化の根本原因が突然変異(mutation)によることが突きとめられ、(依然としてラマルクの獲得形質遺伝説が拡がっていたフランスを除けば)一九世紀後半に一世を風靡したダーウィニズムが完全に失墜したことを告げている。

ところが、その見解もよく拡がらないうちに、永井潜は『人性論』(実業之日本社、一九一六)で、いち早く、生物進化はさまざまな要因によるとする、いわば総合説をとっている。突然変異によって生じた新たな種の個体も、生き残り闘争に、また性選択（sexual selection）に耐えなければ子孫は遺せない、それゆえ進化の原理は複合的にはたらくと、ごく単純に考えたのだろうが、アイデアだけとはいえ、一九一〇年代にこのような見解を取りえた人は日本では稀だった。[*1] 生理学者だった永井潜は、二つの生物進化論のそれぞれの問題設定や思考方法のちがいを相対化していたゆえに、組み合わせることもできたといえよう。

「日本文学史」の誕生

ここで人文科学の日露戦争後に目を転じる前に、「日本文学史」の歴史に簡単にふれておこう。明治政府が教育勅語を発して国民教化の方針を定めた一八九〇年、日本で初めて「日本文学史」を名のって、三上参次、高津鍬三郎《くわさぶろう》合著『日本文学史』上下二巻（金港堂）が刊行された。この年には、暗誦のための文例集も出されはじめていたが、日本文学の歴史的変遷を記述するものは、これが最初である。三上参次は一八八九年、帝国大学文科大学和文学科卒業、同史料編纂掛に就いてすぐの仕事である。高津鍬三郎は、三上より一つ齢上だが、同年、和文学科を卒業し、この年、第一高等学校教授に就任する。ともに新進気鋭の仕事である。

その特徴は①エリート育成のための中学校の教科書として編まれたものであること。近代ヨーロッパ諸国では、文学史は国民文化の精華と位置づけられており、三上らは、それにならいつつ、かつ、ヨーロッパ諸国よりも長い歴史を誇るものとして「日本文学史」を語っている。②ジャンルの範囲を、神話や神・儒・仏・道教の宗教書をふくむ日本的人文学とし、その文体に美的な工夫があるかどうか、などの価値もはかろうとしている。③日本語による記述を重んじながらも、漢文の著作を排除していない。ヨーロッパの文学史が自国語で書かれたものだけを扱っていることを承知しながら、（表向き）漢文を排除する「国学者流」は退けている。その意味で、世界でも稀なバイリテラシーの文学史が、ここに成立した。西欧の民族複合国家でも、ふつう、それぞれの地域言語で記された作品を学んでいるからである。

維新政府は一八七二（明治五）年の学制で、中学校の「国語」のなかに「漢文」を位置づけ、中国古典と日本で記された漢文とが学習されていた。明治政府が公用語として採用した硬い漢文書き下し体は、漢文がその土台をなし、また英語を中心にヨーロッパ文化を受け入れるに際しても、まずは漢訳や英華辞書が媒介になること、英文を学ぶためにも語順の似ている漢文の学習が役立つことなどが理由として考えられる（当初は英語に返り点を付けて読むことが試みられた。が、個々の単語の意味を知らなくてはまるで無意味である）。そして維新政府の欧化政策に対して、一八九〇年ころから伝統重視のブームが興っていた。それは東洋主義を多分にふくみ、日本古典ブームに続いて、漢学学習ブームも巻きおこしたのである。

だが、最も大きな理由は、漢文の書物を排除したなら、日本化した漢文で書かれた神話の書である『古事記』、（いわゆる万葉仮名で記された歌謡を除き、地の文は）ほぼ正則の中国語で書かれた神話と歴史の書である『日本書紀』、日本化した漢文で記された地誌の書である『風土記』をはじめ、神・儒・仏・道教にもとづく、日本人の知的な営みの多くを扱うことができなくなるからである。ただし、聖徳太子編とされる『三経義疏』が排除されていることに、国家神道を重んじる国家の姿勢に沿う姿勢は明らかである。*2

とはいえ、この文献の選択範囲は、今日の「日本文学史年表」などとほぼ重なっている。今日の「日本文学史年表」では、日蓮の『立正安国論』、道元の『正法眼蔵』、新井白石の漢文、頼山陽『日本外史』なども載せている。そのような大枠をつくった意味で、まさに画期的な仕事だった。

ところが、その三上参次、高津鍬三郎合著『日本文学史』が学問一般を対象にしているといい（実際には日本的人文学）、それに対して、西欧流に自国語作品に限り、また、その範囲を「美文学」に限る立場を鮮明にした「日本文学史」が一八九九年、帝国大学国文学教授・芳賀矢一『国文学史十講』（冨山房）によって提出された。「美文学」は詩・小説・戯曲を指し、ドイツ流に広義の「文学」（人文学）のうちを「知的文学」（Wissenschaft Literatur）と感情を主眼に置く「美的文学」（Schöne Literatur）に二分する考えによるもの。

ただし、それらを論じる批評は「知的文学」となる。また、『栄華物語』や、『大鏡』以下の四鏡、『平家物語』『太平記』などの歴史叙述を「歴史物語」「軍記物語」と呼び、『今昔物語集』などを「雑史」と呼びながら「美文学」の範疇に加えている。これは知的と感情的の要素が未分化なまま展開してきた言語作品を片方に寄せて評価する態度であり、無理が生じることは否めない。だが、これは文部省が主催した全国の高等学校などの先生向けに開かれた講義をまとめたもので、長く各分野に分けて考える近代科学の一分野としての「日本文学」の確立と評価されてきた。

西欧の場合、知識人の言語は、古代ギリシャがローマ帝国に占領されて以降、ラテン語が共通語だった。自国語作品は遡っても、せいぜい一二世紀に断片が見つかる程度である。序章で述べたように、自国語の読み書きが盛んになるのは、一八世紀の中頃からであり、そのころから自国語の文法も整えられてきた。

日本では、古代から日本語も記されていた。だからといって、近代西欧流に自国語に限ってしまうと、上古の『古事記』『日本書紀』『風土記』はもとより、奈良時代から平安初期にかけて編まれた『懐風藻』『凌雲集』『経国集』などの漢詩集、中世以降のさまざまな漢文の書物が扱えなくなる。

それだけでなく、『和漢朗詠集』のように中国の漢詩と和歌を併せて編んだアンソロジーが、王朝期の、いやそれ以降も日本語の文芸のベースになっていたことや、さらには、

『源氏物語』〔少女〕にいう「大和魂」、赤染衛門の「大和心し賢くば」（『後拾遺集』俳諧歌二一）とは、唐（中国）の才《ざえ》（知恵）を日本の実情に合わせて使いこなすという意味であり、その実情に踏み込むこともできない。

宗教との関係も西洋とはちがう。西洋の場合、たとえば各国文芸の底に、旧約、新約の両『聖書』がはたらいているとしても、それらは各言語に翻訳される際に教義本位とされ、もとの文芸的レトリックは軽視されてしまう。*3 そして、神学は神学に任せて、人文学では宗教の教義は扱わない。

ところが、日本では、古代から神・儒・仏・道教が併存し、習合と対立を繰り返してきた。仏教の無常の観念は、人の世を超えた世界の無常をもいうが、宇宙の無常の観念は道家思想にもある。中国・儒学では、天の「命」は絶対で、易姓革命の思想を生んだが、日本古代には易姓革命の思想は受け入れられず、皇統の永続が地上において規範化され、かつ神話化された。仏教でも「寿命」は、天から授けられるものだが、道教系思想には個々の「生」を養う養生思想もある。日本の天台では極楽往生の思想が盛んになり、その流れが中世に分岐して、日本独自の仏教の流れが生じた。浄土宗を開いた法然は、阿弥陀仏を絶対神のように崇め、煩悩にとらわれた凡夫も専修念仏すれば、歿後に中有《ちゆうう》（次に生まれかわるまでの間）を経ることなく成仏できるとした。その弟子、親鸞は僧侶に妻帯の道を開きもした。だが、日蓮は、法華経の底に三千世界を救済する教えを看取して、題目修行を唱えて天台とも浄土系とも鋭く対立した。それら三派は、中世に中国から渡来した禅宗とともに神道と習合しない。

中世には、中国から渡来する禅僧たちは、京都五山、鎌倉五山に漢詩文（五山文学）を発展させたが、その内には即興性や狂態も含んでいた。また外典として宋学（新儒学）を含む出版文化をもたらした。その外典のうちには中国明代に国教化する朱子学とともに、朱子学が排斥した陽明学も含まれており、江戸時代の幕藩二重体制下で、儒者のうちに陽明学を奉じたり、また兼修したりする態度も育った。その点も中国とは相違する。

中国の宋・元・明代には、また民衆のあいだに講談、戯曲、白話小説などが盛んになり、これらの出版物が舶載されてもたらされ、日本でも近世から民衆のあいだに各種の芸能、和歌・俳諧連歌、仮名草子などが盛んになり、とりわけ江戸元禄期には多彩な民衆文化が開花した。また中国の明・清交代期には異民族支配を逃れて日本に渡来した士大夫層が、一種の文化ナショナリズムの気風を伝え、とくに水戸藩の第二代藩主、徳川光圀が伝統主義に立って、上代古典の研究の風を起こして「国学」が開かれた。他方、筑前福岡藩士、貝原益軒は、明代に発展した精緻な観察による本草や、経験主義を尊重する医方（古医方）の刺戟を受けながら、いわば実証主義的態度を固めた。彼が退役後にまとめた実地の観察にもとづく地誌『筑前国続風土記』（一七〇二）は、のち、江戸中後期の紀行文を自然や風俗の観察による地誌の考証随筆へと導いた。また、彼が民間に向けて一切を「気」のはたらきで平易に説く『養生訓』（一七一二刊）は、近代にも長く読まれつづけた。

このように一七世紀後期から多彩な学問や芸能や読み物が民間に拡がったことは、清朝中国を凌駕していた。西欧で民間の読み物といえば、まだ教会の前で売られるパンフレットくらいしか見られなかった時代のことである。

そして、これら江戸時代までの古典は、博文館帝国文庫・全五〇冊（一八九三－九七）に、また続帝国文庫・全五〇冊（一八九八－一九一二）に集成された。また博文館は新しい学問動向を伝える『帝国百科全書』全二〇〇巻（一八九八－一九〇九）を刊行、その一一六編にドイツのフォークロアの動きを伝える高木敏雄『比較神話学』（一九〇四）が収められ、初めて「神話」の語が学術タームになった。それまでは伝承、伝説と呼ばれていた。

自国語の「美文学」に限る西欧近代流の「文学」概念が帝国大学国文学科教授によって導き入れられても、それを突き崩す動きも、同じ学科のなかから起こった。日露戦争後、帝国大学国文学助教授・藤岡作太郎が「日本文学史」を一新する意気込みで編んだ『国文学史講話』（開成館、一九〇八）は、広義の「文学」（漢文の著作を含む日本的人文学）の範囲を対象にし、そのうちの「純文学」（美文学に同じ）を重んじる立場をはっきり打ち出している。*4

これによって、いわば狭義と広義の二つの「日本文学史」が成立したことになる。その鬩《せめ》ぎあいの様子に踏み込まない限り、日本における古代からの実際の「文学史」の展開をとらえるための知の装置をつくることもできない。次に、その西欧近代流の考えによる日本の文化ナショナリズムを見ておきたい。

日本人の国民性論

芳賀矢一『国民性十論』（冨山房、一九〇七年一二月）は、初刊の翌年一月に再版、八月に訂正三版と版を重ね、のち、一九二七年版もある。かなり流布したと見てよい。そのタイトルの通り、日本人の国民性の特徴として、次の一〇項目をあげている。一、忠君愛国、二、祖先を崇び、家名を重んず、三、現世的、実際的、四、草木を愛し、自然を喜ぶ、五、楽天洒楽、六、淡泊瀟洒、七、繊麗繊巧、八、清浄潔白、九、礼節作法、十、温和寛恕。徳目をあげる教訓書のスタイルである。実際、本文にも「美徳」などの語が見える。が、その〔結語〕では、長所の裏は短所、国際舞台に躍り出て過渡期にある日本では、これらの美徳が危機に瀕していると警鐘を鳴らしてもいる。

〔三、現世的、実際的〕では〈万世一系の古い国で、保守の気象はありながら、実際役に立つことは何事でも採用する〉と実際主義の一面をいい、昔の「和魂漢才」もその含意だという。そうでなくては〈生存競争の世の中には立ち行かれぬ〉と述べ、それを承けて、〔四、草木を愛し、自然を喜ぶ〕では〈気候は温和である。山川は秀麗である。花紅葉四季折々の風景は誠にうつくしい。こういう国土の住民が現生活に執着するのは自然である〉とはじめて、〈現世を愛し人生生活を楽しむ国民が天地山川を愛し自然にあこがれるのも当然である〉という。〔四〕のタイトルにいう〈草木〉、本文にいう〈天地山川〉は対象的自然を指し、〈自然を喜ぶ〉の〈自然〉は「自ずから、あるがまま」の意味である。

そして、西洋文化が北方で展開してきたのに対し、〈東洋諸国の民は（中略）天の福徳を得て居るといってよろしい。殊に我日本人が花鳥風月に親しむことは吾人の生活いづれの方面に於ても見られる〉と述べて、衣食住の実際が天然物に親しく接していること、『源氏物語』など文芸にも天然を愛しむ情に満ちていることを例証してゆく。これは、今日まで続く日本の国民性論の祖型といってよい。

だが、感情をもたないはずの嵐を荒々しいと感じ、星空に崇高さを感じるようなことは、洋の東西を問わずあるし、情緒や情趣は、発語の主体が環境に包まれてあるところに生じる雰囲気をいう以上、やはり民族や言語を超えて、主客は未分である。また、古代人に具体性を重んじる民族と観念的な民族があるわけではない。実際、どんな原始人も、あるがままの現実に即応した活動しかできない。そのリアルな活動性に、実際の事象を不可思議な神や精霊のはたらきと考える観念性が密接不可分に結びついているわけで、それら行為や表現を評価する側が、具体性と観念性のどちらに寄せてそれを考えるかによって評価が分かれる。同じく花鳥風月を詠う詩歌の類、その賛美の仕方を比べて、初めて類似と相違が言いうるはずだが、ここではそのような基本的手続き抜きで論じられてしまっている。

このような論議がなされるようになったことには、およそ四つほどの歴史的条件が重なっていよう。第一に、日露戦争の勝利によるナショナリズムの高揚があり、民族性が取沙汰されやすかったこと。第二に、文部省も理科の教科目標として「天然を愛する心を養う」をうたい、若い知識層に自然志向が高まっていたこと。そして、それと裏腹の関係をなすものとして、第三に、日清・日露戦争期とそれに引き続く自然破壊の進行があり、逆に、山林保護の伝統もいわれていたこと。第四に「日本文学史」という文化ナショナリズムに立脚した学の枠組みにおいて、古典の見直しが進む機運にあったこと、である。

加えて、芳賀矢一には、彼に特有の理由もあっただろう。彼は『国文学史十講』（一八九九）で、考察の対象範囲を自国語の「美文学」に絞ってしまったために、日本人の精神史から知性や道徳の面が抜け落ちがちであった。それでは国民性を対象化したことにはならない。そこで狭義の「文学史」とは別に、国民性論をまとめようとしたのである。だが、漢文を抜かして日本語に絞り、しかも感情中心に傾いた彼の「文学」観によって撰びだした作品を例証に用いているのでは、ここにいう民族性も感情面が先に立つしかないだろう。

藤岡作太郎『国文学史講話』

芳賀矢一『国民性十論』に遅れること三ヵ月、帝国大学国文科助教授・藤岡作太郎による『国文学史講話』（東京開成館、一九〇五）が刊行された。その構えと内容からして、『国民性十論』を参照してはいまい。一九二六年に版を重ね、一九四六年には岩波書店から復刻され、戦後にも読まれつづけた〔引用は初刊本と戦後版を併用〕。その戦後版に付された麻生磯次の解説では、絵画など文化総体への目配りが利いていることを最大の特色としている。藤岡は、すでに『近世絵画史』〔金港堂、一九〇三〕をまとめてもいた。

その〔総論〕は、第一章を〔団結心と家族制〕と題し、〈日本国民の最大の特色は団結力の強固なるにあり〉といい、〈万世不滅の皇統〉のもとに組織された〈日本の社会は一の大なる家族〉とうたいあげる。これは、大国ロシアを相手に勝利した日露戦争後の気風を受け、またこのころには帝国大学総長を辞していたが、加藤弘之の皇室を国民の父祖に見立てる家族国家論を忠実になぞっていよう。藤岡作太郎は一八七〇年の生まれで、二〇歳前後に帝国憲法の公布と教育勅語を受け、家族国家論もごく自然に身につけていたと推測される。このような点からも、これは日露戦争後の日本人文学を代表する書物と見てよい。が、学術的態度においては、芳賀矢一『国文学史十講』を凌駕している。

〔総論〕中〔第二章　自然の愛〕では、まず〈日本の風土は国民の慈母なり、地味豊饒にして、河海に魚貝の利多く、生活をして自由ならしむるが上に、優美穏和なる山川は常に瞼上に愛を湛うる如し〉であるとはじめ、日本人の民族性はもともと、かなり〈自由〉で〈積極的〉で〈悲憤の情時には火の如く燃ゆることありといえども、慨するに凜質猛烈ならずして穏健に、執着せずして洒脱なるも、また外国の風物が漸次に養い来れるものならんか〉という。粗放な原始的な人びとが道・儒・仏教の中国文化に次第に感化され、洗練され、穏健で洒脱な性格が付与されてきたという大きなストーリーを提示し、それを検討していくかたちをとる。

そしていう。〈西洋は人間を本とし、東洋人は自然を重んず〉と。この「自然」は天地自然のこと。東洋人一般は自然の〈威力に屈従せる〉に対して、日本文化の特長として、自然に〈親昵《しんねい》す〉といい、国民性として〈先天的に自然の愛〉があり、〈わが国民は積極的なり、楽天的なり、生々として活動して、人生の力を無限に発展せしめんとす〉という。

芳賀矢一『国民性十論』と似ているが、徳目主義ではない。まずは、フランスのイポリット・テーヌが『イギリス文学史』(*Histoire de la literature anglaise*) 第一巻(一八六三)〔序文〕に提示した実証主義ないし決定論的な方法を踏まえて、しかし、日本民族の気質(temperament)を〔総論・第一章〕で政治的秩序面、〔総論・第二章〕で自然環境に対するそれに分けてまとめている。

〈地味豊饒にして〉以下は、新渡戸稲造『武士道』にも見えていたように明治期の地理学で、比較的温暖・多湿で食料となる動植物が豊富な気候風土がいわれてきたことを踏まえているが、この環境決定論は、古代神話に垣間見えている野生との闘いの様相や王権による天地自然の改作などは度外視している。第二次世界大戦後の科学=技術史でも、考古学者による古墳の造営などの解明を除けば、それとして注目されることはなかった。[*5]

　また、藤岡はそれまで伝承や伝説と呼ばれていた古代神話を「神話」と呼び、個々の神話を「英雄神話」「説明説話」「動物説話」のように呼び分けている。それぞれ、ヤマトタケルの物語や地名の由来譚、因幡の白ウサギの話などを指すと見てよい。これは先に紹介した高木敏雄『比較神話学』〔第壱章　総説　第壱節　神話学の概念及び其由来〕で〈古代の希臘語に「ミュトス」と云う語あり。普通の解釈に従えば、説話或は伝説の義にして、厳密の意義に於ては、歴史のはじまる以前の時代に起原を有する伝説の謂なり。今日の科語に於ては、「ミュトス」とは一般に一個の神格を中心とする、一個の説話の義にして、之を邦語に翻して神話という〉と述べ、中国でも前近代、日本でもあるまとまった内容のある話という意味しかもたなかった「説話」（ときに話説とも）の語を「科語」すなわち学術的なタームとしたことを承け、[*6] 内部分類に及んだものだろう[*7]。

　そして藤岡は、環境決定論を超えて、中国文化のさまざまな受容の仕方を見ていく。日本における〈固有の積極主義〉と中国の〈消極主義〉とが〈衝突〉する相と〈融合せんと〉してきた相の二つを認めて検討する姿勢を見せている[*8]。藤岡はその前に、長く高い評価を受けてきた『国文学全史 平安朝編』（東京開成館、一九〇五）をまとめており、漢詩文が文化の基礎としてはたらきつづけていた面に分け入る態度も見せていた。

　そして今後は〈国民の本性を基礎として、これを彩るに東西両洋の思想を折衷したるものたるべし〉という。〈西洋の活動主義〉を取り入れ、その調和を図りながら進めという主張である。そのような前途を拓く方向こそが、一九世紀西欧に「文学史」が編まれはじめたときからの目的であり、それを正面から受けとめた初めての「日本文学史」の登場といってよい。

藤岡が日本人の気風に、自由で闊達な面と激しい感情の表出を指摘した背景には、日露戦争の激しい戦闘や、一九〇五年九月五日に日比谷暴動が起こり、また相次いで争議が起きたことも映っていよう。藤岡はまた、日露戦争後のリベラリズム、女性解放運動を受けて、女性の手になる平安朝物語に生産労働への眼差しが欠けていることを指摘しつつも、『源氏物語』に身勝手な男性貴族への批判を見届け、日本を代表する文芸とためらいなく称賛する。これも、それまでの日本人の著した「日本文学史」に見られない特徴である。

三上参次・高津鍬三郎合著『日本文学史』も、芳賀矢一『国文学史十講』も、平安朝の女房文学の価値、とりわけ『源氏物語』を高く評価しつつも、その柔弱な文体や道徳的欠陥をあげていた。『源氏物語』を手放しで称賛したのは、「日本文学史」の類では、すべての文献にわたってリズムなど言語芸術の要素を見出そうとする態度をとるウィリアム・ジョージ・アストンによる初めての英文の『日本文学史』(*A history of Japanese literature*, London, 1898) が嚆矢である。のち、日中戦争期や対米英戦争期には国粋主義が高まって、不義密通の物語である『源氏物語』に読み耽れば「非国民」扱いされたことを思うと、王朝期の「国風文化」の称賛が広く定着するのは、第二次世界大戦後のことになろう。

藤岡は『源氏物語』の長篇の構成を高く評価し、清少納言『枕草子』の即興性とは比較にならないと、藤原定家以来の二つを対照的に評価する流れに釘を刺している。それと芭蕉の俳諧は別で、その即興の多様性、「不易流行」の美の原則、「さび・しをり」、禅の思想、晩年における枯淡の境地などを的確に指摘しており、江戸時代の勃興する町人層の「平民文学」の価値も高く認めている。そのリベラリズムは一貫している。[*9]

なぜ、山部赤人だったのか

藤岡作太郎は〔太古　第三章　大化より奈良朝の終まで〕で、『万葉集』〔叙景の詠〕と題して、山部赤人の〈渡る日の 影もかくろひ 照る月の 光も見えず 白雲の いゆきはばかり時じくぞ 雪は降りける 語りつぎ 言ひつぎ行かむ 富士の高嶺は〉のうたを引いて、〈わが国の叙景詩にては雄偉なるが中なる雄偉なるものと称せらる〉といい、しかし、これは柿本人麿の独壇場であり、赤人の特色とはいえないとし、赤人については〈景によりて情を寄せ、いわゆる情景併せ得たるもの〉、〈よく自己を没却して、自然と融合し、山川と同化した〉ことを特色という。いま、わかりやすい例だけ引く（表記ママ）。

故太政大臣《おほきおほまへつきみ》藤原家の山池《しまのいけ》を詠める歌一首
古《いにし》へのふるき堤は年ふるみ、池のみぎはに水草生ひにけり。（巻三－三七八）

このうたについていう。〈啻《ただ》に単純なる叙景のみに止まらず、景によりて情を寄せ、いわゆる情景併せたるものまた甚だ尠からず〉と。これは淡海公、すなわち平城京初期に権勢を振るった藤原不比等の亡き後、屋敷跡が荒れ果てていることをうたい、言外に懐旧の情を滲ませている。長屋王の変（七二九年）の後、不比等の四人の息子たち（藤原四子）が政権の座についた時期の作と見ておく。情余（余情）は、南宋の劉勰『文心雕龍』が高く称賛した技法で、『万葉集』の相聞の部立にも「正述直叙」に対する「寄物陳思」と見える。

だが、藤岡が赤人の

和歌浦に潮みちくれば潟をなみ、葦辺をさして鶴《たづ》鳴き渡る。

（巻六―九一九）

をあげて、余情を読みとっているのは無理だろう。どうやら、赤人が潮が満ちてきて干潟がなくなった鶴の気持になってうたっていると考え、〈自然と融合〉と評したらしい。そこに柿本人麿や山上憶良のように中国の詩の影響下にうたをつくる態度を脱した自然に親しむ表現の開拓を見たのだろう。

柿本人麿が、とくに宮廷歌人として詠んだ長歌は、対偶や対句表現を多用する。漢詩文の駢儷体を踏まえたものと推察される。また『人麿歌集』に多く収められているいわゆる「略体歌」は助詞や用言の活用語尾をなるべく省いている。のち、賀茂真淵が漢詩を念頭において「詩体」と呼んだとおり、漢詩の日本化を試みたものと考えてよい。山上憶良は遣隋使として長安に赴き、晩年の「好去好来歌（遣唐使を送る）」（『万葉集』八九四）など、漢詩をつくって和歌に翻訳したものと思われるもの、また儒・仏・道教それぞれの思想の色濃いうたもつくっている。わたしは、彼らの漢詩との格闘がヤマトコトバの表現にもたらしたものは、はかりしれないと考えている。その点では、漢文によく通じて万葉仮名の諸相と取り組んだ真淵は鋭いところを見せていよう。

藤岡が山部赤人のうたを称賛したのは、『古今和歌集』〔真名序〕が人麿と赤人を並べて称賛するのに対して、紀貫之の〔仮名序〕が、〈人麿は赤人が上に立たむことかたく、赤人は人麿が下に立たむことかたくなむありける〉と赤人を絶賛していることを承けて、赤人のうたに日本の和歌の独自性が見出せると考えていたからだ、とわたしは推測する。

ところが、奇しくも『国文学史講話』と同じ一九〇八年、中国で王国維は『人間詞話《じんかんしわ》』のなかで、五代や宋代の漢詩に主客の「境界」の表現を見て、それを中国固有の伝統と論じていた。「境界」は、異なる領域が重なるところの意で、客観としての「景」と主観の「情」とに跨がる表現を意味している。王国維は、日本の知識人と交友を結んだ羅振玉《らしんぎょく》の弟子で、上海で日本語を学び、東京物理学校（東京理科大の前身）に留学したが、病を得て中国へ帰国し、「紅楼夢評論」など近代学術の推進に活躍した（所収『静庵文集』一九〇五）。王国維の場合は、彼のリテラシーから、テオドール・リップスないしヨハネス・フォルケルトらドイツ感情移入美学を享受して、古代とは異なる「情景」表現を発見したと考えてよい。感情移入は相手の立場を思いやって感じとることをいうが、それが可能なのは、人間の知性が普遍性を具えているはずだ、という哲学に立っている。

こうして日本と中国で、ほぼ同時に、情と景を重ねる描写をそれぞれの固有の伝統であると論じる「伝統の発明」、厳密には「伝統」の再解釈が行われた。若い知識人の自国文化に対する関心の向きが近似していたのである。王国維のいう景と情の「境界」は、藤岡のいう〈景によりて情を寄せ、いわゆる情景併せ得たるもの〉とほぼ同じ意味だが、藤岡の方が古い時代の和歌を見ており、かつ〈自然と融合し、山川と同化する〉と言い換えており、ニュアンス（含意）はちがう。藤岡の場合、ドイツ感情移入美学の受容の有無は定かではない。[*10]

自然との融合の意味

藤岡作太郎は、平安時代の和歌は情趣に傾いたとし、〈中世 新古今時代〉の章では、〈主観的叙情のみを主とせる古今の旧風に、客観的叙景の新潮を加味し、以て客主錯交、景情一致の趣を得んとつとめ、またよくこれを大成せるは、新古今の最大特色なるべし〉と述べている。山部赤人が開拓した表現の後継を見ているのだ。そして、次の二首をあげる（表記はママ）。

忘らるゝ身を知る袖のむらさめに、つれなく山の月はいでけり。後鳥羽上皇

春の夜の夢のうき橋とだえして、峯に別るゝ横雲のそら。定家

後鳥羽院のうたは「建仁二年五月仙洞影供歌合」に出したもので、題は「遭不逢恋」。恋人に忘れられた身の袖の涙を無情にも照らす月の光を詠んでいる。なるほど、情景併せて成り立っている。

だが、藤岡は、定家には厳しい。〈藤原定家は最も文字の修飾に重きを置ける歌人なり〉といい、朴訥で俗語も用いる西行と両極端をなすとしつつ、とくに恋歌は〈漠然として真意が捕ふるに難き点を以て、感情の深刻痛切なるが為と過信したるものなるなからんや〉と鋭く疑問を投げている。定家は、紀貫之らに先行していた在原業平や小野小町のうたぶりを好み、そこはかとない情趣を醸す妖艶な「幽艶」に傾き、それを情のこもった「有心」と称して超絶技巧に走った。それを藤岡は、〈漠然として真意を捕らえ難き〉表現を情感の深さと勘違いしていると難じている。

藤岡は、というか藤岡も、評価史に無頓着だが、和歌の世界では『古今和歌集』が「花

も実もある」（華やかな美しさも人の道の教えもある）と称され、長く手本にされてきたのに対し、『新古今和歌集』は「花ばかり」となじられてきたのが実態だった。江戸時代に、わずかに「国学」系の荷田春満《あずままろ》の甥で養子になった荷田在満《ありまろ》が、その「花」こそがよいと称揚し、本居宣長が和歌史を辿れば『新古今』にも「花も実もある」ことがわかるはずだという意味のことをいい、江戸後期には石原正明『尾張廼家苞《おはりのいへづと》』（一八一九）が、『新古今』のうたの多様性を説いたのが例外だった。

　ところが、東京帝大国文科で藤岡作太郎とも交友のあった塩井雨江《うこう》は、ヨーロッパのロマン主義文芸が精神の高みに向かい、暗示や象徴性を獲得していく過程に触発されたと思われるが、『新古今和歌集詳解』（明治書院、一八九七－一九〇八）をまとめ、『新古今和歌集』を表現技巧の頂点と評価した。藤岡は、その仕事を参照していたと思われるが、技巧ばかりに走る態度は退けたのである。

　他方で、芭蕉俳諧の即興性、象徴性は高く評価していることを併せ考えると、藤岡作太郎の考える我が国に固有の表現は、〈自然と融合〉した〈漠然として真意を捕らえ難き〉象徴表現ということになろうか。中国でも古代から「幽玄」はいうので、そのあたり、まだ模索の域を出ていない。[*11]

　その〈真意を捕らえ難き〉象徴が当代では宇宙の生命、ないしは普遍的生命の象徴表現のように解釈されていくことは、第三章で述べた。そのような生命主義芸術論の定式化は、一九二〇年、斎藤茂吉が「自然・自己一元の生を写す」ことをもって「短歌における写生の説」としたことが、また同年、西田幾多郎が「美の本質」で、自由意志が意識の無限の発展を求めるとき感情もまた普遍性を志向するとしていたことが指標になろう。西田幾多郎の場合、その普遍性をもつ「宇宙の生命」を、すなわち神と同値とするが、それは彼が出発を遂げた『善の研究』(弘道館、一九一一)から一貫した考えだった。*12

藤岡作太郎と西田幾多郎は金沢の第四高等学校で同級で、『日本文学史講話』には西田が序文を寄せている。藤岡は気鋭の国文学者として何冊も学術書の刊行を重ねていたが、西田はまだ『善の研究』刊行前で、ほとんど無名だった。そして、その序文は、互いに幼い娘を早くに失った哀しみに暮れていることを告げる哀切極まりないものである。二人の仲は、ほとんど世の常識を超えたようなものだったと見られよう。

藤岡作太郎は、一九一〇年二月三日、病のため、心臓麻痺で逝去した。着手した「国文学全史」の仕事を『平安朝編』のみ遺して、『国文学史講話』をまとめたのは、あるいは自身の死期を察するところがあったのではないか、とわたしには思えてならない。

注

*1　一度、失墜したダーウィンの自然選択説に自然選択の多彩な様相を加えて、「新たな総合」を強調したのは第二次世界大戦期のジュリアン・ハクスリーだった。今日では、集団遺伝学によっ

て、群のなかの個体に分布している遺伝子は生存に有利なものが生き残っているとは限らない、という木村資生《もとお》の立てた中立説が支配的である。生態学では、種の生き残りは、生存闘争や競争をも含めて環境への「適応」（adaptation）として説明される傾向にある。生き残りに関して、生き残った結果を見てその理由を解釈していることに変わりはない。このことは今西錦司の棲み分け理論でも変わらない。

＊2 ただし、上巻を担当した高津鍬三郎と、下巻を担当した三上参次とのあいだで、その理念に揺れが見られる。〔総論〕には、国学者流に和文主義はとらず、漢文を重んじて参照するとあるが、別項に漢文は本文に引用しないともいう。上巻で高津が『古事記』『日本書紀』の歌謡からはじめているのは言語芸術重視の姿勢と見られようが、〔第二篇 奈良朝の文学〕の文体例に、『続日本紀』より宣命二篇を漢文、詔勅二篇を書き下し体、また『古事記』より神話三篇、『出雲国風土記』より国引き神話を書き下し体で引いている（原文は崩れた漢文）。それに対して、下巻では三上が歴史書を重視し、また新井白石の漢文の著書を収載している。

＊3 イギリスの比較文学者、リチャード・モールトンの『世界文学』（*World Literature and Its Place in General Culture*, 1911）が、これを最初に断っている。

＊4 そののちの津田左右吉『文学に現はれたる我が国民思想の研究』全四巻（洛陽堂、一九一七－二一）も同じ。ただし、津田は、その平民主義の立場から、上代の漢文の史書は庶民生活とかかわりのない官僚の作文として退ける。

＊5 石母田正『神話と文学』（岩波現代文庫、二〇〇〇、歿後の編集）が、いわゆる英雄時代論と関連して、古代王権による土木工事や野生との格闘の相に迫ろうとしているのがほとんど唯一の

例外だろう。鈴木貞美『日本人の自然観』（前掲書）〔第六章二節〕を参照。

＊6　高木敏雄『比較神話学』は〔序〕で、神話の伝播を強調し、比較神話学の重要性を説いている。帝国大学ドイツ文学科出身の高木敏雄の立場は、ドイツのゲルマン主義神話学がマックス・ミューラーの印欧（アーリア）語族神話説の影響を強く受けていたため、同時に比較神話学の色彩も持っていた。またグリム兄弟の編んだ *Kinder-und Hausmärchen*（1812, 15）に、その題意を汲んで「童話」の語を好んで用いたのも高木敏雄だった。

＊7　ただし、この「説話」の用法は、芳賀矢一がドイツ留学後、『攷証今昔物語集』上中下三巻（冨山房、一九一三、一四）の〔凡例　一〕で〈我が国の最古最貴の説話集〉と称し、覆された。仏教者が説教に伴って語った説話を収録した性格を強く説いて、「説話」の語を用いており、そののちにいわゆる「説話文学」のような概念を創出していたと見てよいだろう。鈴木貞美「『説話』という概念——文化史の再建から文芸史研究へ」（倉本一宏・小峯和明・古橋信孝編『説話の形成と周縁（中近世編）』臨川書店、二〇一九）を参照。なお、わたしがそこで『今昔物語集』の編纂を天台宗の仕事としたのは〔本朝編〕に天台系寺院にまつわる悉皆成仏思想が色濃いゆえである。今日、その鈴鹿本の編纂が法相宗・興隆寺の菩提院方南井坊においてなされたという説が強くなっているが、成仏できない種があるとする法相宗正統派の考えには抵触する。菩提院が鎌倉時代に入って再建されたとき、法相正統派の宗派性から離れて観音信仰などを強くしつつ、編纂作業が引き継がれていたとするなら、『今昔』本朝編の成立は鎌倉時代以降になろう。

＊8　たとえば和辻哲郎『日本古代文化』（岩波書店、初版一九二〇、以降たびたび改稿）は、『日本書紀』における武烈天皇の悪虐非道の記述に中国文の調子が映っていると難じ、『古事記』には

それが見られないことを美徳と論じている。藤岡の論調とは対照的である。

＊9　本書では、津田左右吉の仕事にふれている余裕がない。津田が『神代史の新しい研究』（二松堂書店、一九一三）以下で『古事記』『日本書紀』の文献批判に立ち、民衆の生活から遊離した古代宮廷官僚の作文にすぎないとしたのは、彼の平民主義の立場ゆえだが、蝦夷征伐を史実として扱うことに腰が引けている。それが『文学に現はれたる我が国民思想の研究』にももちこまれ、それらの後代へのはたらきが考慮されない。『日本書紀』が国司層に講義されたのに対し、『古事記』は江戸時代の民間の「国学」において、本居宣長がその価値を喧伝したが、聖典のように扱われたのは明治以降のこと。また津田が中世の武士の台頭をもって「文学史」への平民の登場と見ているのは鷹揚にすぎよう。津田の見解に逆らって『古事記』の物語性の価値を持ち上げたのは和辻哲郎『日本古代文化』（岩波書店、一九二〇、以下度々改稿）である。

＊10　日本では一九一七年春、岡崎義恵《よしえ》がドイツ感情移入美学を受けとり、「気分象徴」を重んじて、〈日本詩歌の全面を貫流する象徴の精神を体系的に論じた〉と称する卒業論文『日本詩歌の気分象徴』を東京帝大国文学科に提出した。岡崎は東北帝大で教鞭をとり、一九三四年には日本的特徴を強調する「日本文芸学」を名のる。

＊11　本居宣長の流れを尊重する佐佐木信綱は、その著『定家歌集』（一九〇九）で、定家の歌を〈意味をはなれたる情感配合の間に一種の趣ありて、今日の所謂象徴詩の端を為せるかと思はるゝものあり〉と評した。定家の幽艶体を、当世風の評価に近づけたのである。藤原定家のうたぶりを象徴主義とする評価は、ここにはじまった。ただし、その前年、国学院大学の学生だった時期の折口信夫が「和歌批判の範疇」（一九〇九）で、情趣、情調を醸し出すところを狙う主観・客観

の〈融合した者〉を〈絶対表現〉ないし〈象徴〉と呼び、かつ、それを定家の音律重視の傾向と短絡させて論じていた。が、やがて折口信夫は、象徴主義を把握しなおし、『万葉集』の幽玄を高市黒人のうたに突き止めていくことになる。「短歌本質成立の時代——万葉集以後の歌風の見わたし」（一九二六）など。鈴木貞美『「死者の書」の謎——折口信夫とその時代』（作品社、二〇一七）を参照。

＊12　この問題は、いつまでも残る。たとえばハーマン・メルヴィル『白鯨』（*Moby Dick; or the Whale*, 1851）の翻訳者、阿部知二は、作品の解釈の一つとして「遍満する生命力」の象徴という意見を紹介している。『白鯨』には捕鯨船の乗組員として南洋の異教徒が活躍し、また古代や南海の異教の神話や伝承もふんだんに紹介されている。その信仰を「アニミズム」とするのだろう。だが、阿部知二は、その「解説」で〈象徴とは、「それが何を象徴しているか」が明確に規定説明できるような場合には、ほんとうに象徴ではない〉といい、〈メルヴィル自身の内面で相克していたところの霊性と血性、文明と野蛮性、善と悪、現実性と永遠性、愛と憎悪、などがあやめもわかずにからみ〉あう〈彼自身の精神の図面にほかならないという、きわめて自明なことにも帰着する〉と論じている。矛盾・対立するものを包含するロマンティック・イロニーの構図による「象徴」理解と作品解釈といえよう（『世界文学全集Ⅱ-9　メルヴィル』河出書房新社、一九六三）。

＊本章では、二〇世紀への転換期に起こった「文学」概念の組み換えと、それに伴い「説話」など下位概念に混乱が起こったことを指摘するに止めるしかない。「日記」の語源とその書き方の変化、また一九二〇〜三〇年代にかけて「日記文学」なるジャンルが新しくつくられたことなどに

ついては『日記で読む日本文化史』（平凡社新書、二〇一六）で、また「随筆」の語源や近現代に欧語「エッセイ」（essay）が流入し、その意味と形態に大きな変化が起こったこと、「枕草子」「徒然草」と「方丈記」とでは形態がまったく異なることを無視して「日本の三大随筆」などと呼んではばからないようになったのは第二次世界大戦後であることなどを『「日記」と「随筆」――ジャンル概念の日本史』（臨川書店、二〇一六）で提起した。が、どちらも古典「物語」ジャンルなどの話法（ナラティヴ）と突き合わせながら細部に補正をほどこし、より精確なものに近づける努力を重ねているところである。

第九章　西田幾多郎『善の研究』のことなど

二〇世紀への転換期、日本の哲学

一九世紀の最後の年にあたる一九〇〇年に『太陽』が企画した臨時増刊「十九世紀」は、各界の第一人者が欧米と日本の一九世紀の動向を概括する記事の特集で、若い知識層にかなりの影響を与えた。その巻頭、〔論説〕欄は各界の代表者に概略を求めている。その内、東京帝大文科大学学長を務め、日本の哲学界をリードする位置にあった井上哲次郎による「十九世紀の哲学」（記者筆記）は、ヨーロッパ一九世紀哲学の前半はカントに発する「純理哲学」が主流、後半は自然科学の勢力が増大したと概括し、ドイツにおける唯物論、フランスにおける「積極論」の台頭を指摘している。

実際、一九世紀後半には、イギリスにダーウィニズムが興り、ドイツでは、それを紹介したエルンスト・ヘッケルが無神論を名のって生物学界に君臨した。ヴィルヘルム・オストヴァルトはエルンスト・マッハとともに、エネルギーこそ宇宙の原動力とするエネルギー一元論を唱え、ヨーロッパの物理学界を席巻する勢いをもっていた。「積極論」は、オーギュスト・コントが唱えたポジティヴィズム（positivism）、実証主義のことで、宗教に救いを求める段階、理想を追う段階とは異なり、階級問題が起こっている社会の現実に正面から向き合い、対処法を探らなくてはならない段階に入っているという趣旨で社会学を頂点に置く学問編制を提案していた。

だが、フランス一九世紀後半には、カトリック・リアクションの波も高かった。ドイツでは多神教のゲルマン神話に民族性の根拠を見出そうとする流れもあった。ヨーロッパの精神の近代化も、単線的には進んでいなかった。

井上哲次郎も、いわゆる近代化の動きに、〈反動〉が起こっていることを例証し、〈経験を無視する哲学は成立し得べからざること及び自然科学のみにては世界の十分なる解釈に達し得ざること〉が当代には明らかになってきていると述べ、〈一定の世界観及び人生観は欠くべからざるなり〉という。そして〈現象世界には変化あるのみ、生滅あるのみ、然れども吾人は是の変化の中に常住なるものを知り、生滅の中に恒久なるものを認むるに非ざれば満足する能わざるなり。吾人は是によりて世界の本体を認め、人生の目的を悟り、茲《ここ》に吾人が実行の根拠を立つ。而して是の如き知識は純理哲学にして初めて与え得べきなり〉と主張し、人生の目的と実行の根拠にしうる「本体論」すなわち新たな原理論となるべき「純理哲学」の再生を目標に掲げる。最後に人類の歴史上、「唯心論」こそが力を発揮してきたことを述べて、この短い談話を結んでいる。

「カントに帰れ」の掛け声のもとに、人間にとっての文化の価値を主題に掲げる新カント派が興っていたことを念頭に置いていると思われる。「意識」をめぐる問題をふくめ、変化生滅する世界を貫く「本体」を究めたいという哲学的な欲求は国際的に共有されていた。

この談話記録を西田幾多郎は読んでいただろうし、井上哲次郎のいう方向は了解していただろう。だが、井上哲次郎は、まだ超越的絶対神から授けられた（はずの）人間の理性を奉じる観念論哲学の「唯心論」（spiritualism、精神還元主義）対「唯物論」（materialism、物質還元主義）の図式を抜け出していない。その図式は、たとえばエルンスト・マッハの徹底した実験主義によって覆されていた。西田には、それを超える哲学が要求されていることがひしひしと感じられたにちがいない。青年期に実生活の上で屈折を重ねて、西田幾多郎はすでに三〇歳、前年、第四高等学校のドイツ語の教授になってはいたが、さまざまな意味で安閑としていられない状態に置かれていた。

『太陽』臨時増刊「十九世紀」の〔論説〕中には、井上円了「十九世紀に於ける宗教」も掲げられていた。〈実験哲学〉（実験で確かめられることにだけ信を置くハーバート・スペンサーの empricism）などの台頭により、非科学的な迷信が排除され、一九世紀を通じて既成の宗教が大いに変貌していること、また西洋でも東洋の宗教に目を開いて、宗教の観念が変容していることをいい、〈宗教の進路は、言う迄もなく世界的宗教の建設にあり〉と提言している。

自然科学が台頭し、またナショナリズムは民族宗教を復権させ、アメリカではエマーソンの超絶哲学も拡がり、キリスト教の地位が相対的に低下していた。一八九三年、シカゴ万博に伴い、万国宗教会議が開催され、日本からも臨済禅の釈宗演ら各宗派の主だった僧侶も参加していた。西田幾多郎の古くからの友人、鈴木大拙がアメリカに渡る機縁にも恵まれた。
アメリカでは、人々が行動の根拠に確かな根拠を求める「証拠主義」（evidentialism）と呼ばれる傾向が拡がり、それに対して、ウィリアム・ジェイムズは講演「信じる意志」（The Will to Believe, 1896）などで、信念や信仰に跨がる「信」（belief）をもつことの価値について論陣を張った。
先の井上円了は『哲学一夕話』（哲学書院、一八八六）で、現象を「空」と見る仏教哲学により、有神論‐無神論、唯心論‐唯物論の四項対立を一挙に超える超越論的志向を示していた。ここでは詳述しないが、二〇世紀への転換期には西洋哲学の動きも射程に入れつつ、一切の既成の哲学を超える世界観への志向が明治後期のエリートのなかに渦巻いていた。[*1]
西田幾多郎が『善の研究』〔第二篇 実在 第一章 考究の出立点〕の冒頭近く、ユダヤ‐キリスト教の超越的絶対神を〈甚だ幼稚〉な考えと退け、ブラフマン‐アートマンの古代インド哲学にこそ、本来の関係があると宣言したのは、このような提言の渦を承けてのことである。だが、当時の哲学者の誰もが、道徳と宗教の普遍的根拠を求めて歩み出せたわけではない。普遍的な「生命」、「永遠の真生命」と東洋的絶対神の観念とを直接結ぶ体系の構築を目指した人は、この日本で、いや国際的に見ても誰一人としていなかった。そう断言してよい。神と一体化する欲求を宗教の根本とし、全人類と一体化する欲求、すなわち人道主義（ヒューマニズム）を道徳の根本とし、とにもかくにも、一つの体系に組みえたのは西田幾多郎ただ一人だった。

実在の真相へ

　西田幾多郎『善の研究』は、そこに「生命」の語が頻出するわけではないので、長いあいだ気づかれてこなかったが、日本の生命主義哲学が出発を遂げた記念碑として記憶されるべき著作である。その特徴の第一は、「人生、いかに生きるべきか」という問いに正面から立ち向かう姿勢である。言い換えると、これは修養の季節に対する西田なりの回答だった。そして、それは高い自持によって支えられていた。『善の研究』刊行後になるが、ベルクソン『物質と記憶』の高橋里美による翻訳書（一九一四）に寄せた〔序文〕に、それは端的な表現を与えられている。〈我の権威に従うのみ〉と。

　その特徴の第二は、「純粋経験」をベースにして、〈経験を能動的と考える〉ことにより、「実在」の真相に迫ろうとしていったこと。第三は、先に〔第二編　実在　第一章〕にふれたが、その〔第十章　実在としての神〕では、より明確に、〈所謂宗教家の多くは神は宇宙の外に立ちて而も此宇宙を支配する偉大なる人間の如き者と考えて居る。併し此の如き神の考えは甚だ幼稚であって、啻《ただ》に今日の学問知識と衝突するばかりでなく、宗教上に於いても此の如き神と我々人間とは内心に於ける親密なる一致を得ることはできぬと考える〉と述べ、ユダヤ－キリスト教、イスラームの世界の外部に立つ超越的絶対神の観念を「幼稚」と見下し、古代インドのブラフマン（普遍神）とアートマン（我）との照応――普遍神が個我に宿るとする――を神と人間の本来の関係と見て、神との一体化の境地を求めたこと。第四は、「実在」「道徳」「宗教」からなる体系全体を〈永遠の真生命〉の原理でまとめていることである。

第一の特徴は、『善の研究』〔第二編 実在 第一章 考究の出立点〕の冒頭で、知識と実践の一致が説かれていることに認められよう。陽明学の「知行合一」を思わせるが、既存の哲学や哲学史の研究ではなく、かつ存在論でも認識論でもなく、直接、生活の主体、活動主体としての人間、その知・情・意の在るべき姿、〈天地人生の真相〉を考究する姿勢に貫かれていることを示している。なぜ、それが必要なのか。同じく〔第一章〕の初め近くに次のようにある（引用は現代仮名遣いにし、送り仮名を入れる）。

　近代に於いて知識の方が特に長足の進歩をなすと共に知識と情意との統一が困難になり、此の両方面が相分かれる様な傾向ができた。

ここには「近代の不幸」が告発されている。知・情・意の分裂状態を克服することにより、その不幸を超えようとする意志が歴然としている。これが『善の研究』の根本のモチーフである。そのアプローチは、〈凡ての独断を排除し、最も疑《い》なき直接の知識より出立せんとする極めて批判的の考《え》〉に立とうとする。そこで意識経験が中心に据えられ、「純粋経験」こそが意識の本来という考えをとる。言い換えると、人間本来の在り方を求めるといっても、この時期の西田は内面に限っている。この全体の構えを『善の研究』の基本姿勢として明示しておきたい。

　西田幾多郎は、ウィリアム・ジェイムズのいう「純粋経験」（pure experience）――意識が何かにとらわれたまま、いま、自分は何をしているかと反省しない状態――その〈主客同一〉を意識の本来の在り方とした。ただし、ウィリアム・ジェイムズが雑誌論文「純粋経験の世界（A world of pure experience）」（*Journal of Philosophy, Psychology and Scientific Methods*, September 29 and October 13, 1904）で論じているのは、対象にとらわれた意識において次から次へと連想が運んだり、回想にふけったりと移りゆく「意識の流れ」（stream of consciousness）のことである。

　しかし、西田幾多郎の場合は、赤ん坊が母親と一体となっている意識の状態や、必死に崖にへばりついている心身未分化な状態、また芸術家が一心不乱に制作している状態などと並べて、禅の悟りの境地を〈永遠の真生命〉と一体化する欲求、人間が宗教へ向かう根本的欲求と論じ、「多即一」の論理で、それらの本質的同一性を論じる。その意味で両者にはかなりのちがいがある。

　そこで両者の差異を強調する向きもあるが、西田がまずジェイムズのいう「純粋経験」

から出発したことは否定できない。『善の研究』〔序文〕に〔第二編 実在〕について、次のように記してあった。

純粋経験を唯一の実在としてすべてを説明して見たいというのは、余が大分前から有《も》って居た考えであった。初めはマッハなどを読んで見たが、どうも満足はできなかった。其中《そのうち》、個人あって経験あるにあらず、経験あって個人あるのである、個人的区別より経験が根本的であるという考えから独我論を脱することができ、また経験を能動的と考うることに由《よ》ってフィヒテ以後の超越哲学とも調和し得るかの様に考え、遂《つい》に此書の第二編を書いたのであるが、その不完全なることはいうまでもない。

西田は、音速に名前を残す物理学者、エルンスト・マッハの『感覚の分析——物理的なものと心理的なものとの相関』(*Die Analyse der Empfindungen und das Verhältnis des Physischen zum Psychischen*, 1886) からも学んでいる。その〔第一章 反形而上学的序説〕は〈色、音、熱、圧、空間、時間等々がさまざまに、また気分や感情、意志と結びついている〉とはじめて、これらが結びついた主客未分の意識について、その函数《かんすう》関係を考察すると宣言している。

そこには〈泣くから悲しいのであって、悲しいから泣くのではない〉というジェイムズの言の引用もある。この言は、日本では夏目漱石が講演「文芸の哲学的基礎」(一九〇七)で引用したので知られている。もとは医学を専攻していたジェイムズが心理学に転じたとき、人間の感情はカントがしたように、快・不快に分けられるような単純なものではなく、さまざまな要素が複雑に入り混じっている。外界の刺戟に対して、まずアドレナリンの分泌のように生理的興奮が起こり、それが情動を生むと説いたことにある(ジェイムズ=ランゲ説、一八八五、八六)。その生理的反応が先に起こるということをややひねって表現したのである。

マッハは、それを感覚や感情が函数関係にあることの例証にしているが、それは直接「純粋経験」とは結びつかない。ジェイムズの「純粋経験」は、観察者が他者の心を推し量るのではなく、ドイツの心理学者、ヴィルヘルム・ヴントが創始した被験者自身による心理観察(内観法)をより徹底したもので、ある意識の状態をのちに反省して語るのではなく、意識をその持続のままにとらえようとする試みをいう。実際は一定期間、意識が持続している状態のままを、のちに想起して語ることしかできない。ただしジェイムズは、異界に入り込んだような意識経験も被験者に積極的に語らせるため、異常心理や超常現象などの事例も多く記録し、分析している。

マッハは一九世紀後期の物理学界に台頭したエネルギー一元論に与し、アトムの存在を仮説とし(アトムの存在が実証されるのは、アインシュタインの仮説にもとづき、精緻な実験を繰り返したフランスのジャン・ペランによってである。著作としては『原子』〔一九一三〕がある)、だが総エネルギー量は不変とするエネルギー保存則は実験で確かめられないと退けたほど、徹底した実験主義者(experimentalist)だった。カントが『純粋理性批判』(*Kritik der reinen Vernunft*, 1781, 87)で「物自体」の存在を認め(人間の感覚が刺戟を受ける存在として認められるが、理性はその形状や質量など、あらかじめ与えられているカテゴリーに分けて考えるので、その正体を把握することはできないとした)、主客二元論による物理学の哲学的基礎を築いたことに対して、マッハはそれを理性を優先する形而上学にすぎないと非難している。『感覚の分析』のなかでは二、三度、ルネ・デカルトに言及しているが、二元論とはいっていない。そもそも、世界の一切を創造主のつくったものと考えていた人を二元論者とはいえないからだ。むしろ、フリードリッヒ・ヘーゲルが『精神現象学』(*Phänomenologie des Geistes*, 1807)〔Ⅵ精神 B疎外された精神 2b啓蒙思想の真実〕でしたように、デカルトの「我思う、故に我在り」を、「私」が考えることにおいてこそ、「私」が成り立つ、のように解釈したうえで、マッハはそれを「我感受す、故に我在り」と変奏して、すべてを「感覚経験」関連に還元しようとしたのである。

だが、個々人の感覚や感情の集合体は、西田にとっては意識現象にすぎず、いわば「独我論」と同じで、普遍性をもつ「唯一の実在」とは認められなかった。西田幾多郎は、あくまでも「純粋経験」をベースにして、「実在」の真相に迫ろうとした。ジェイムズが

『心理学原理』(*The Principles of Psychology*, 1890)で、意識の流れの底に「生命」を認めていたからである。フランスのアンリ・ベルクソンも、断片化され対象化された意識は、意識の実相ではないと考え、ジェイムズと手紙をやりとりしていた。が、西田はベルクソンの哲学については、まだ知らなかった。

西田は『善の研究』〔序文〕に、経験から出発する哲学を探って、しかしエルンスト・マッハの感受的な経験主義は退け、〈経験を能動的と考うることに由ってフィヒテ以後の超越哲学とも調和し得る〉道を探っていると記している。ヨハン・ゴットリープ・フィヒテの哲学を「経験」に立つ哲学とするのは、その出発期に、人間の活動を「事行」(Tathandlung)と呼んで考察の対象に据えていたからのこと。「超越的」と呼ぶのは、後期に『人間の使命』(*Die Bestimmung des Menschen*, 1800)で、一切を無限の「生命」の流れと見る汎生命的世界観に立つ宗教哲学を説き、当時、日本でよく読まれた『人生論——恵まれた人生への道しるべ』(*Die Anweisung zum Seligen Leben, oder auch die Religionslehre*, 1806)を覗いてみるなら、プロティノスの唱えたネオ・プラトニズムに似て、絶対神から流出する「生命」を共有することで人間の生活が成り立つといい、その生活における「我」の活動を考察の対象にしているからだろう。そこでは「我」の活動を保証する「神の生命」が「真生命」と呼ばれている。

フィヒテがヘーゲルに先立って、「神」を信仰の対象としてではなく、「絶対者」と呼んで哲学の対象としたことは、このようにキリスト教神学の外に出ていたゆえだが、西田が親近感を覚えて不思議はない。西田は『善の研究』〔序文〕で、フィヒテの哲学と調和しうると考えていると述べているが、『善の研究』にフィヒテの影は見えない。『善の研究』〔第四編 宗教〕では、われわれの心の底に存在する「神」が「絶対の統一者」、また各自の心の底にある〈永遠の真生命〉と言い換えられている。類似性は、ここに認められる。西田が『美の研究』〔序文〕にフィヒテの名を出したのは、次に取り組むという予告だった。

だが、なぜ、西田幾多郎は、神を「真生命」と同一視したり、結び付けたりする考えに惹かれたのだろう。そしてそれは、いかにして可能だったのか。

統一原理としての「生命」

繰り返すが、『善の研究』では、至高の存在とされる「神」は〈永遠の真生命〉と言い換えられている。それは「実在」「道徳」「宗教」からなる体系の全体を〈永遠の真生命〉を原理にしてまとめることを意味する。

たとえば〔第二編 実在 第九章 精神〕に〈今日の進化論に於いて無機物、植物、動物、人間という様に進化するというのは、実在が漸々其隠れたる本質を現実として現わし来《きた》るのであるということができる〉とあり、ライプニッツの説——普遍性をもつ基本単位〈モナド）がそれぞれ展開（内展、involution）することを進化発展（evolution）とする——が引かれている。だが、この〈無機物、植物、動物、人間という様に進化する〉という条《くだり》には、ドイツの生物学者エルンスト・ヘッケルの一般向けの『生命の不可思議』（一九〇四）の「万物有生論」が参照されているにちがいない。ヘッケルは細胞核をもたない無核生物（モネラ）を発見したといい（今日では否定されている）、無機物から（菌類などもまとめて）植物に進化すると説いた人は、そのころ国際的に知られた生物学者では、ほかにはいない。

西田は〔第三編　善　第十二章　善行為の目的〕で次のように述べている。〈我々の肉体の本《もと》は祖先の細胞にある。我々は我々の子孫と共に同一細胞の分裂に由りて生じた者である。生物の全種属を通じて同一の生物と見ることができる。生物学者は今日生物は死せずといっている。意識生活に就いて見てもその通りである。人間が共同生活を営む処には必ず各人の意識を統一する社会意識なるものがある。言語、風俗、習慣、制度、法律、宗教、文学等は凡《およそ》すべて此の社会的意識なる者がある〉云々と。よく知られたヘッケルの「個体発生は系統発生を繰り返す」（今日ではいくつかのコースに分けられている）などの説に立ち、その上に社会＝国家有機体の流れを取り入れ、生物進化論が社会意識や人類意識にまで連続的に展開する構図を書いている。ヘッケルの『宇宙の謎』（*Die Welträsel*, 1899）に触発されたものと見てよい。これが〈永遠の真生命〉の観念を生物学的に論証する役割を負っていることも明らかだろう。

だがヘッケルは唯物論者であり、また「ダーウィンよりもダーウィニスト」といわれたように、徹底的に生存闘争説を駆使した。それゆえ、『善の研究』ではヘッケルの名前は出さず、人種（民族）間、国家間の生存闘争説は採られることなく、人類愛が説かれる。『善の研究』は、生物学のみならず天文学や宗教学等、当代において有力な諸分野の諸説を参照し、総合して〈永遠の真生命〉の観念を論証しているが、その際に、自分流に採るところと採らないところが生じている。このような論法（操作）は、自分の体系に都合のよい観念だけを勝手に切りだして利用しているように思える。だが、諸宗教に共通する、その意味で普遍的な「神」の観念を形づくろうとする意図に発し、それゆえにこそ〈永遠の真生命〉によって全体の体系的統一が目指されている。まさに前代未聞の宗教哲学の構築が目論まれていたのである。

論理のしくみ

『善の研究』〔第二編 実在 第一章 考究の出立点〕では、まず、物を意識から独立した存在とする常識を疑う。何よりも疑いようのないものとして〈直覚的経験の事実即ち意識現象〉をあげ、これを〈知識の出立点〉にする。われわれはわれわれの意識から出発するしかない。なぜなら、疑うということはわれわれの意識がなすことなのだから。また、われわれの意識から独立した存在というものを考えることも、われわれの意識がなすことなのだから。もちろん、この「私」が死に、この「私」の意識が消えても、世界や事物は存在しつづけるだろう。が、そう考えるのも、この「私」の意識である。

そこで〔第二章〕は〔意識現象が唯一の実在である〕と題され、物の（物質的）存在を自明とするいわゆる唯物論は、ことの本末を転倒しているという。事物があるからこそ、われわれは事物を意識すると思うのは、対象を見ているときの意識の状態を離れて、見ている「私」と見られている対象とを分離して考えるからなのだ。〔第三章 実在の真景〕では、いわば物を映している意識の状態においては、主客は未分化であるという。対象を見ているときの意識は〈まだ主客の対立なく、知情意の分離なく、単に独立自全の純活動あるのみ〉の状態にあるといい、この反省意識がはたらく以前の意識の状態を、意識の純粋状態、〈純粋経験の事実〉と呼び、これこそが〈真実在〉であるとして、一切の思考の始原におく。

〔第五章 真実在の根本的方式〕では、実在は出来事の連続であるが、バラバラのものではなく、一つのものとして保持されている。それには実在を統一する者が実在の連続の底に潜在しているはずだ、と考え、宇宙万象を宇宙万象として保ちつづける統一力が想定される。

そして〔第六章 唯一実在〕では、われわれの意識の根底にも不変の統一力、普遍的なるものがはたらいているとし、それを「理」と呼ぶ。ここまでは、王陽明『伝習録』中にいう〈虚霊不昧《ふまい》、衆理具わりて万事出ず。心外に理無く、心外に事無し〉（虚霊不昧、衆理具而万事出。心外無理、心外無之事）——精神を空にして澄み切ると、人々が理をそなえているので、一切の事柄が出現する。心の外に真理も事柄もない——という唯心論に「純粋経験」を導入して組み換えているといえよう。

〔第七章 実在の分化発展〕では、この宇宙の統一力の分化発展により、相互に対立する実在が発現し、宇宙諸現象が成立し、進行し、主観すなわち自己は、諸現象を統一的に把握しようとするという。〔第八章 自然〕では、純粋に客観的な実在のように見える自然も、〈直接経験〉（純粋経験）の側から見れば、主観の統一によって成立する意識現象であり、それに対して客観すなわち意識の対象は、人間の主観すなわち自己によって統一的に把握される側をいうとする。そこで、われわれは主観的自己を没し、客観的となることによって真理、すなわち客観的自然に合することができるという。そして〔第十章 実在としての神〕では、この宇宙の根底には精神と自然とが一体となった〈独立自全なる無限の活動〉があり、われわれはこれを「神」と名づけるといい、われわれは、このようにして自己の心の底に〈実在の根柢〉、すなわち「神」を知ることができるとする。これが西田幾多郎の哲学的思考の文字通りの出発点である。

〈真の自己を知る〉とは、主観を没して客観的な自然の底、実在の根本たる神と一体化することにほかならない。それが可能なのは、われわれの存在が、そして認識のしくみが、それを保証しているからだ、と西田は考えている。「純粋経験」こそが「真実在」といえるのは、あらかじめ世界の根柢にすべての根源であり、すべてに統一性を与える「神」が存在することを前提にしているからだ。逆にいえば、神の現象として人間の「純粋経験」があり、「純粋経験」を本体とする意識は、自らの底に自らの本体として神を知るというしくみである。

これは、すべての根柢に「神」を立てているという意味で宗教哲学であり、論法としては、自己完結的な思想のシステムによる循環論（トートロジー）である。外部に検証する手段をもたないから、真偽のチェックはできない。そのように批判することは容易である。だが、このとき西田は積極的に「避けることのできない循環論証」を意図して採用していた。のちのエッセイ「現代の哲学」（一九一六）で、西田はフィヒテのいう「知的直観」を、考える我と考えられる我の統一、その意味での主客合一を成立させる「自覚」と読みとり、この「知的直観」は、フィヒテのいう〈第一の無条件的原理〉であり、〈之なくして何等の意識も成立することはできぬ、所謂避くることのできない循環論証である〉と述べている。この場合は「知的直観」こそが、「我」の内的論理を完結した論理として成立させる条件になっていることを指している。

この一節は、西田が世界全体に完結した論理構造を与えることを目指していたことを示している。哲学によって全世界を統一的に論理化することを意図するなら、その世界の外部に原理を求めるべきではなく、全世界を破綻なく封じこめる論理があるとするなら、その第一原理と究極の結論は、互いに保証しあう関係、すなわち循環論法を引き受けなくてはならない、ということになる。つまり、『善の研究』〔第十章 実在としての神〕では、この循環論法、すなわち「神」の分身としてわれわれの「純粋経験」があり、「純粋経験」によって「神」を把握することができるという互いに支えあうしくみこそ、神の存在を解きあかす唯一の論理とされているわけだ。

ただし、思考の始原としての「純粋経験」と究極の存在としての「神」とを相互に前提にする循環論法を内部で保証するものがある。認識の方法としての「知的直観」すなわち「直覚」である。

「純粋経験」は一切の論理的仮定や反省的意識、ないしは分析的思考を抜きにして成り立つものゆえ、純粋あるいは直接という形容詞をもつ。「実在」を直接、言い換えると、論理的仮定や反省的意識を媒介にせずに、それとして知るのは「直覚」によるほかない。また「純粋経験」の底に「神」すなわち「永遠の真生命」を知るのも「直覚」である。因果律にせよ、あらゆる存在に機械のようなしくみを想定する一八世紀的な機械論にせよ、現象を物理化学の法則で解明できるとする一九世紀的な機械論にせよ、それらはすでに世界を見る一つの見方にすぎず、仮定されたものにすぎない、いや、ここではそもそも、物と心を独立した別個の存在とする考え方が一つの仮定にすぎないとされていた。西田は、物と心を独立した別個の存在とする考え方は、世界観と実践的要求を一致させようと願う〈人心本来の要求に合うた〉考え方ではないとする。なぜなら宇宙の本体（＝ブラフマン）と「私」の心（＝アートマン）を切りはなさない古代インドの哲学のような考え方が、人間の本来の在り方を示すと考えるからである。

西田においては、キリスト教の歩みも、中国の儒学の歩みも、知識と情意の一致を求めており、それが人間の心の本来の在り方を示すとされる。なぜなら、〈元来真理は一である〉はずだから。物と心、宇宙の本体と「私」の心を貫く唯一の「真理」がなければならないのだ。あらゆる仮定的論理を排除するはずの「真理」の世界、「純粋経験」と神とを相互に前提としあう循環論法を保証する、もう一つの論理的前提があった。『善の研究』の骨格、「純粋経験」に発して「神」すなわち〈永遠の真生命〉に至る論理の世界は、「直覚」という認識能力と、この「真理は一つ」という命題に支えられているといってよい。それは西田において「パラディグマのパラディグマ」――各分野の学問を体系づける範式、そのまた原理となる範式――として、しばしば言及される。

だが、この『善の研究』の思考法は、のち、一九三六年に新版に付された「版を新にするに当って」で、「心理主義」であったと反省される。〈意識の立場〉に限ってしまい、人間の実践、行為についての考察に至っていないという意味である。対象世界にはたらきかける行為が世界の創造につながるしくみの解明が西田幾多郎の後期の仕事になる。

なお、西田幾多郎は、先にふれたエッセイ「現代の哲学」で、アインシュタインの特殊相対性理論にふれて、方法と概念の関連性に鋭く反応している。物理学に対象だけではなく観察主体の側の問題（慣性運動していること）を導き入れたことを了解したと推察されるが、のちの論考「経験科学」（一九三九）では、パーシー・ブリッジマンが『現代物理学の論理』（一九二七）で操作主義（operationalism）と呼んだ概念と論理操作の問題の周辺を論じ、晩年は、ヴェルナー・ハイゼンベルクが物理学は古代ギリシャから数学という人為的な操作を用いていることを論じていることを枕にふって、「知識の客観性について（新なる知識論の地盤）」（一九四三）を著すに至る。これは西田が西洋哲学史の展開にも、また自身の思索の歩みにも論理操作を絶えず対象化し、新たな地平を探りつづけたことを示している。それは周辺の人々にも同様の関心を惹き起こしていったと推測されよう。

トルストイには論理がない

それにしても、西田はなぜ、東西のさまざまな宗教の共通項を括り、一つの哲学体系を築くことができると考えたのか。平安時代の貴族に親しまれた白居易に儒・仏・道の三教一致の境地があり、江戸前期から神・儒・仏の根は一つと唱える吉田神道が大きな勢いをもち、江戸中期の民間には、天、アマテラス、大日如来への信仰を一つに括ってオテントウサマを拝む天道信仰が拡がり、石田梅岩は「神儒仏ともに悟る心は一つなり、何れの法にて得るとも皆我心を得るなり」と唱える石門心学を拓き、後期の二宮尊徳も「神儒仏正味一粒丸」と唱えた。が、それが東洋を超えて「宗教の根本はみな同じ」と拡大されるためには、近代的な宗教概念が成立し、ユダヤ-キリスト教にも根本的同一性が認められることが不可欠になる。西田幾多郎の出発期にそのような思考を促したものとしては、あたかもキリスト教の原罪論に刺戟を受け、それに拮抗する、ないしはそれを超える教えのように、清沢満之らが「悪人正機」説（悪人が悪人と自覚することにより阿弥陀仏によって救済される）を掲げて浄土真宗の改革運動を繰り広げていたことや、「神は生命である」を唱えたトルストイの思想があげられよう。清沢満之と近角常観《ちかずみじょうかん》は、一九〇五年に相次いで『懺悔録』を刊行し、ともに版を重ねたが、当時、禅の精神による修養を唱えて活躍していた加藤咄堂は、これをトルストイ主義の流行にともなうものと見ていた。また、トルストイ『わが信仰はいずれにありや』（*Вчем моя вера?*, 1884）に啓発され、一九〇五年、京都に一燈園を開いた西田天香は「諸宗の真髄を礼拝して帰一の大願に参ぜん」をモットーの一つにした（「光明祈願（暫定）」、一九二二）。

『善の研究』の刊行に先だって、西田は京都帝大文科大学全体の学会誌『藝文』に「ベルグソンの哲学的方法論」（一九一〇年一一月）、「トルストイについて」（一九一一年一月）を寄せている。前者については、先にその一端にふれた。

後者では〈かれのコンフェスション（『我が懺悔』のこと）を読む者は誰でも我心の虚偽

をひしひしと鞭打たれる様な心持がして寒毛卓立するを覚えないものはないであろう〉、〈かれは深きが故に矛盾し、強きがゆえに苦しんだ〉、パウロやアウグスティヌスと同様、〈肉的要求の強いだけ深く肉の矛盾を感じ霊の光を求めた〉といい、〈トルストイの如きものは我々の心に近い様に思われて痛切の感がする〉と記している。また〈真の信仰〉を〈無学な巡礼や農民の中に見出し〉、自分の〈怠惰、欲望の生活が無意義〉であることを知り、〈他の為に働く即ち愛の生活〉の意義を悟り、〈神意に従う生活を汝の額に汗して汝のパンを捏ねよという教訓に合えるロシアの農民の中に見出した〉とまとめ、そしてこれは〈労苦と愛との中に生命の真意義を見出す〉古くからの聖人賢者の道と同じだと説いている。レフ・トルストイの宗教観を古くからの聖人賢者の道に通じるものと見なすことは、そこに普遍的な宗教思想の現れがあるといっているのと同じである。そして、ここには『善の研究』の基本をなす観念のうち、「実践」と「愛」と「生命の真意義」が出そろっている。

西田はトルストイの小説も相当熱心に読んだようだ。「トルストイについて」に標題があげられている短篇「コサック」（*Казаки*, 1863）はトルストイの私小説の一つで、若き日に「野性の集団」のなかで生活をともにし、恋愛し、感情の葛藤を抱えていたが、ある日の正午近く、森のなかで蚊や虻にまとわりつかれながら「生命の歓喜」を覚える場面が頂点をなし、そこに「神は生命である」という命題が最も素朴なかたちで登場する。若き日の西田は、トルストイの波乱に満ちた生涯に深く感動したこともあっただろう。徳富蘇峰が一八九六年にトルストイを訪ねたのに続いて、その弟の蘆花が日露戦争後、一九〇六年四月四日、横浜を出帆してヨーロッパを旅行し、パレスチナを経て、六月三〇日にロシアの片田舎、ヤースナヤ・ポリャーナにトルストイを訪ねた記録、『順礼紀行』(一九〇六)も読んでいた。

トルストイがキリスト教を「生命」の宗教と断じ、戦争に反対しない教会を非難して、ロシア正教から疎んじられたことはよく知られていた。その考えが最も鮮明に記されたのは『要約福音書』(*Краткое изложение Евангелия*, 1881)であろう。『新約聖書』のヨハネの福音書に出てくるイエスのことば、「私が道であり真理でありいのちなのです」は、ふつうは神の教えを伝える者の宣言ととられている。が、トルストイは、それを生命の覚醒の言といい、それにそって西田は〈イエス・キリストの福音は、トルストイは、外面的な信仰を、生命の悟りにかえた〉と解釈している。トルストイ『わが信仰はいずれにありや』では、イエスの教えは人類普遍の「生命」に自分を没入することにこそあると説き、ロシアの農民たちが神への信仰に生きていること、人々が神の愛によって結ばれるということも、大きな生命の拡がりを意味していると説いている。トルストイが『人生論』(*О жизни*, 1889)で、近代科学もヴァイタリズムも否定したのは、一般の農民たちがよく知っている生命の全体性を科学が部分に分けて論じてしまうという点にあった。要するに、自分の内にある、そして外にも拡がる普遍的「生命」を信頼し、それを信仰して生きることをいっている。ややもすると近代文化に背を向ける態度が表に出るが、それには西田は賛成しない。

西田はここで、トルストイ『人生論』の一節を引いて、その悟りの境地を〈神を知るといふことと生きるといふことは同一である、神は生命である、神を求めつゝ生きるのは神とともに生きるのであるといふこと〉とまとめ、しかし、トルストイのその思想には〈ロジックが欠けて居る〉といふ。〈かれは芸術家より宗教家に転じたにもかゝわらず、かれが生来の性質たる芸術家気質を脱することができなかった〉と。

『善の研究』は、直接〈神は生命である〉とはいわない。西田は、そこでトルストイが一挙に〈神は生命である〉と唱えた生命原理主義に論理的構成を与え、「真の自己」を知るという命題や死と再生の考えを統一する論理体系を築いたということができるだろう。宗教と自然科学と芸術全般に関心を向けつづけ、それらすべてを哲学しつづけることが西田幾多郎の基本姿勢だった。

トルストイの宗教思想を西洋哲学では、「生命主義」（vitalism）に数えない。だが、二〇世紀への転換期、トルストイを中心にする芸術的・宗教的・社会運動の国際ネットワークは、フランスの作家、ロマン・ロランやインドで無抵抗主義を唱えて帝国主義支配に対する反抗を組織したマハトマ・ガンディーら、いくつもの核をもって散開する大きな拡がりを生んでいた。それゆえ、トルストイの思想を生命主義の思潮に加えることにより、二〇世紀前半の国際思潮史は大きく書き換えられよう。西田幾多郎のトルストイへの親炙と批判は、それをわれわれに教えてくれる。

　西田は『善の研究』で〈永遠の真生命〉との一体化を「死と再生」と説いた。だが、〈フィヒテ以後の超越哲学〉に「死」の契機にあたるものは登場しない。その間の溝が埋められていないことも明らかだった。王陽明的な唯心論の構図を払拭するところまで踏み切れず、〈世界の本体を認め、人生の目的を悟り、茲《ここ》に吾人が実行の根拠を立つ〉ことは〈純理哲学にして初めて与え得べきなり〉という井上哲次郎の提言の「純理哲学」の内容に転換を図るところにも至れなかった。西田自身が、意志にも企図にも、個々人を縛る時代の制約は容赦なくはたらくことを最もよく自覚していたはずである。

生命主義の拡がり

『善の研究』は刊行当初、哲学界の一部に注目され、論議もされたが、一般には知られなかった。若い知識層にニーチェやベルクソンがもてはやされ、その陰に隠れていた感がある。だが、親鸞の弟子の恋愛の苦悩を描いた戯曲『出家とその弟子』（一九一六／岩波書店、一九一八）が人気を博した倉田百三のエッセイ集『愛と認識との出発』（岩波書店、一九二一年三月）の巻頭に、『善の研究』読後の感動をつづった「生命の認識的努力」が収録されると一躍、若い世代の注目を集めた。倉田の場合、「生命」の営みは、今日いう意味での「性欲」に偏り、男女の心身合一の「愛」が理想化され、まるで信仰の対象のように語られている。とりわけ第一次世界大戦が幕を閉じたのち、男女の互いの意志による自由恋愛の季節が到来し、「男女両性の合一」が知的な青年男女のあいだで流行語になった。

そして『愛と認識との出発』と同じ月に刊行された岩波書店版『善の研究』は、高等学校の生徒が見栄でも買って読むほどの流行を見せた。すでに西田幾多郎は京都帝大哲学科教授として名声を得ていたし、意識の哲学（現象学）を比較的わかりやすく説いて『芸術と道徳』（一九二三）などにまとめていた。ちょうど、高等学校に文化主義の波が浸透し、文芸サークルなどが盛んになる時期にあたっていた。

だが、西田幾多郎の苦闘は、ここからはじまる。それが日本の思想界に、いかなる役割をはたしていくことになったか、とくに京都帝大で西田哲学に親炙した人々の歩みにいかなる影響を及ぼしたかは、のち、対中国戦争のさなかに発足した昭和研究会などの動きとも密接に関連する。だが、それは本書の課題の外である。『善の研究』の翌々年、一九一三（大正二）年には、和辻哲郎が『ニイチェ研究』を刊行した。フリードリッヒ・ニーチェを、「エラン・ヴィタール」（élan vital）をキイワードに宇宙の創造的進化を説いたベルクソンや神秘的な「深い生命」（la vie profonde）を礼賛するメーテルランクの先駆者と位置づけ、変転きわまりないその思索を「永遠の今」の観念を焦点にして、「宇宙大生命」を原理にすえた哲学者と論じた。ニーチェは「神は死んだ」と宣言したことで知られるが、それに代わる普遍性をエネルギー保存則に見ていた（遺稿集『力への意志』〔*Wille zur*

Macht〕断片一六四）。若き和辻が親炙したイギリスの劇作家、バーナード・ショーの戯曲『人と超人』（*Man and Superman*, 1903）は、その題名からニーチェの哲学をヒントにしていることが明らかだが、キイワードに「宇宙の創造的エナジー」（the universal creative energy）を用いていた。が、和辻はエネルギーの語に関心を注いでいない。そして、和辻の生命主義文化哲学は、そののちもエネルギー概念を入れることなく展開する。

西田は、必ずしもそうではない。西田と和辻の歩みはかなりの差異を持ちながらも、日本文化の普遍性にかける信念において交錯しつつ展開してゆく。西田は『日本文化の問題』（岩波新書、一九四〇）で公然と侵略戦争に反対する論陣を張ったが、それは一種の皇国史観であり、かつ近衛内閣の「東亜新秩序」建設の掛け声を日本の「歴史の創造」とうたう。英語でいうなら、“anti-imperialism”にして“Japanese-imperialism”ということになる。外見上は矛盾するその論理のしくみを、ここで解いてみせる余裕はない。そして、敗戦を待たずに逝った西田幾多郎の晩年のキイワードが一九世紀のドイツの歴史学者、レオポルド・フォン・ランケに学んだ「歴史を創造する生命」であり、それが内包している「民族の生命」をチェックするには至らなかったということだけを述べておくことにする。[*2]

世界に、あるいは宇宙に「生命」なるものが遍在しているという観念は、人を元気づけもすれば、そのなかのたった一雫にすぎないわが存在を無限に寂しく感じさせもする。それは大正期に、幾多の詩人や美術家が豊かに芸術を開花させる原動力となった。古典評価の芯のところにもはたらき、芭蕉俳諧にはじまり、昭和戦前期には、一九三五年を頂点に中世美学の根幹をなす「わび・さび」や幽玄が「日本的なるもの」と称賛された。戦中期に、東京帝国大学で美学を講じていた大西克礼は『万葉集の自然感情』（岩波書店、一九四三）に次のように記している。

ギリシャ古典の英雄叙事詩や西洋ロマン主義では、対象的自然と人間精神との乖離を前提に、自然を擬人化したり、感情に染めて表現したり、また感情移入したりする。それに比して『万葉集』における景物や季節による移ろいをうたう和歌の数かずには、根源的な〈自然との交感〉が成り立っている。〈自然や宇宙に散開せる根源的生命の統一に触れることによって、初めて人間の意識現象にも美的価値が生じるのみならず、すべての精神的価値の基準も、亦結局はそこにある〉と。

主格分立した西洋とは異なる「自然との交感、ないし交歓」こそが日本の古代からの自然美観の精髄である、というのだ。これがエマーソンの「宇宙の大霊」の詩想を受けた北村透谷の「内部生命論」やワーズワースの「万物の生命」の観念に触発された国木田独歩『武蔵野』などに発し、西田幾多郎が西欧「生命主義」の流れを東洋の伝統思想で鋳なおして展開してきた日本二〇世紀生命主義の、美学における最終的な到達点だった。

生命を普遍的なものと考えるのは、個々人が他者や他民族、他の動植物、あるいは鉱物等とも共通性をもつという観念ゆえ、容易に他を害することに人を向かわせたりしない。

その意味では平和な実在観念である。ところが、それがナショナリズムに吸収され、民族の、また国家の「生命」に転じると、わが民族こそが普遍的観念を体現しているという鼻持ちならない考えに転じてしまう。

一九四〇年一一月、内務省の外局として設置された神祇院編の『神社本義』(一九四四)はうたっている。

代々天皇にまつろい奉つて、忠孝の美徳を発揮し、かくて君民一致の比類なき一大家族国家を形成し、無窮に絶ゆることなき国家の生命が、生々発展し続けてゐる。これ我が国体の精華である。

幕末維新期に論じられはじめた我が「国体」は、日露戦争を前後する時期に家族国家論が主流となった。そこには国家有機体論の影も射し、血統民族論も生じていた。それを最初に、普遍性をもつ「民族の生命」の観念で染め上げたのは筧克彦だった。それが一九三〇年代に皇道派将校たちの奉じるところとなり、最終的に国家の思想として、ここに行きついたのである。

そのとき、対米英戦争は、すでに敗退局面を迎えていた。NHKのラジオから信時潔作曲の「海ゆかば」のメロディーが流れるとき、そのあとには、南洋の島々で日本軍の部隊が「玉砕」したことを告げる大本営の発表がつづいた。幾多の皇軍の兵士の命が失われ、彼らの魂が英霊となって皇国の永遠の生命の流れに帰ってゆくことを、それは告げていた。「海ゆかばみづくかばね」にはじまるその歌詞は、『万葉集』の大伴家持の長歌からとられたものだが、井上哲次郎らの編になる『武士道叢書』〔上巻〕の目次前の中扉に掲げられたとき、はじめて武士道の「伝統」を象徴するうたとされたのだった。その刊行は、一九〇五年、日本が日露戦争に勝利した年のことだった。

注

＊1　舩山信一『明治哲学史研究』（一九五九）は〈西田の論理は井上円了、井上哲次郎、三宅雄二郎、清沢満之を貫いているところの現実在論、観念（即）実在論の論理の発展であり完成なのである〉と述べ、〈明治哲学は西周から出発し、その観念論は井上哲次郎において確立し、西田幾多郎において大成した〉と総括している。慧眼である。舩山信一は、京都帝大で西田幾多郎の薫陶を受け、戸坂潤らとともに唯物論研究会を創設した、いわゆる京大左派に属した人で、『明治哲学史研究』では、西洋哲学の受容の仕方についても鋭い見解を多々示して、キリスト教哲学に立脚した大西祝については別系列に分けている。

＊2　その後の西田幾多郎の歩みは、鈴木貞美『歴史と生命――西田幾多郎の苦闘』（作品社、二〇二〇）を参照。西田に絡んで、和辻哲郎の軌跡の概要も辿ってある。

あとがき

二〇世紀への転換期の日本の文化全般に照明を当てた本書は、戦後思想史上、記念碑的な二冊の論考の影の下にある。そう感じながら書き進めてきた。その二冊とは、加藤周一『雑種文化――日本の小さな希望』（講談社、一九五六）と丸山眞男『日本の思想』（岩波新書、一九六一）である。どちらも、わたしが二〇歳になるかならないかの頃に出会い、その後、折にふれて何度も読みなおしてきたものである。

加藤周一『雑種文化』は、連続して書かれた二本のエッセイからなっていて、その二つは、実は微妙に方向がちがう。「日本の小さな希望」と副題がついたのは後の方で、前のエッセイだけでは、モチーフもうまくつかめないようなところがある。が、要するに日本近代は、伝統と西洋の二つの文化の「雑種」であることに「小さな希望」、可能性を見出そうとするものだった。

客間だけ洋室にしたり、洋服を着て畳に座ったり、という類の「和洋折衷」は、戦前期から言い古されていた。多くは欧化主義の立場から、日本の生活文化の後進性としていわれてきた。いまは、そういうことはいわれない。「伝統」と「近代」の調和が問われることはあっても、それらの同居は当たり前になっている。それらの共存は、外国人観光客を集めやすい条件になってもいる。だが、加藤周一のいう「雑種文化」は、まずは思想性の問題である。

学徒出陣世代は、青年期を迎えたころには、国粋主義の思潮にうんざりさせられていた。敗戦後の解放感も束の間、朝鮮戦争などの足音は、日本の軍国主義を根絶やしにしようとした占領軍に方針転換を促し、日本政府は敗戦後、公職追放にあった人々を再び政権の場に呼び戻し、保守勢力の強化をはかった。それは戦前・戦中への回帰の意味をこめて「逆コース」といわれた。そういう情勢のなかで、加藤周一は、日本近代は「国粋」ではない、「雑種」だった、そこに可能性を懸けてみたいと発した。それは欧化主義の一点張りともちがう、時代の風向きに対する一種の決意表明だった。

加藤周一の提言に、丸山眞男はいち早く反応した。丸山は「日本の思想」（一九五七）で、加藤周一の『雑種文化――日本の小さな希望』に一応はうなずく姿勢を見せながら、だが、「融合論はもうたくさん」といった。戦前・戦中に日本思想文化の公明正大さを説いた井上哲次郎『日本精神の本質』（一九三四／修正増補版、一九四二）など、西洋思想と伝統思想とを「融合」させたものと見て、その論考を書き進めているところだった。さまざまな思想の欠片が「雑居」し、「伝統」がそれとして形成されず、過去が〈背後から現在のなかにすべりこむ〉、〈ズルズルべったりの無関連な潜入〉が起こると論じた。その面白い形容は、六〇年代半ばには、高校生でも知っている者はいた。どこまで理解が届いているかは別にして。

その「日本の思想」は、敗戦後に敗因としてセクショナリズムがあげられたのを踏まえ、天皇に至上の価値が置かれて責任が委ねられるために個々人が責任をもとうとしない精神構造を指摘した論考と、日本人の行為の主体としての弱さや各専門が蛸壺のようになり議論がオープンに行われないことを鋭く批判する論考二本とともに、岩波新書『日本の思想』に収められ、戦後民主主義の指標と目されてきた。

両書ともに戦時下をくぐったところに根をもっている。加藤周一は一九一九年、丸山眞男は一九一四年、ともに大正期の生まれで、「あの戦争」との向き合い方は似ている。が、向き合った年齢が少しちがう。すでに政治学の道を歩んでいた丸山眞男と、文芸に関心の強い医学生だった加藤周一とでは、その差は大きい。国粋主義は御免だと、加藤は「雑種」を前面に押し立てた。が、戦後の丸山は、和・洋をいい加減に「融合」して日本文化の普遍性を押し立てる戦前・戦中期の政治思想を批判するところに出発した。

『雑種文化』については、西洋思想・伝統思想ともに、どちらも一つに括れるようなものなのか、という疑問を誰しもがもつだろう。西洋思想のベースは、ヘレニズムとヘブライズムにあるといわれてきた。ギリシャ古典には、オリエント文化が導き入れられていたし、アラビア経由で、中世ヨーロッパに呼び返されたものだった。ユダヤ＝キリスト教思想も一つではない。カトリックも最低でも三種、プロテスタントはいうまでもない。二〇世紀を通して見ても、その後半に盛んになった近代の相対化をはかる、いわゆるポスト・モダンの思潮のなかにも、それらのちがいは亀裂を覗かせている。

そして、二〇世紀への転換期には、イギリスのカーライルと盟友関係にあった、東洋思想の影響を受けたアメリカのエマーソンの超越論が日本の知識人にも受容された。伊藤博文も福沢諭吉も「実」を主とし、「空」を二の次にした時代に、誰も反対しなかったに等しい日清戦争に北村透谷が一人反対したのは、かれが非暴力主義のクエーカーに接近していたゆえだった。その上にエマーソンを受けとり、透谷は「空の空」なる「純文学」にかけた。それが透谷と民友社の論客・山路愛山と「文学」の進め方をめぐって意見が分かれた原因の一つだった。

透谷がもともと仏教に親しんでいたのに比して、愛山は儒学系をベースに外来思想を受けとった。愛山が「文学」を「事業」にかかわるものとしたのは、彼がプロテスタントのうち、生活習慣、すなわち行動面を重んじるメソジストだったこともはたらいていよう。そのちがいも大きい。北村透谷と山路愛山の論争にも「伝統」が背後から滑りこんでいたと見るなら、その見方には、丸山眞男の「日本の思想」の影が射している。

山路愛山のいう「事業」とは、朱子が世の役に立つ道徳を「実学」と称したのと、ほぼ同じ意味だった。透谷が『エマルソン』を刊行した民友社の「十二文豪」シリーズで、『荻生徂徠』を担当した山路愛山は、朱子学を批判した徂徠の思想に功利主義の芽が覗いているのを見抜いて、やがて社会主義に接近していった。徂徠は『論語』を読み替えて、聖人も含めて、どんな人の人情の底にも功利の欲求がある、〈利は民の務むるところなり〉と説いていたからである（『論語徴』一七三七頃）。

これには、徂徠が朱子学を批判し、天の道から聖人の道に引きずり下ろしたと論じた丸山眞男も気づかなかった。気づかなかったのは、「あの戦争」下に、江戸時代の政治思想が「絶対君主制」を生みだす道筋を追っていたからである（『日本政治思想史研究』一九五二、八三）。

そこで角度を変えて、明治初期、サミュエル・スマイルズ *Self-Help*（一八五九）の中村正直による翻訳書『西国立志篇』（一八七〇）が大ベストセラーになった背景を、江戸時代の経済思想に探るなら、やはり徂徠の影の濃さに気づく。中村正直も徂徠を学んだ人だった。江戸後期、徂徠の孫弟子にあたる海保青陵は、藩主と藩士の関係は「目の子勘定」（この場合は雇い雇われる経済関係）と言い切り、藩のための金儲けの勧めを説いていた（鈴木貞美『日本人の自然観』前掲書〔第九章二節〕）。

そのように考えると、明治期に大活躍した渋沢栄一が、のち『論語と算盤』（一九一六）に、私欲に走らない金儲けを説いたことも、徂徠が『論語』を読み替えたことに発する経済思想を太宰春台が藩財政のために転じ、海保青陵がより合理化し、それをさらに天下国家のための利得論に展開したものともいえるだろう。

　要するに、さまざまな西洋思想の受け皿（受容装置《リセプター》）になった伝統思想も多様であり、また受け取ることによって受け取った中身も装置の方も変容を起こした。たとえば宋学（新儒学）のうち、明代に国教に等しい位置を獲得した朱子学に対抗して、かなりの勢いをもった陽明学は、中国ではやがて朱子学に圧迫されて勢いを失ったが、後世の日本では多様な役割をはたした。江戸中期には四民（士農工商）の役割はちがうが本来は対等という考えを拡げ、江戸後期に昌平黌の儒官の総長だった佐藤一斎の「立志」や「知行合一」の思想は明治維新や自由民権運動にはたらいた。内村鑑三や新渡戸稲造が不遇な青春期にキリスト教を受けとる受け皿になり、二〇世紀への転換期に日本が急速に東アジアに侵出、国内にも競争社会が到来して、青年たちが精神の危機に見舞われたときには、禅宗と並んで自己啓発（修養）の手立てにもなった。

　陽明学を日本の「伝統」思想と呼べるかどうか、という議論は別にして、どの「西洋」を、どの「伝統」で受けとめたのか、それぞれに踏み込まないと、日本の近代思想は解けない。そのように考えてゆくことは、日本近代の「雑種」の思想の多様性を明らかにしてゆくことになる。その意味で、その作業は加藤周一『雑種文化』の影の下を歩んでいることになる。加藤周一は「雑種」を接ぎ木にたとえていたが、雑種の「雑」は、雑誌の雑と同じで、さまざまなものが入り混じることも意味する。

透谷と愛山の先の論争は、「文学」の広義と狭義、大学の文学部の「文学」と詩や小説をいう「文学」と、どっちが大事かを争うに等しいものだった。戦後の文壇や近代文学の世界が透谷に軍配をあげてきたのは、狭義の「文学」を専門にする人々が、その立場からジャッジしていたからである。しかも、多くの人々は、透谷のいう「純文学」が、民衆向けの『南総里見八犬伝』を含むものとは気づかずにいたと思う。

それゆえ、これは丸山眞男のいう「蛸壺」の問題でもある。歴史でも詩でも、それぞれの内部で方法をめぐる議論は起きて当たり前だが、歴史と詩と、どっちが重要か、などという嚙みあうはずのない議論が起きたのは、いわば透谷が自分の蛸壺を造ろうしていたからだ。その「ジャンル間の闘争」は、日本の二〇世紀への転換期に、観念の制度に大きな再編が起きていたゆえである。

それは日本だけのことではなかったのだが、日本の場合、かなり特色があった。科学＝技術主義に偏った実学主義と天皇崇拝という「新しい宗教」（チェンバレン）とが、それこそ「接ぎ木」されていたからである。その「接ぎ木」は、あちこちに罅《ひび》割れを起こしながら進行した。

帝国憲法の制定や教育勅語の発布ののち、久米邦武の「神道は祭天の古俗」を載せた『史学雑誌』を刊行した東京帝大史学科は解体再編成され、日本の史学は「新しい宗教」

に密着する方に進んでいった。南北朝が併存したことを否認する動きさえ起こった。

国家の主権は天皇にあるのか、国家そのものにあるのかも論争になった。そのときには、美濃部達吉の天皇機関説すなわち国家主権論が支持された。論争が起こる前に、文部省がドイツのブルンチュリの『国法汎論』（加藤弘之訳）を刊行していた。その国家有機体論に立つ国家主権論に、官僚層・知識層が馴染んでいたからである。

天皇機関説は、一九三五年、国体明徴運動が国会を席巻するまでは覆されなかった。そのとき、明治期の「国体」論が復活した。接ぎ木は、台木の方が元気になることもあるが、その「国体」論は、諸氏族の上に立つ古代国家体制を呼び返して、国民の上に立つ近代国家向けに作りなおしたものだった。遠い過去が滑りこんできたわけではなく、それは「新しい宗教」の発明とともにあった。

戦時期の井上哲次郎らの姿勢を西と東の要素を「融合」させていると論じた丸山眞男の「日本の思想」の影の下で、その淵源を井上哲次郎『勅語衍義』に訪ねてみると、そこでは天皇を頂点とする家族という比喩による国体論とドイツ流の国家有機体論とが混在していた。その二つはまだ彼のなかで「融合」に至っておらず、雑な操作で結びつけられていたにすぎない。家族国家論は、まだ比喩のかたちで語られており、むしろ彼がドイツで学んだ有機体論が台木で、家族国家論が接ぎ穂だったのかもしれない。そして井上哲次郎が『日本精神の本質』で、「神国思想」の公明正大をいうのも、レトリックの運びがスムーズになっただけで、全体がアマルガムのように溶けあい、一体化しているわけではない。亀裂は容易に見つかる。「融合」は比喩としても誉めすぎなのだ。

　つまり、評価は評価する側の比喩や概念操作に左右される。多くの要素が「融合」しているように見えることども、対象側で行われている操作と評価側の操作のそれぞれを解きほぐすと、それぞれの要素が他の「融合」体の要素と関連しあい、リアクションを起こしている様子が見えてくる。「雑居」と見える状態も、それなりの脈絡をもっていることが明らかになってくる。

　自分が関心をもつ分野を自分の角度からだけ見ていると、対象のもつ多面性、諸要素の複合状態も、他の分野との関連も、往々にして見えてこない。が、タコも蛸壺から離れなくては飢え死にしてしまう。いや、離れなくとも、半身を乗り出して周囲を眺めてみれば、その時代における他分野の動き、その時点に至る経緯も見えてくる。それによって自分の関心の持ち方や、自分の蛸壺が、どこにあるのか、どういう状態に置かれているか、がようやくつかめる。

　この専門分野から、半身を乗り出すという比喩は、生命観の探究の途中、エストニア出身のドイツの生物学者、ヤーコプ・フォン・ユクスキュルの『生物から見た世界』（*Streifzüge durch die Umwelten von Tieren und Menschen*, 1934）に示唆を受けたものである。そのとき、わたしは、人文学と生物学との組み合わせに関心を注いで、トランス・ジャンル（超領域研究）の試行に入っていた。二つの領域に跨がることにより、新たな視野が開けてきて、研究が飛躍的に進展する歓びを味わうことができる。

が、逆に、その二つの分野に拘泥することにもなりがちだ。三つの分野に分け入って、それぞれの反射関係を見る方が深いところに届くこともある。そのようにして、多分野の動きを総合的にとらえることの有効性に少しずつ気づいていった。

とはいえ、いざとりかかると気が遠くなりそうな作業の連続である。一歩一歩、倦まずたゆまず進むしかない。が、総合への志向と方法を鍛えることで拓けてくることは大きい。足りないところは、専門の新しい動きに支援を仰ぎ、吟味を重ねてゆけばよいと思うようになった。それこそ知の共同作業ではないか。

本書では、できるだけ最新の研究にも目を通し、総合的視野からの見解を試みたつもりだが、わたしがまだ古い知見に囚われているところが残っているやもしれない。アドヴァイスは、いつでも歓迎する。

＊

日露戦争を前後する時期の総合文化史を企図したのは、日本の社会がかつてない国家的緊張に包まれ、そして、その緊張がほぐれたのちのさまざま動きが、そののちの展開を大きく変えたからである。政治・軍事・社会や風俗と思想文化の相互関連、その連続性と転換を比較的短い期間に限って、いわばその断面層を描く試みである。

そして、その構造が歴史的に転換してゆく様子を解きほぐしてゆくのがわたしの企図する総合文化史である。一系譜と他の系譜の、一分野の展開と他分野の展開の相互関連性を少しずつでも解いてゆく、といえば、より適切か。

本書のうちで読者の方々が、自分の関心の向くところに、いままでとは多少なりともちがう景色が見えると感じてもらえるなら、それは、わたしがあたう限り同時代を総合的にとらえようとしているゆえである。序章の最後の二節（「明治期「言文一致」体、その実態」「「言文一致」体とレトリック」）には、長く取り組んできた、明治期「言文一致」神話の解体再編成を進めて、文芸と国語学とに跨がる考察をすることによって得られた結論をまとめた。最後の節では、二〇世紀の転換期の「言文一致」体に活かされた日本の「伝統」的レトリックの一端に踏み込んでみたが、これは、さらなる展開を要することはいうまでもない。第二章では、井上哲次郎『勅語衍義』や新渡戸稲造『武士道』など、わたし自身、予期していなかったところに出ることができた。また第五章では、陸軍軍人・児玉源太郎と外交官・小村壽太郎の絡みもかなりほぐれたと思う。第六章では、森鷗外の「興津弥五右衛門の遺書」について、新たな謎解きに挑んでみた。鷗外は若き日にともにドイツで遊び、日露戦争の戦場でもことばをかわした乃木希典が、明治天皇の葬儀の晩に自刃したことに、なぜ、追悼の意を示すことなく、小説をもって応えたのか。かねてからの疑問に、いささか推理をめぐらせてみた。

本書の内容が、それ以前の、また、それ以降の日本文化史の展開と響きあうこともいうまでもない。たとえば、あまりいわれていないようだが、世紀転換期の柳田國男の仕事は、実は、江戸中後期の考証随筆中の奇譚類とかかわりが深く、一九二〇年代には、より深くなった。それを追っていたのだが、本書には間に合わなかった。もし、間に合ったとしても、本書で対象とした時期からは外れる。限界を設けなければ、どんな仕事もまとまらない。限界を自覚していれば、やがて補いはつけられる。そう自身に言い聞かせて、ここで手を離すことにする。

本書のテーマは、『満洲国――交錯するナショナリズム』（平凡社新書、二〇二一）の編集過程で、フリーランスの出版プロデューサー、編集者の今井章博氏と平凡社新書を担当していただいた蟹沢格氏に、わたしの総合文化史の意図を披瀝しているうち、お二人から頂戴したものである。蟹沢氏は今年、一身上の理由で退社なさったが、記して、お二人への深い感謝の徴としたい。そして、直接、担当していただいた平凡社の進藤倫太郎氏、また校正部の方々には、私の仕事の至らぬところを丁寧に見ていただいた。深く感謝したい。

二〇二二年　白露

信州・駒ケ根市赤穂の山小屋にて　鈴木貞美

◆外国人

主要人名索引

＊原則として、本文と注に登場する主要人物名を立項した。

◆日本人

〔あ行〕

【著者】
鈴木貞美（すずき さだみ）
1947年山口県生まれ。東京大学文学部仏文科卒業。国際日本文化研究センター及び総合研究大学院大学名誉教授。著書に『「生命」で読む日本近代』（NHKブックス）、『日本人の自然観』『『死者の書』の謎』『歴史と生命――西田幾多郎の苦闘』（以上、作品社）、『日本の文化ナショナリズム』『戦後思想は日本を読みそこねてきた』『日本語の「常識」を問う』『入門 日本近現代文芸史』『日記で読む日本文化史』『満洲国』（以上、平凡社新書）、『日本人の生命観』（中公新書）、『自由の壁』（集英社新書）などがある。

平凡社新書1021

日露戦争の時代
日本文化の転換点

発行日――2023年1月13日　初版第1刷

著者――鈴木貞美
発行者――下中美都
発行所――株式会社平凡社
〒101-0051 東京都千代田区神田神保町3-29
電話 （03）3230-6580［編集］
（03）3230-6573［営業］

印刷・製本―株式会社東京印書館
DTP――株式会社平凡社地図出版
装幀――菊地信義

ISBN978-4-582-86021-4
平凡社ホームページ　https://www.heibonsha.co.jp/